Curso de perfeccionamiento

Hablar, escribir y pensar en español

CONCHA MORENO - MARTINA TUTS

Curso de perfeccionamiento

Hablar, escribir y pensar en español

Sociedad General Española de Librería, S.A.

Primera edición en 1991

Reimpresión 2007

Produce: SGEL-Educación
Avda. Valdelaparra, 29 - 28108 ALCOBENDAS (MADRID)
Coordinadora editorial: Julia Roncero.

ISBN 13: 978-84-7143-460-9
ISBN 10: 84-7143-460-1
Depósito legal: M-28.504-2011
Printed in Spain - Impreso en España

Cubierta: V. Lahuerta
Maqueta: C. Campos
Ilustraciones: L. Carrascón

Compone: Amoretti S. F., S. L.
Imprime: Gráficas Rógar, S. A.
Encuaderna: F. Méndez

Introducción

El «Curso de perfeccionamiento» es producto de veinte años de experiencia en la enseñanza del español a estudiantes de distintas nacionalidades y motivaciones, unidos por la voluntad de hablar un idioma correcto y de manejar sus distintos registros con habilidad.

Este manual, por lo tanto, va dirigido a estudiantes y profesionales que poseen ya un nivel avanzado de la lengua y que quieren perfeccionarse a través de la ampliación de vocabulario, la matización de algunos términos, la elección de las formas verbales, el uso desviado de los tiempos, etc., y llegar más allá del nivel medio-alto que consiguen numerosos estudiantes y que con tanta dificultad superan.

Nuestro propósito es ayudar al estudiante de español en su camino hacia el bilingüismo y pretendemos que este manual le permita llegar a los niveles 5 y 6 (según el proyecto de definición de los niveles del Consejo de Europa, contabilizados de 1 a 7, en orden progresivo).

Recordemos que estos niveles suponen que:

— Entienda *una conversación entre nativos, aunque tenga que concentrarse y se le puedan escapar detalles. Puede tener alguna dificultad para entender una conversación con interferencias.*

— Se exprese *con facilidad: comete pocos errores lingüísticos y posee un vocabulario amplio. Es capaz de matizar y rectificar ambigüedades.*

— Lea *con facilidad: sólo necesita diccionario para aclarar términos específicos.*

— Sea capaz de redactar *en estilo descriptivo y narrativo, sin cometer errores gramaticales. Puede adaptar el estilo según las circunstancias y maneja con soltura los registros de la lengua.*

Comprendemos que a este nivel, el aprendizaje necesita ante todo un material de referencia y unos temas-pretexto para mejorar sus conocimientos. Eso explica nuestra decisión de dividir el libro en unidades gramaticales, con explicaciones técnicas de los porqués —muchas veces sin contestar— de los que han llegado a este punto.

Por la misma razón, hemos elegido intencionadamente temas de debate abstractos: la fluidez, la riqueza de vocabulario, la complejidad de las estructuras, nacen de pensamientos que van más allá de las conversaciones o situaciones cotidianas. Esos temas y el léxico que conllevan permiten defenderse con estilo a cualquier aprendiente, cualesquiera que sean sus necesidades, en una conversación de buen nivel cultural. La profusión de vocabulario y matización de términos son de una gran ayuda para los candidatos a traductores, en su afán de precisión.

Provocar discusiones, mejorar el estilo y ayudar a argumentar han sido las bases de nuestro trabajo, en nuestra voluntad de permitirles **hablar, escribir y pensar... en español.**

Nuestro agradecimiento a todos nuestros alumnos, por su interés.

A nuestros colegas, por sus comentarios.

LAS AUTORAS

A Dña. Concha, mi abuela.
A Carmen, mi tía,
con retraso.

CONCHA MORENO

A Nanou y Louis,
mis padres,
por su confianza.

MARTINA TUTS

UNIDAD 1

La casa

EQUIVALENCIAS DEL PRESENTE

RECUERDA

- **Presente actual**

El presente es el tiempo que hace coincidir la acción con el momento en el que se habla.

Ejemplos: ***Llaman****, ¿abro la puerta?*
Lo ***hago*** *ahora para que no se me olvide.*

- **Presente habitual**

Expresa acciones discontinuas que no se producen en el momento de hablar pero se han producido antes y se producirán después.

Ejemplos: *A mí, mi hijo* ***me cuenta*** *sus problemas.*
Trabajas *demasiado.*

- **Presente gnómico**

Se usa para verdades que coinciden con el momento de hablar pero ya se producían antes y seguirán produciéndose después.

Ejemplos: ***Es*** *una persona muy culta.*
La tierra ***es*** *redonda.*

Presente en lugar de otros tiempos

— **Presente por pasado o pasado histórico.**

Actualiza, da mayor vida al relato, nos acerca a lo que contamos.

Ejemplo: *Lorca* ***muere*** *a manos de la brutalidad y la ignorancia.*

Aparece, no sólo en literatura, también en la conversación diaria.

Ejemplo: *Ya nos habíamos puesto de acuerdo y* ***va*** *y* ***me dice*** *que no* ***quiere*** *hacerlo.*

- Con **por poco** y **casi** aparece el presente de indicativo en las narraciones en pasado.

Ejemplos: ***Casi me rompo*** *la cabeza cuando estaba aprendiendo a conducir.*
Iba yo en la bici sin frenos, se me cruzó un niño y ***por poco lo pillo****.*

— **Presente por futuro.**

Se usa cuando la realización de la acción se siente como inmediata, o cuando tenemos la intención de convencer(nos) de lo que decimos.

Ejemplos: *Vamos a ver si hay ese modelo; si lo hay,* ***me lo compro****.*
Ya está todo preparado; ***empezamos*** *dentro de tres meses.*

— **Presente por imperativo.**

Ejemplos: *Tú te vas ahora y* ***me esperas****.*
Te buscas *otro trabajo porque aquí no te queremos.*

OBSERVA

- Con un contexto apropiado y, quizás a través de la construcción *si + llego a + infinitivo =* = si hubiera + participio, el presente puede sustituir al pluscuamperfecto de subjuntivo.

Ejemplos: ***Si llegas a pegarle****, te rompo la cara = si le hubieras pegado, te habría roto la cara.*

Menos mal que me di cuenta a tiempo, ***si no veo*** *el fallo, lo compro y ahora tendría una cosa totalmente inútil.*

EJERCICIOS

a) **Sustituye el presente por una forma de *futuro, pasado, imperativo, estar + gerundio* o *pluscuamperfecto de subjuntivo* donde sea posible y explica los matices.**

1. Tú y yo *somos* muy diferentes, si a mí me *pasa* una cosa así, habría reaccionado de otra manera.

2. A mí no me *haces* creer esas tonterías ni ahora ni nunca.

3. Eso que *defiendes, es* una cabezonería, una chiquillada.

4. Tú me *dejas* aquí todos estos papeles y yo te *resuelvo* el problema.

5. Cuando me vio en el aeropuerto, mi madre casi ni me *conoce.*

6. En cuanto hayas reunido un poco de dinero, te *desembarazas* de mí, no *quiero* que dependas de alguien toda tu vida.

7. Ya *sabes* que nunca me gustó estudiar y no se me ocurría qué hacer con mi vida.

8. Ese espejo que *pintas* de colores te *queda* muy bien, cuando lo termines me lo *regalas* ¿de acuerdo?

9. Si el hombre no *se aparta* a tiempo, lo *encaja* contra la pared; iba como una fiera.

10. La multitud las ovacionó de tal manera que por poco *se arma.*

11. «Al que *madruga* Dios le *ayuda*».

12. La próxima vez me *cuido* muy mucho de decir lo que *pienso* y así nadie *se ofende.*

13. Durante la República en España *se legaliza* el divorcio, pero esa situación *dura* muy poco.

14. Me *mandas* una carta y me *explicas* claramente cuáles *son* tus condiciones.

15. Vosotros os *estáis* callados y yo *hablo* en nombre de todos.

16. Observé esos rostros buscando mi propia imagen, pero sólo encontré la expresión de quienes *vienen* de vuelta de todas las preguntas.

17. Cuando el profesor transitaba por la ciudad por poco lo *matan* los guardias a caballo.

18. Si me lo *regalan,* naturalmente no lo *rechazo.*

19. Oye ¿no *ves* que te *bebes* mi cubata? Claro, como el tuyo *tiene* menos...

20. Hemos perdido el partido porque no jugó Francisco; si *llega* a jugar, *ganamos.*

21. Deseaba saber cómo se llamaba pero me habían explicado que esa pregunta sería una grosería, nombrar *es* tocar el corazón, lo *consideran* una aberración.

22. Me *siento* muy mal aquí, si lo *sé*, no *vengo.*

23. Estábamos todos medio dormidos, ya nadie esperaba que llegara y en eso *abre* la puerta y *hace* una entrada triunfal.

24. Recuerdo que la *conozco* en un momento crucial de mi vida cuando las cosas no *parecen* encajar ni tener sentido.

25. Tú me *buscas* un trabajo como *es* debido y yo *me voy* donde quieras.

b) **Transforma el infinitivo en un tiempo (cualquiera) que dé sentido al texto.**

Aquella noche, mientras Martín *(deambular)* ________ por la ribera, *(empezar)* ________ a llover después de largos, ambiguos preparativos. En medio de continuos relámpagos *(comenzar)* ________ a caer algunas gotas vacilantes, tanto como para dividir a los porteños en esos dos bandos que siempre *(formarse)* ________ en los días bochornosos de verano: los que, con la expresión escéptica y amarga que ya *(tener)* ________ medio estereotipada (5) por la historia de cincuenta años, *(afirmar)* ________ que *nada (pasar)* ________ ; y los que, esperanzados y candorosos, *(sostener)* ________ que esas nubes *(dar)* ________ agua esta misma noche o, en el peor de los casos, no *(pasar)* ________ de mañana. (...) En resumen las tormentas de Buenos Aires *(dividir)* ________ a sus habitantes como a los de cualquier ciudad del mundo (10) en pesimistas y optimistas. (...)

Y aunque eso *(ser)* ________ válido para cualquier región del mundo, *(ser)* ________ indudable que en la Argentina y, sobre todo en Buenos Aires, la proporción de pe- (15) simistas *(ser)* ________ mayor, por la misma razón que el tango *(ser)* ________ más triste que la tarantela o la polca o cualquier otro baile de no *(importar)* ________ qué parte del mundo. La verdad *(ser)* ________ que esa noche *(llover)* ________ intensa y furiosamente, batiendo en re- (20) tirada a los pesimistas; en retirada momentánea claro, porque ese bando no *(retirarse)* ________ del todo y jamás *(admitir)* ________ una derrota. Pero el viento sur *(ir)* ________ aumentando su intensidad a medida que *(llover)* ________ trayendo ese frío cortante y seco (25) que *(venir)* ________ desde la Patagonia, y ante el cual los pesimistas, siempre invencibles, por la naturaleza misma del pensamiento, *(pronunciar)* ________ fúnebres presagios de gripes y resfríos, cuando no pulmonías.

Ernesto Sábato
Sobre héroes y tumbas

EXPLOTACIÓN DEL TEXTO
(Sugerencias)

1. ¿Puedes explicar la diferencia, si la hay, entre **deambular,** *callejear, vagar* y hacer frases con ellos?

4. ¿Es lo mismo un **bando** que una *banda*? ¿Cuándo se forman?

5. ¿Qué es un **escéptico**? ¿Y un *aséptico*? ¿Y un *incrédulo*? ¿Es lo mismo **amargo** que *agrio*?

20. **Batirse en retirada** = huir, escapar después de la derrota. ¿Recuerdas otros usos del verbo *batir*?

21. No me gusta **del todo** ¿Significa que te gusta un poco o que no te gusta nada? ¿Cómo usas *para nada*?

COMENTA

- Si te pones «las gafas del optimismo», ¿qué cambia entonces en tu óptica del mundo? ¿Qué es más útil, ser optimista o pesimista?
- ¿No crees que los pesimistas son, en realidad, realistas?
- Pensad en algunas situaciones y vedlas con ojos optimistas y pesimistas.
- En el texto aparecen algunos adjetivos que califican a unos y otros:
  pesimistas: escépticos y amargos,
  optimistas: esperanzados y candorosos.
  ¿Puedes añadir algunos más para completar la imagen de ambos?

c) **El texto siguiente está en presente. Transfórmalo en pasado y observa cómo unas veces los presentes tienen valores diferentes.**

Es inútil, no me duermo. He dado la luz, tengo el reloj parado en las diez, creo que a esa hora me acosté. La esfera del reloj tiene un claror enigmático, de luna muerta. Me incorporo y la habitación se tuerce como el paisaje visto desde un avión que cabecea: los libros, las montoneras de ropa sobre la butaca, la mesilla, los cuadros, los libros, todo está torcido. Echo los pies fuera de la cama y me los miro con extrañeza, parecen manojos de percebes sobre la pendiente inclinada de la moqueta gris; seguro que al levantarme me voy a resbalar, y hasta puede que el peso de mi cuerpo imprima al suelo una oscilación aún más radical y la estancia se vuelva del revés. Ojalá. Voy a probar, debe de ser divertido andar de cabeza para abajo.

Me pongo de pie y se endereza el columpio, se enderezan el techo, las paredes y el marco alargado del espejo, ante el cual me quedo inmóvil, decepcionada. Dentro del azogue la estancia se me aparece ficticia en su estática realidad, gravita a mis espaldas y me da miedo, de puro estupefacta, la mirada que me devuelve esa figura excesivamente vertical, con los brazos colgando por los flancos de su pijama azul. Me vuelvo ansiosamente, deseando recobrar, por sorpresa, la verdad de aquella dislocación. (...)

Carmen Martín Gaite
El cuarto de atrás

EXPLOTACIÓN DEL TEXTO
(Sugerencias)

- ¿Cuáles son las sensaciones que percibe la autora?
- ¿Qué le pasa?, ¿está enferma, borracha, sonámbula, tiene miedo?
- ¿Recuerdas una situación parecida? ¿Podrías describir cuáles eran tus sensaciones?
- C. Martín Gaite mira sus pies con extrañeza, ¿te has parado a pensar alguna vez que tus miembros o una parte de tu cuerpo pudiera tener vida propia? ¿Por qué?, ¿cuándo?
- Como la autora, describe tu habitación. ¿Qué cosas no pondrías en ella?

I. SITUACIÓN

Aaxel es un estudiante vienés que ha llegado a Salamanca para hacer un curso intensivo de español. Quiere alojarse en un piso para tener independencia en sus horarios. Decide comprar los periódicos y leer los anuncios. Toma nota y, por la tarde, recorre la ciudad buscando el que más le convenga por el precio y las condiciones de habitabilidad. ¿Quieres acompañarlo?

Imagina los diálogos entre Aaxel y los propietarios.

Un poco de vocabulario:

Tú puedes añadir más cosas.

piso amueblado
derecho a cocina
calefacción y agua caliente centrales
calefacción eléctrica
estufas de butano
gastos de comunidad
presidente/a de la comunidad
asociación de vecinos
firmar / hacer un contrato
Cámara de la propiedad urbana

piso soleado
habitaciones exteriores / interiores
patio de luces
tener vistas a / dar a
estar por las nubes
salir caro / barato
dejar en depósito
cobrar por adelantado
estar bien situado
ser céntrico

ALQUILERES

Alquilamos local-estudio, para grupos. Económico. Horno, 2.ª, 2. 21 88 47.

Alquilo nave 440 m² Avda. Aldehuela (frente a la cárcel). Teléfono 22 82 35.

Alquilo piso amueblado, señoritas, con o sin calefacción. Informes: Plaza del Ahorro, 2, 4.º, de 11 a 13 y 16 a 18.

Alquilo piso céntrico, tres dormitorios, calefacción, dos servicios. Teléfono 23 11 13.

Alquilo piso calle Zamora, 8 habitaciones, propio gabinete médico, estomatólogo, etc., no estudiantes. Teléfono 21 26 91.

Se alquila piso, en Gran Vía, con o sin muebles, 4 dormitorios, 2 cuartos de baño, salón, cocina, terraza, plaza garaje. Tel. 20 05 91.

Se alquila piso amueblado, seis habitaciones, calefacción central, agua caliente. Llamar de 15 a 18. Tel. 22 55 41.

Se alquila piso, calefacción y agua caliente central, 5 habitaciones, baño y aseo, sin muebles. Informes portería, calle Padre Astete, 16-20.

Propietario gestionamos alquiler, venta y traspaso. Pisos, locales, negocios, fincas, etc. Rapidez, garantía. Llantada. San Mateo, 3. Tel. 21 70 85.

Se alquila piso para estudiantes. Tel. 24 52 96.

HUÉSPEDES

Cogería huéspedes, pensión completa, jubilados, pensionistas, empleados, similares, céntrico. 22 92 22.

Para compartir piso propio con 2 hermanas, admitimos chica, frente Facultad Medicina. 34 00 49.

II. LEE

A

(...) Mi casa de Salamanca tenía dos pasillos paralelos, el de delante y el de atrás, que se comunicaban por otro, pequeño y oscuro, en ése no había cuartos, lo llamábamos el trazo de la hache. Las habitaciones del primer pasillo daban a la plaza de los Bandos, las del otro a un patio abierto donde estaban los lavaderos de la casa, y eran la cocina, la carbonera, el cuarto de las criadas, el baño y el cuarto de atrás. Era muy grande y en él reinaban el desorden y la libertad, se permitía cantar a voz en cuello, cambiar de sitio los muebles, saltar encima de un sofá desvencijado y con los muelles rotos al que llamábamos el pobre sofá, tumbarse en la alfombra, mancharla de tinta, era un reino donde nada estaba prohibido. Hasta la guerra, habíamos estudiado y jugado allí, totalmente a nuestras anchas, había holgura de sobra. Pero aquella holgura no nos la había discutido nadie, ni estaba sometida a unas leyes determinadas de aprovechamiento: el cuarto era nuestro y se acabó.

Carmen Martín Gaite
El cuarto de atrás

EXPLOTACION DEL TEXTO (Sugerencias)

11. Cantar **a voz en cuello** = cantar muy alto.
¿Recuerdas algunas expresiones con el verbo **cantar**?
Si dices a un amigo «*No me cantes las cuarenta*», ¿qué quieres decir?
Y *¿cantar las verdades?* y *¿cantar el alerón?*

13. Un sofá **desvencijado** = desarticulado, descuajaringado.
¿qué otras cosas se pueden desvencijar?

18. Habíamos jugado **a nuestras anchas** = a nuestro gusto, a nuestro aire.
¿Y si te habla alguien *largo* y *tendido* de su viaje?
¿Qué significa «me ha salido el *asunto redondo*»?
¿Cómo te sientes si te dicen que tienes la *cabeza cuadrada*?
Había **holgura** de sobra = amplitud.
Pero si dices que tus vecinos viven con *holgura*, ¿a qué te refieres?

- Carmen Martín Gaite describe una parte de su casa de niña. Intenta tú también describirnos la casa en la que te criaste, cuidando el estilo.
- ¿Tuviste la suerte de disponer de un «cuarto de atrás» para jugar?

B

La primera luz eléctrica que conservaba en su memoria era una bombilla colgando de un cable pelado. Así era en la cocina, y en el comedor, y en el pequeño cuarto en el que César dormía. Bombillas sin aliento que en vez de iluminar repartían sombras. Estaban tan altos los techos, tan sucias las paredes, tan descascarillada y vieja la pintura. En algún momento el piso debió de estar limpio, debió de ser coqueto: cuando sus padres lo alquilaron, tras la boda. Los pobres imbéciles se casaron a finales de 1935; la guerra les desbarató la vida y cualquier proyecto de decoración ulterior, si es que tenían alguno. Para cuando César nació, en 1942, exactamente nueve meses después de que su padre saliera de la cárcel, la casa ya era una ruina mugrienta. De su infancia recordaba la decadencia física constante: los cristales de las ventanas que se rompían y que eran reemplazados por cartones; los grifos que goteaban y que nadie arreglaba; las sillas desencoladas a las que sólo les quedaban tres patas, y en las que había que aprender a sentarse esquinadamente para mantener el equilibrio y no caerse. Una bandeja ennegrecida y otrora plateada, los residuos de una vajilla de té en vidrio con los filos de oro y un cenicero de porcelana roto y cuidadosamente pegado constituían los únicos restos arqueológicos de un mundo mejor definitivamente ido, de cuando la casa aspiraba a ser feliz.

Rosa Montero
Amado amo

- Señala las palabras que describen la miseria de la casa. ¿Puedes añadir otras?
- La autora habla de que la casa aspiraba a ser feliz. ¿Cómo imaginas «una casa feliz»?

III. Y TÚ ¿QUÉ OPINAS?

LA CASA

- **¿Qué tipo de casa / piso te gustaría tener? ¿Por qué?**
- **Elige uno de estos y justifica la elección. Habla de sus ventajas e inconvenientes.**
- **¿Te gustan las casas de hoy?**
- **¿Cómo imaginas tu casa ideal?**
- **«La casa de un hombre es su castillo.» ¿Qué te parece esta frase?**
- **¿Son muy diferentes las casas españolas que conoces de las de otros países?**

Y del trabajo, a casa. Las viviendas de la España contemporánea, en cuya adquisición se empeñan largamente tantas parejas, han sufrido un doble proceso de transformación. Por una parte son habitáculos que se cierran sobre sí mismos y constituyen básicamente espacios de privatización. Por otra, albergan casi exclusivamente a dos generaciones. De ahí que la casa ya no se abra hacia afuera, como en la vieja tradición rural y urbana primitiva, sino que se convierte en lugar de descanso privado, a lo que ya no se le dedica aquellos esfuerzos intensivos de nuestras madres y abuelas. «Las casas ya no son lo que eran», protesta una sesentona barcelonesa de clase media, «pues mi hija sale por la mañana a la misma hora que mi marido y deja al niño en la guardería. Por la tarde está demasiado cansada para hacer otra cosa que lo más elemental; y en los fines de semana quieren divertirse». Sin embargo, desde el punto de vista de la comodidad, el hoy es muy superior al ayer. Ya son mayoría las viviendas con agua corriente e inodoro, y los dos grandes ingredientes de la vida burguesa (la calefacción y el agua caliente) han dejado de ser privilegio de unos pocos.

La pareja de clase media urbana, entre los 30 y 40 años y dos hijos, esa que sirve de prototipo para casi todos los perfiles de la modernidad sociológica española, confiesa mayoritariamente que sólo sale de casa un día a la semana y que el resto no tiene dinero ni energías para hacer otra cosa que quedarse en casa a ver la televisión.

Alberto Moncada
Anuario El País, 1987

IV. UN POCO DE HUMOR...

LA SEÑORA QUE ACABA DE COMPRAR UN CHALÉ

La señora que acaba de comprar un chalé en las afueras de su ciudad, en una de esas zonas-dormitorio que tanto se estilan ahora en nuestro país, habla con su esposo y le comenta que los niños se les van a criar preciosos, creciendo allí.

La señora que acaba de comprar un chalé, inmediatamente comunica a sus amistades que, en el futuro, vivirán todo el año en su chalé.

La señora que acaba de comprar un chalé va todos los fines de semana a ver cómo progresa la construcción de su chalé.

La señora que acaba de comprar un chalé se pasa las noches en blanco soñando con el día en que suene la hora de ir a habitarlo.

La señora que acaba de comprar un chalé, cuando al fin lo ocupa, se siente tan importante como los Ewing o los Carrington de la tele.

La señora que acaba de comprar un chalé se pasa los primeros días en él con una bata vieja y un trapo liado a la cabeza, adecentando el chalé.

La señora que acaba de comprar un chalé obliga a su marido, cuando vuelve de la oficina, a ponerse unos shorts y a manejar una carretilla para que le arregle el jardín.

La señora que acaba de comprar un chalé efectúa frecuentes desplazamientos a los grandes almacenes para adquirir toda suerte de detallitos para su chalé.

La señora que acaba de comprar un chalé adquiere toda clase de toldos para terrazas y jardín, con el fin de que quede la mar de confortable.

La señora que acaba de comprar un chalé, cuando ya lo tiene perfectamente instalado, organiza almuerzos para que sus amigas sin chalé vayan a envidiarle el chalé, que les muestra habitación por habitación.

La señora que acaba de comprar un chalé sale todas las tardes a dar un paseo por los alrededores a examinar los otros chalés y convencerse de que ningún chalé es como el suyo.

La señora que acaba de comprar un chalé no tarda en comunicarle a su esposo que el chalé da mucho trabajo y que necesita una empleada del hogar para que le ayude en las faenas.

La señora que acaba de comprar un chalé es extraordinariamente feliz.

Y mientras la señora que acaba de comprar un chalé disfruta mucho, su marido se desloma en el despacho para sacar dinero de debajo de las piedras, con el fin de pagar el crédito del chalé, los detallitos del chalé, los toldos del chalé, la chica que ayuda a su mujer en el chalé y las comilonas que se atizan todos los amigos que van a envidiarles el chalé.

P. García
El Adelanto, 8-5-88

EXPLOTACIÓN DEL TEXTO
(Sugerencias)

- **¿Cuál es la actitud de la señora? ¿Y la de su marido?**
- **¿Qué espera obtener la señora de su chalé?**
- **¿Estarías dispuesto a hacer los mismos sacrificios u otros por conseguir una casa maravillosa?**

2. ***estilarse***
8. ***pasar las noches en blanco***
25. ***la mar de***
41. ***deslomarse***
45. ***atizarse***

- **Sustituye estas palabras / frases por otras sin que cambie el sentido.**
- **El texto tiene un claro tono irónico ¿de qué recursos se sirve el autor para conseguirlo?**

UNIDAD 2

La memoria

LOS PASADOS

RECUERDA

- **Pretérito perfecto**

Es un pasado conectado con el presente, un presente ampliado como definen algunos gramáticos.

Expresa: a) **Un pasado en el que se encuentra el hablante.**
Ejemplos: *Este año **he estado** en Italia.*
*Últimamente **he trabajado** mucho.*
*Nunca **ha sido** especialmente honrado.*

b) **Una información intemporal.**
Ejemplos: ***¿Has leído** «El hablador» de Vargas Llosa?*
*Todavía no **he estado** en Granada.*

c) **Un pasado inmediato.**
Ejemplos: *Hace un momento que **he llegado.***
*Acabo de lavarlo, por eso no **se ha secado.***

d) **Un pasado emocional.**
Ejemplo: *Mi abuela **ha muerto** hace ocho años.*

- **Pretérito indefinido**

Es un pasado en el que no está el hablante.

Presenta una acción que ha llegado a su final. Por eso, en ocasiones, es imposible su uso; es el caso de frases en las que colocar un indefinido, cambiaría el significado.

Ejemplos: *Miguel y Alfonsa se casaron; Alfonsa tuvo un hijo* (de Miguel). *Alfonsa tenía un hijo* (anterior al matrimonio).

Estuvo muy enfermo, se moría ***(no sabemos si ocurrió),*** *se murió.* ***(Ahora está muerto).***

Expresa: a) **Acción puntual, momentánea.**
Ejemplo: ***Nació*** *el 19 de abril de 1931.*

b) **Tiempo determinado.**
Ejemplos: *Aquel año nos* ***pasó*** *todo lo imaginable.*
Estuve *trabajando allí durante 10 años.*

c) **Se usa para narrar porque con el indefinido «pasan» cosas. La acción avanza.**
Ejemplo: ***Entró, dio*** *un beso a su hijo,* ***se quitó*** *el abrigo y los zapatos y* ***se dejó*** *caer en el sofá.*

Pretérito imperfecto

Es el presente del pasado. Presenta la acción en su transcurso, ocurriendo. No nos dice si la acción ha llegado o no a su final.

La acción no avanza, al contrario que con el indefinido.

Expresa: a) **Costumbre.**
Ejemplos: *Con frecuencia* ***sentía*** *aquella inexplicable sensación.*
Cada vez que la ***veía,*** *se* ***me alegraba*** *la vida.*

b) **Descripción.**
Ejemplo: *Su pelo* ***era*** *rojizo y sus labios* ***tenían*** *una mueca de desprecio que le* ***hacía*** *parecer inaccesible.*

c) **Cortesía.**
Ejemplos: *¿Qué* ***deseaba?***
¿Podía *hablar un momentito con usted?*

d) **Condicional.**
A menudo en la lengua hablada encontramos el imperfecto en lugar del condicional. (Lo mismo que podemos encontrar el presente en lugar del futuro.) Parece que se prefiere en situaciones que expresan mayor *inmediatez.*
Ejemplos: *Yo, en tu lugar no lo* ***hacía.***
Si pudiera, me ***iba*** *ahora mismo.*

Pretérito pluscuamperfecto

Expresa: a) **Una acción pasada anterior a otra también pasada.**
Ejemplo: *Ya me lo* ***habían contado,*** *por eso no me sorprendió.*

b) **A veces lo usamos para una acción posterior a la del verbo principal, pero con la idea de rapidez en la ejecución.**
Ejemplo: *Le pedí que lo trajera y al poco rato me lo* ***había traído.***

EJERCICIOS

a) **Transforma el infinitivo en una forma correcta del pasado** (explica en qué situación estás al decirlo).

1. Perdona, ¿qué *(decir)* ________? *(Estar, yo)* ________ pensando en otra cosa y no te *(oír)* ________.
2. ¡Qué bestia! Le *(pegar)* ________ a su hijo unas palizas que lo *(matar)* ________.
3. ¿Cómo *(saber, tú)* ________ que *(haber)* ________ alguien en casa si cuando *(llamar)* ________ no te *(responder)* ________?
4. *(Darme, yo)* ________ cuenta porque *(oír)* ________ desde el rellano el tocadiscos que *(sonar)* ________, aunque *(estar)* ________ muy bajito.
5. ¿Por qué *(romper)* ________ usted los cristales para entrar? Si no le *(abrir)* ________ es que no *(haber)* ________ nadie o no *(querer)* ________ recibir visitas.
6. La puerta *(estar)* ________ cerrada, yo *(anunciar)* ________ mi visita y siempre que *(ocurrir)* ________ eso, ellos *(dejar)* ________ la puerta abierta o la llave debajo del felpudo si *(tener)* ________ que salir. Al ver que ninguna de las dos cosas *(estar)* ________ como siempre, me *(alarmar)* ________ y *(entrar)* ________.
7. Cada vez que *(llamarse)* ________, *(tirarse)* ________ hablando las horas muertas.
8. Le *(seguir)* ________ en el coche durante varias horas y no *(darse)* ________ cuenta.
9. ¿*(Enteraros)* ________ ya de lo que *(pasar)* ________ el otro día con los teléfonos? Pues no *(funcionar)* ________ y *(estar)* ________ así toda la mañana.
10. Te *(decir)* ________ muchas veces que no *(venir)* ________ aquí a estar de brazos cruzados.
11. Nunca *(gustarme)* ________ los que no cumplen sus promesas. Muchas veces *(dejar)* ________ de confiar en alguien por eso.

ba la moldura negra de la butaca, el dibujo de las paredes, el fanal sobre la cómoda con su santo **abrumado** de flores —jamás lograba recordar qué santo era—; miraba el postigo de la ventana, con sus marcas y tachas, todo, mientras que mi tía, **callada**, en el regazo las manos, espiaba mis miradas. 100

—Esa cortina no es la de antes —observé; quería pintarme en el recuerdo de la antigua cortina. 105

—Sí; hubo que cambiarla, poco antes de morir tu tío... Pero, hijo, voy a darte de comer. ¡Espera! ¿Qué podría darte? Café, no tengo. ¿Qué te daría yo? Quizás una copita, ¿no?

Me trajo, ya **servida**, una copita de aguardiente; la bebí de un trago; me cayó bien; se lo agradecería con una sonrisa y ella: «Bueno, ya estás aquí, loado sea Dios. ¿Muy cansado, hijo?», preguntó. 110

No, no estaba cansado: cansado propiamente no lo estaba. Sentía, sí, una especie de distensión, de triste desmadejamiento, de aburrimiento casi. 115

—Estás bastante cambiado —notó—; más viejo y gordo; pero con buen aspecto. 120

—Sí, allá uno engorda sin querer. Todo el mundo engorda allá.

Hubo una pausa.

F. Ayala
La cabeza del cordero

II. Y TÚ ¿QUÉ OPINAS?

1. **Cuando vuelves a tu casa después de una larga ausencia (vacaciones, estancia en el extranjero...) ¿la encuentras diferente?, ¿la has echado de menos?, ¿por qué?**

   ¿Te gusta cambiar a menudo? ¿Por qué?

2. **¿Cuáles son las sensaciones que más despiertan tu memoria, el olor, el sabor, etc.?**

3. **Te encuentras con un familiar, un amigo que no has visto hace mucho tiempo. Describe tus sentimientos, tus sensaciones.**

4. **El exilio, el destierro, la emigración alejan voluntariamente o no a uno de su país, de su familia, de sus amigos. Mira a tu alrededor, ¿conoces a gente en esas condiciones? ¿Se han adaptado bien a su nueva patria? ¿Por qué?**

   Si has hablado alguna vez con ellos, ¿qué es lo que más añoran de su tierra? ¿Te imaginas en una situación semejante?

5. **«La memoria es una pura trampa: corrige sutilmente, acomoda el pasado en función del presente». M. Vargas Llosa, *El hablador*.**

   «La memoria y la nostalgia hacen una combinación explosiva, destiñen todo lo que tocan». Juan José Millás, *El desorden de tu nombre*.

   «No sé si la memoria es un bien que nos ayuda a sobrevivir o una estratagema forjada por nuestra propia debilidad». Terenci Moix, *No digas que fue un sueño*.

   - **¿Qué opinas de las frases de estos escritores? ¿Es verdad que el tiempo lo deforma todo y que la memoria «selecciona» el pasado?**
   - **¿Es importante tu pasado? ¿Sueles referirte a él a menudo?**
   - **¿Te acusan algunas veces de vivir en el pasado? ¿por qué?**

REFRESCA LA MEMORIA

1. Esta persona formó parte de tu pasado. ¿Quién fue? ¿Qué relación tuviste con ella? ¿Qué significó para ti? Describe su carácter, lo que hacía, cómo la conociste...

2. Abre una imaginaria agenda vieja, ¿qué encuentras apuntado en ella? Compara su contenido con lo que tienes apuntado ahora. ¿Has cambiado mucho?

3. Ahora abre esa caja donde guardabas los secretos de cuando eras niño/a. ¿Qué descubres? ¿qué recuerdos te traen?

4. El olfato es el sentido más relacionado con la memoria. ¿Estás de acuerdo? ¿Qué olores asocias con momentos de tu pasado?

5. ¿Prefieres los muebles, los objetos viejos, antiguos o te gusta rodearte de modernidad?

UNIDAD 3

El coche

ESTILO DESCRIPTIVO

RECUERDA

- **Estilo descriptivo**

Describir:

- Es «hacer presente» ante los ojos del interlocutor / lector lo que pasó.
  Ejemplo: *A eso de las cuatro de la madrugada **llegábamos** a Madrid.*

- Es referirse a las características de algo o alguien como presente del pasado.
  Ejemplo: *El patrón **era** tacaño, su casa **parecía** un rastro.*

- Es «ponerle un decorado» a la acción.
  Ejemplo: ***Teníamos** la habitación llena de libros y papeles.*

- Es «detener la imagen», alargándola voluntariamente, aunque originalmente sea breve.
  Ejemplo: *En aquellos momentos **se abría** la puerta que nos permitiría ver lo que nos habían ocultado.*

Para todo ello se usa el imperfecto (ver Unidad 2), gracias a su característica de dejar la acción en suspenso, sin decirnos si ésta ha llegado o no a su final.

- **Estilo narrativo**

Narrar:

- Es contar lo que pasó.
  Ejemplo: ***Llamaron** a la puerta, **me levanté** y **abrí.***

- Es enumerar acciones.
  Ejemplo: ***«Llegué, vi y vencí».***

- Es colocar «objetivamente» los hechos en el pasado.
  Ejemplo: *Las primeras elecciones democráticas después de la muerte de Franco* ***tuvieron*** *lugar en 1977.*

- Es asegurar al hablante / lector que la acción se ha cumplido, ha llegado a su final.
  Ejemplo: Si decimos: *«Ayer* ***pensábamos*** *ir al cine»* o *«Cuando* ***íbamos*** *al cine, nos encontramos con Charo»*, nuestro interlocutor puede preguntarnos: «Pero ¿fuisteis al cine o no?».
  La duda se aclara diciendo: *«Sí,* ***fuimos*** *al cine»*.

Para todo lo mencionado se usa el indefinido.

- No olvidemos, sin embargo, que se puede pasar de uno a otro estilo según le convenga al relato o a la intención del hablante / escritor.

- Tengamos presente que: si no queremos dejar la acción en suspenso, hay que usar el indefinido.

EJERCICIOS

a) **Pon los infinitivos en el tiempo y modo adecuados:**

Unos días después *(nombrar)* ________ a Hurtado médico de Alcolea del Campo. *(Ser)* ________ éste un pueblo del centro de España, colocado donde *(acabar)* ________ Castilla y *(comenzar)* ________ Andalucía. *(Ser)* ________ una villa de importancia, de ocho a diez mil habitantes.

En seguida de recibir el nombramiento, Andrés *(hacer)* ________ el equipaje y *(dirigirse)* ________ a la estación del Mediodía. La tarde *(ser)* ________ de verano, sofocante, pesada, de aire seco y lleno de polvo. (5)

A pesar de que el viaje *(hacerlo)* ________ de noche, Andrés *(suponer)* ________ que *(ser)* ________ demasiado molesto ir en tercera y *(tomar)* ________ un billete de primera. *(Entrar)* ________ en el andén, *(acercarse)* ________ a los vagones, y en uno que *(tener)* ________ el cartel de no fumadores, *(disponerse)* ________ a subir. Un hombrecillo vestido de negro, con anteojos *(decirle)* ________ con voz melosa y acento americano: (10)

— *(Oír)* ________ , señor, este vagón *(ser)* ________ para los no fumadores. Andrés no *(hacer)* ________ el menor caso de la advertencia y *(acomodarse)* ________ en un rincón. Al poco rato *(presentarse)* ________ otro viajero, un joven alto, rubio, membrudo, con las guías del bigote levantadas hacia los ojos. El hombre bajito *(hacerle)* ________ la misma advertencia de que allí no *(fumarse)* ________ : «*(Verlo)* ________ aquí», *(contestar)* ________ el viajero algo molesto y *(subir)* ________ al vagón. *(Quedar)* ________ los tres en el interior del coche sin hablarse. Andrés *(pensar)* ________ en las sorpresas que le *(reservar)* ________ el pueblo. El tren *(echar)* ________ a andar. (15)

El hombrecito de negro *(sacar)* ________ una especie de túnica amarillenta, *(envolverse)* ________ en ella y *(tenderse)* ________ a dormir. El monótono golpeteo del tren *(acompañar)* ________ el soliloquio de Andrés; *(verse)* ________ a lo lejos varias veces las luces de Madrid en medio del campo, *(pasar)* ________ tres o cuatro estaciones desiertas y *(entrar)* ________ el revisor. (20)

Andrés *(sacar)* ________ su billete; el joven alto *(hacer)* ________ lo mismo y el hombrecillo, después de registrar sus bolsillos *(mostrar)* ________ su billete y un papel. El revisor *(advertirle)* ________ que *(llevar)* ________ un billete de segunda.

El hombrecillo de negro, sin más ni más *(encolerizarse)* ________ y *(decir)* ________ que aquello *(ser)* ________ una grosería; *(avisar, él)* ________ en la estación su deseo de cambiar de clase; él *(ser)* ________ extranjero, una persona acomodada, con mucha plata, sí señor, que *(viajar)* ________ por toda Europa y América y sólo en España, un país sin civilización, sin cultura, en donde no *(tenerse)* ________ la menor atención al extranjero, *(poder)* ________ ocurrir cosas semejantes. El hombrecillo *(insistir)* ________ y *(acabar)* ________ insultando a los españoles. Ya *(estar)* ________ deseando dejar este país miserable y atrasado; afortunadamente, al día siguiente *(estar)* ________ camino de América.

El revisor no *(contestar)* ________ . Andrés *(mirar)* ________ al hombrecillo que *(gritar)* ________ descompuesto, cuando el joven rubio, irguiéndose, *(decirle)* ________ con voz violenta:

— No *(permitirle)* ________ hablar así de España. Si usted *(ser)* ________ extranjero y no *(querer)* ________ vivir aquí, *(irse)* ________ a su país pronto, porque, si no, *(exponerse)* ________ usted a que *(echarle)* ________ por la ventanilla y *(ser)* ________ yo ahora mismo.

— Pero, señor, es que *(querer)* ________ atropellarme.

— No es verdad, el que *(atropellar)* ________ *(ser)* ________ usted. Para viajar se necesita educación, y viajando con españoles, no hablar mal de España.

— Si yo *(amar)* ________ España y el carácter español. Mi familia *(ser)* ________ toda española. ¿Para qué *(venir)* ________ sino para conocer la madre patria?

— No *(querer)* ________ explicaciones —*(contestar)* ________ el otro con voz seca y *(tenderse)* ________ a dormir.

Andrés *(quedar)* ________ asombrado; realmente aquel joven *(estar)* ________ bien. Él, con su intelectualismo, *(pensar)* ________ qué clase de tipo *(ser)* ________ el hombre bajito; el otro *(hacer)* ________ una afirmación rotunda de su país y de su raza.

Pío Baroja
El árbol de la ciencia

EXPLOTACIÓN DEL TEXTO
(Sugerencias)

12. Voz **melosa**, ¿tiene valor positivo o negativo este adjetivo? ¿siempre? ¿Y *meliflua*?

15. **Membrudo** es una palabra derivada de «miembro». ¿Qué significa? ¿Y *bigotudo*? ¿Puedes buscar otras palabras derivadas con el sufijo -udo?

20. Túnica **amarillenta**, eso significa que es de un color que tira a amarillo. Normalmente tiene valor despectivo. ¿Recuerdas los derivados de los otros colores? ¿Cómo se usan?

21. **Golpeteo** significa golpes repetidos. El sufijo -eo crea palabras con valor frecuentativo. Dinos otras, por ejemplo: balbuceo, manoseo, etc.

30. **Sin más ni más** significa de repente, sin razón.
A continuación, busca en la columna de la derecha el equivalente de la columna de la izquierda:

1. sin ton ni son	a. gratis
2. de balde	b. en vano
3. en balde	c. sin sentido
4. de un tirón	d. de una vez, sin parar
5. de rechupete	e. para chuparse los dedos

Haz frases para demostrar que sabes cómo funcionan.

34. Persona **acomodada** ¿es lo mismo que comodona? ¿Qué significan: *pudiente, solvente, acaudalado, forrado*?
Con mucha **plata** = dinero en América del Sur. ¿Qué otros nombres conoces para el dinero?

46. Gritaba **descompuesto.** ¿Cómo gritaba? ¿De qué otras maneras se puede gritar?

55. Quieren **atropellarme**. Este verbo normalmente se usa cuando un coche arrolla a una persona, ¿está usado aquí en ese sentido?

- ¿Con qué postura te identificas más?
- ¿Crees realmente que hay países, regiones donde se trata mal al extranjero? ¿A qué obliga la hospitalidad?
- ¿Qué obligaciones tiene el visitante?
- Háblanos de los países que conoces. ¿Qué cosas te gustan más de cada uno?
- ¿Cuáles te gustan menos?
  Si tuvieras que elegir otro país que el tuyo para quedarte a vivir definitivamente, ¿en cuál lo harías? ¿por qué?
- ¿Tienes algún prejuicio sobre lo hispánico sea español o americano?
- Si has viajado por España o Hispanoamérica ¿se han confirmado tus ideas?

b) **Pon los infinitivos en el tiempo y modo adecuados.**

Contexto:

Lucía se encuentra con la suegra de su hermana el día del aniversario de la muerte del marido e hijo de ambas mujeres.

La anciana se pregunta por las circunstancias de la muerte de su hijo. Lucía contesta para sí misma porque ella sabe cómo ocurrió todo.

Lucía *(salir)* ________ de la casa en dirección al río con una canasta de ropa en la cabeza. *(Pasar)* ________ frente a la casa de su hermana Joaquina, viuda desde que los del gobierno le *(matar)* ________ al marido. Al ver la puerta cerrada *(pensar)* ________ .

— Aún no *(levantarse)* ________ ni mi hermana ni su suegra —y *(acelerar)* ________ el paso. 5

Ya *(rebasar)* ________ Lucía la casa cuando alguien, desde la ventana *(decir)* ________ su nombre:

— ¿Por qué *(ir)* ________ al río, Lucía? Éste no *(ser)* ________ día para salir de casa—. *(Ser)* ________ la suegra de su hermana. La anciana (añadir) ________ :

— Hoy *(cumplirse)* ________ dos años de su muerte. Si la pena *(matar)* ________ , tu 10 hermana y yo hace tiempo que *(estar)* ________ criando malvas. Yo *(dar)* ________ la vida por saber quién *(delatar)* ________ a mi hijo, porque él *(estar)* ________ bien seguro en aquel horno que no *(encenderse)* ________ nunca. Cuarenta años *(llevar, yo)* ________ de hornera y donde yo *(esconderlo)* ________ , no *(descubrirlo)* ________ ni Dios.

Las palabras de la anciana *(caer)* ________ sobre Lucía como plomo. 15

— Nadie *(saberlo)* ________ más que tu hermana y yo —Lucía *(seguir)* ________ callada, pero *(contestar)* ________ en su imaginación:

— Yo también *(saberlo)* ________ .

La anciana *(continuar)* ________ : —Y si no *(saberlo)* ________ nadie, ¿cómo *(enterarse)* ________ la Guardia Civil? —Lucía no *(replicar)* ________ pero *(decir)* ________ para 20 sí misma: —Yo *(saber)* ________ quién *(denunciarle)* ________ , ¡no *(irlo)* ________ a saber si *(denunciarle)* ________ yo misma! Una noche de febrero, antes del amanecer, *(acercarme)* ________ al cuartel de los civiles y *(tirar)* ________ una piedra envuelta en un papel por la ventana. En el papel *(escribir, yo)* ________ «en el horno, *(mirar)* ________ en el horno». La piedra *(romper)* ________ los cristales, al ruido *(acudir)* ________ y *(encontrar)* ________ la denuncia. Cuando *(leerla)* ________ yo ya *(estar)* ________ lejos. Recordando todo esto, la canasta *(pesarle)* ________ , por eso *(acercarse)* ________ a la pared y *(apoyarse)* ________ . La madre del muerto *(seguir)* ________ :

—Lo que no *(entender)* ________ es cómo *(enterarse)* ________ el que *(hacer)* ________ la delación—. Lucía *(recordar)* ________ para sí misma:

— Nadie *(decírmelo)* ________ . Al principio yo *(querer)* ________ averiguarlo, pero ni mi hermana ni su suegra *(fiarse)* ________ de mí ni de nadie. Una noche *(venir)* ________ mi hermana a dormir en mi cuarto y mientras *(desnudarse)* ________ , *(verle)* ________ las moraduras que *(hacerle)* ________ en el cuello y en el pecho los civiles, tratando de hacerle confesar dónde *(esconderse)* ________ su marido. *(Estar)* ________ varias horas contemplando a mi hermana dormida; ésta *(agitarse)* ________ , *(moverse)* ________ y *(decir)* ________ en sueños: «En el horno, *(estar)* ________ en el horno».

Desde la ventana la madre del muerto *(seguir)* ________ :

— Aunque *(poder)* ________ enterarse alguno, nunca *(comprender)* ________ que *(haber)* ________ en el pueblo alguien que *(quererle)* ________ tan mal.

Recostada en el muro Lucía *(decirse)* ________ :

— No *(ser)* ________ necesario querer mal a una persona para delatarla y hacerle perder la vida. ¿Quererle yo mal? Sin él la vida y la muerte *(ser)* ________ una broma de Dios. Y cuanto más ciega *(sentirme)* ________ por aquel hombre, mejor *(disimularlo)* ________ . Nadie en el pueblo *(sospecharlo)* ________ nunca.

Ramón J. Sénder
El vado

11. Estar criando malvas significa estar muerto. ¿Recuerdas otras formas de decirlo? Búscalas y haz frases.

12 y **21. Delatar** y **denunciar** ¿son exactamente equivalentes? ¿Y *acusar*?

13. Llevar de hornera, es una construcción especial ¿sabes cuál es? Si no lo sabes, consulta la Unidad 27.

15. Caer como plomo. Es una imagen obvia ¿no? ¿Por qué le pesaban las palabras de la anciana a Lucía?

Andar con pies de plomo, ¿es ser prudente o andar despacio? *Ser un plomo* ¿de quién se dice?, ¿qué hace para «merecer» ese calificativo?

21. Irlo a saber. Consulta de nuevo las unidades sobre las perífrasis, esta vez la 24.

22. La conjunción **si**, ¿tiene valor condicional? Consulta en este caso la Unidad 13.

31. ¿Puedes hacer frases en las que se vea claramente la diferencia entre los verbos **apoyar(se)**, *soportar* y *sostener*?

38. ¿Cuál es la diferencia entre **fiarse de alguien** y *confiar en alguien*? ¿Es lo mismo que *confiar* algo a alguien?

41. Pongámonos violentos: **moraduras** y cardenales son algunas de la consecuencias de una paliza o de un accidente. ¿Puedes darnos otras consecuencias?

55. ¿Qué puede hacer que nos sintamos **ciegos**?, ¿y *mudos*?

Si oyes: Sé muy bien de *qué pie cojeas*, ¿qué entiendes? ¿Y si te comentan: *Pedro no es manco*, tú no vas a imaginar algo sobre ausencia de manos, porque sabes que Pedro tiene las dos, ¿entonces?

56. ¿Es lo mismo **disimular** que *fingir*?

¿Qué es un *sospechoso*?, ¿y un *suspicaz*?

EXPLOTACIÓN DEL TEXTO (Sugerencias)

1. Haz un breve resumen del texto.
2. ¿Por qué actuó Lucía como lo hizo? ¿Puedes entender y justificar su comportamiento?
3. ¿Qué opinas de su frase sobre sus sentimientos hacia su cuñado?
4. Haz un comentario a la frase de W. Shakespeare: «Todo hombre acaba matando lo que ama».

I. SITUACIÓN

EL COCHE

Elisabeth y Peter deciden pasar una semana recorriendo el norte de España; quieren hacerlo a su aire, tranquilamente, parándose en los preciosos pueblos que hay por esa zona. Alquilan un coche y se ponen en camino, con tan mala fortuna que, de pronto, el vehículo se para y no arranca, ¿qué puede ser?, ¿qué pueden hacer? ¡Aconséjales!

¡QUÉ PROBLEMAS!

RACE ASISTENCIA

En caso de avería:

Con esta tarjeta puede beneficiarse de nuestros servicios.

Llame a nuestra central de emergencia.

• Si es usted socio, ya sabe que estamos permanentemente a su servicio.

• Si no es usted socio, también le AYUDAREMOS EN CONDICIONES MUY FAVORABLES. Somos el Club de todos los automovilistas.
MARQUE EL **(91) 441 22 22.**

INDÍQUENOS

Vehículo .... Matrícula .... Color ....
Lugar exacto donde se encuentra el vehículo averiado.

Con RACE SIEMPRE SALDRÁ GANANDO. ¡ES UN REGALO! Únase a los socios de este Club, somos millones en todo el mundo. INFÓRMESE de nuestros MÚLTIPLES SERVICIOS llamando al teléfono de Madrid 593 17 78.

¡Por si las averías...!

RACE
(91) 441 22 22

Lléveme con usted durante todo el viaje y si su coche se para **¡LLÁMENOS!** Nos sentiremos orgullosos presentándole nuestros servicios.

Un poco de vocabulario:

volante
caja de cambios
intermitentes
asientos
cinturón de seguridad
permiso, carnet de conducir
carta verde
ventanilla
faros (halógenos)
maletero
bujías / fusibles
capó
bomba de la gasolina
radiador
llamar a la grúa
acelerador
frenar
adelantar, rebasar, pasar
atropellar a alguien
pegársela, pegarse un tortazo
chocar
meter caña
luces de avería
pedales: acelerador, embrague, freno
espejo retrovisor
rueda de repuesto
gato
llaves: inglesa, de tuercas
depósito, tanque
parabrisas
limpiaparabrisas
placa (matrícula)
aceite
carburador
correa del ventilador
batería (descargada)
volcar
patinar
saltarse un semáforo
ceda el paso
baches
línea continua, discontinua
curvas

- **¿Te acuerdas de una situación parecida que te ocurrió a ti? ¡Cuéntanos cómo saliste de ella!**
- **¿Verdad que deberíamos prescindir del coche?**

EL VÍA CRUCIS DE LA CARRETERA

Cinco mil quinientas personas murieron el año pasado sobre el asfalto español. De ellas, casi doscientas fallecieron en accidentes ocurridos durante las vacaciones de Semana Santa. Mientras el gobierno socialista sostiene que España es víctima de una «incultura automovilística», las autoridades europeas han dado la voz de alarma al hilo de las estadísticas: la nación que soporta la mayor intensidad de tráfico turístico del continente ofrece, para la circulación, las peores carreteras y el menor índice de autopistas por kilómetro cuadrado. Sólo Grecia y Portugal superan unas cifras que están, como las carreteras, manchadas de sangre.

Benjamín Ojeda
Blanco y Negro, 16-3-89

EXPLOTACIÓN DEL TEXTO (Sugerencias)

- Con mejores carreteras ¿se evitan muchos accidentes?
- ¿Cuáles son las otras causas de los accidentes de circulación?
- ¿Limitar la velocidad es una medida útil contra los accidentes de circulación?

EXPLOTACIÓN DEL TEXTO (Sugerencias)

- Redacta el anuncio publicitario de un automóvil.

  Compara con los de tus compañeros y elegid entre todos cuál es el mejor, diciendo por qué, si es el más original, el más...

- Estamos en el Salón Internacional del Automóvil. En parejas o grupitos, elegid una marca de coches y preparad su presentación. Los otros compañeros tienen que comprar en función de vuestra campaña.

Opel Corsa. La gran ventaja de este pequeño coche, su gran acierto, consiste en algo que debería ser tan común a todos los coches que puedan comprarse en el mercado como el valor en los soldados; es decir, algo que se da por supuesto. Sin embargo, lamentablemente, no es así, y se convierte en argumento de peso consistente. Y es que el Opel Corsa no sabe lo que es un taller de reparaciones.

Únicamente puede visitarlos porque la impericia de los conductores le arruguen su envoltura. Porque incluso los más inexpertos resultan incapaces de romper un motor fabricado a prueba de todo. Si a su auténtica solidez se le añade una atractiva línea estética y unas prestaciones y consumos más que aceptables, el resultado no puede ser otro que el éxito que tiene. Los precios oscilan entre 900.000 y 1.320.000 pesetas.

Renault 9/11. En el fondo, el Renault 9 y el Renault 11 son el mismo coche, aunque con configuraciones diferentes para poder atender las necesidades de dos tipos de clientes diferentes. El R-9 tiene tres volúmenes diferenciados; es decir, aspecto de coche grande, aunque sea pequeño. Algo muy del gusto de algunos conductores españoles. El R-11, por su parte, con sus dos volúmenes, resulta más práctico, al tener una puerta trasera practicable. En cualquier caso, los años no pasan en balde en un segmento tan tremendamente dinámico como es en el que se incluyen estos coches, y está ya próxima la salida —para el otoño— de los sustitutos. Los precios oscilan entre 1.230.000 y 1.625.000 pesetas.

Seat Ibiza/Málaga. La diferencia entre estos dos coches, eminentemente españoles, es la que existe entre una versión de dos volúmenes (el motor de un lado, y el habitáculo de los pasajeros y el espacio para el maletero, de otro) y la otra, más clásica, de tres volúmenes (en la que el habitáculo destinado a los pasajeros y el del portamaletas están perfectamente delimitados). El coche básico nació en su día, en plena crisis, como para presentar una posible alternativa de solución autárquica. Ahora, cuando la estrategia de Volkswagen parece claramente determinada a hacer desaparecer la Seat bajo el peso de la marca alemana occidental, resulta que este tipo de soluciones pierde buena parte de su sentido. Sea como sea, son en estos dos modelos en los que Seat ha echado el resto en cuanto a acabado, en una operación de intento de recuperación de imagen tan difícil como plausible. Los precios varían entre 940.000 y 1.520.000 pesetas.

III. Y TÚ ¿QUÉ OPINAS?

- ¿Podríamos prescindir del coche?
- ¿Qué tipo de conductor eres? ¿Te gusta correr? ¿Te enfadas mucho?
- ¿Qué es más peligroso un «fitipaldi», o sea, uno a quien le gusta correr, o un «manta», un «dominguero», o sea, uno a quien no le gusta la velocidad?
- De los coches que te hemos presentado, elige uno y justifica tu elección.

UNIDAD

4

El teléfono

LOS FUTUROS

RECUERDA

A) **1.** **Futuro simple**

Coloca la acción dependiendo de un «después de algo», es decir, es un tiempo venidero respecto al presente del hablante.

Ejemplos: ***Saldrá*** *para julio.*
Nos ***veremos*** *pronto.*

2. **Futuro de probabilidad**

Bajo este nombre reunimos las ideas de aproximación, suposición, probabilidad, incertidumbre, respecto al presente.

Ejemplos: *Lo* ***hará*** *para hacerse notar.*
Serán *las 11,30.*
Tendrá *problemas, por eso pone esa cara.*

3. **Futuro de extrañeza o reprobación**

Aparece en frases exclamativas o interrogativas.

Ejemplos: *¿**Serás** capaz de hacerlo tú solo?*
*¡Si lo **sabremos** nosotros que nos pasamos el tiempo haciéndolo!*

4. Futuro con valor concesivo

Admitimos como posible lo expresado en la frase con futuro y ponemos una objeción con la frase encabezada por **pero**.

Ejemplos: ***Será*** *muy simpático contigo pero con nosotros es insoportable.*
Estudiarás *mucho pero no se nota.*

5. Futuro de mandato

A diferencia del imperativo, que expresa una orden sujeta a una situación concreta, el mandato expresado con este tiempo, tiene una proyección hacia el futuro.

Ejemplos: *¡No* ***matarás****!*
Te lo ***comerás*** *aunque estemos aquí hasta mañana.*

B) 1. Futuro perfecto

Expresa una acción futura anterior a otra también futura.

Ejemplos: *Para cuanto tú llegues, lo* ***habremos terminado****.*
Antes de la hora prevista no ***habrá hecho*** *nada.*

2. Futuro perfecto de probabilidad

Expresa lo mismo que el futuro simple pero se refiere al pretérito perfecto.

Ejemplos: *No ha venido porque se* ***habrá quedado*** *dormido.*
¿Cuánto le ***habrá costado****?*

3. Futuro perfecto de extrañeza o reprobación

Ejemplos: *¡****Habráse visto*** *tipo más descarado!*
¿No ***habrás sido*** *capaz!*

4. Futuro perfecto concesivo

Tiene de nuevo el mismo valor que el futuro simple, pero se refiere a un tiempo perfecto, claro está.

Ejemplos: *¡****Habrás estudiado*** *mucho pero has hecho un examen desastroso!*
Lo ***habrá hecho*** *él sólo pero yo no me lo creo.*

Ejemplos: *Antes me gustaba más viajar,* ***sería*** *porque era más joven.*
¿Por qué se sentía tan mal? ***Tendría*** *la culpa su manía de analizarlo todo.*

4. Concesivo

Lo mismo que con futuro, admitimos lo expresado en la frase con condicional y ponemos una objeción con la frase encabezada por **pero**; la diferencia es que esta vez la frase se refiere *al pasado.*

Ejemplos: *—La abuela nos hizo la vida imposible a todos.*
—Os la ***haría*** *a vosotros, pero a mí siempre me ayudó.*
Tendría *muchos defectos pero no se puede negar que era un valiente.*

5. Cortesía

Alterna con el imperfecto en algunos casos.
Ejemplos: *¿**Podría** (podía) decirme si hay un garaje por aquí cerca?*
¿Me ***dejarías*** *tu coche?*

IMPORTANTE: Con los verbos **deber**, **querer**, **poder**, el condicional se puede sustituir por las formas en -ra del imperfecto de subjuntivo.

Ejemplo: *Querría / quisiera hablar con usted. Deberías / debieras ser más prudente,* etc.

CONDICIONAL PERFECTO

1. Acción futura respecto a un momento del pasado

Pero anterior a otro momento que se señala en la oración.

Ejemplos: *Usted me dijo que, cuando yo llegara, ya me* ***habría preparado*** *el certificado* (**habría preparado** es anterior a llegara y posterior a dijo).
Es una empresa seria, me prometieron que ***habrían estudiado*** *el presupuesto para esa fecha y así lo hicieron.*

2. Acción no realizada en el pasado

Depende de una condición, expresada o no.
Ejemplos: *Lo* ***habría entregado*** *a tiempo pero luego quise cambiar cosas.*
Si me hubieras pedido consejo, no te ***habrías equivocado****.*

IMPORTANTE: En estos casos el condicional perfecto es sustituible por el pluscuamperfecto de subjuntivo: lo *hubiera entregado...* ... no *te hubieras equivocado.*

3. Probabilidad, conjetura, aproximación

La relación en este caso se establece con el *pluscuamperfecto*, es decir, expresa acción acabada.

Ejemplos: *Por entonces ya **habría cumplido** los cuarenta.*
*No fue con vosotros porque **habría decidido** otra cosa.*

4. Concesivo

El mismo significado que en el condicional simple. La referencia es el *pluscuamperfecto* de indicativo.

Ejemplos: *Lo **habría hecho**, pero nadie se tomó la molestia de demostrarlo.*
*Le **habría sentado** mal pero no lo dio a entender.*

II. LA PROBABILIDAD

El uso de la probabilidad no es obligatorio.
Si decidimos usarlo hay que tener en cuenta el siguiente esquema.

1. Probabilidad referida al presente ....► **futuro simple**.
Ejemplo: *Su aspecto es sospechoso, porque **tendrá** algo que ocultar.*

2. Probabilidad referida al pretérito perfecto ....► **futuro perfecto**.
Ejemplo: *Ésta **habrá sido** la casa de algún noble, por eso tiene ese aire de señorío.*

3. Probabilidad referida al pasado (imperfecto / indefinido) ....► **condicional simple**.
Ejemplo: ***Pretendería** ayudarme al decirme aquello, supongo.*

4. Probabilidad referida al pluscuamperfecto ....► **condicional perfecto**.
Ejemplo: *Llevaba un pantalón que en otro tiempo **habría sido** azul marino, ahora sólo se adivinaba su color.*

En la frase 1, podemos decir: *probablemente tiene*
En la frase 2, podemos decir: *posiblemente ha sido*
En la frase 3, podemos decir: *a lo mejor pretendía / pretendió*
En la frase 4, podemos decir *seguramente había sido*

Observa: **seguramente** es sinónimo de probablemente, no de seguro.

EJERCICIOS

a) **Transforma en una forma correcta del condicional simple o perfecto: explica en qué situación lo usarías.**

1. Me pasó por la cabeza que cuando yo llegara a la reunión, ya *(discutir)* ________ lo más importante.
2. *(Vivir)* ________ con más holgura de haberte administrado mejor.
3. Nadie lo ayudó cuando lo necesitó. *(Echarle)* ________ una mano su padre, pero él no quiso pedírselo.
4. *(Divorciarse)* ________ mucho antes, pero se lo impidió su sentido del deber.
5. No te cabrees con ellos. — Mira, lo *(evitar)* ________ con mucho gusto pero no puedo aceptar ciertas cosas.
6. Viviendo conmigo, no *(actuar)* ________ como lo haces.
7. *(Portarse)* ________ mal contigo, pero a mí siempre me trató bien.
8. ¿*(Acompañarme)* ________ a la estación? Tengo muchas maletas que llevar.
9. *(Ser)* ________ una pena que este libro no tuviese éxito. ¡Después de tanto trabajo!
10. Se presentó a comer y no tenía nada en casa. *(Deber)* ________ avisarme por teléfono.
11. Eso que tú hiciste, no *(hacerlo)* ________ yo por nada del mundo, *(preferir)* ________ morirme.
12. *(Ir)* ________ a ver la tele pero quiero terminar este ejercicio.
13. No lo tomes a mal. *(Decirte)* ________ eso porque es tu amigo, ¿de quién más lo *(aceptar, tú)* ________ ?
14. *(Dar)* ________ todo lo que tenemos por unas vacaciones en verano.
15. Yo que tú, *(colocar)* ________ primero la habitación y *(leer)* ________ después.
16. Siendo más amable con los demás *(conseguir)* ________ que trabajaran mejor.
17. ¿Por qué no *(hacerme)* ________ caso hace unos años?
    Ahora *(ser)* ________ su propio jefe.
18. ¿*(Poder, yo)* ________ presentar mi candidatura?
    (Encantarme) ________ ocupar un cargo público.
19. ¿Cómo *(recibir)* ________ a mi hermano, después de contarles que me había venido a ver?

20. No *(volverme)* ________ tan desconfiada, de no haber tenido que enfrentarme con la gente.

21. Ya te anuncié que *(irme)* ________ a ver este programa, así que no te sorprendas ahora.

22. Me aseguraron que *(tenerlo)* ________ para esa fecha y luego no fue así.

23. Me imaginé que para cuando yo llegara *(terminar)* ________ la película.

24. ¿Creíste que *(asustarme)* ________ con tus amenazas?

25. Nos aseguró a todos que cuando quisiéramos darnos cuenta, *(hacerse)* ________ con las riendas del negocio.

b) **Sustituye los condicionales de las frases siguientes por otra construcción equivalente, donde sea posible.**

1. Me dijo que *llegaría* con retraso.

2. *Serían* muy felices como tú decías, pero al fin se separaron.

3. *Daría* cualquier cosa para ver lo que están haciendo ahora mismo.

4. En aquel momento *serían* las cuatro.

5. ¿Me *dejarías* llevar el coche a mí?

6. *Sería* muy bonito vivir siempre como vivimos ahora.

7. Se lo han dado a otra, pero este papel lo *haría* yo mucho mejor.

8. ¿Me *ayudarías* en circunstancias parecidas?

c) **Di en cuáles de estas frases se puede sustituir la forma «habría» por «hubiera» y por qué.**

1. Yo habría ido contigo con mucho gusto.

2. Lo habrían hecho para darme una sorpresa.

3. Me dijo que para el día 25 no lo habrían terminado.

4. Lo habríamos comprado pero cuando llegamos, no había ni un ejemplar.

5. No lo habrías hecho estando con otro tipo de personas.

6. En este caso, todos lo habrían comprendido.

bechaban. Naturalmente esta clasificación, como subjetiva que era, dependía del grado de credibilidad que la cliente prestara a quien iba a encargarse de desempeñar la labor, y dado que la escabechina de un vestido —aunque se tratase de un juicio absolutamente personal— pasaba a ser tema de público comentario, la pérdida de fe individual en una modista determinada motivaba en seguida la desconfianza hacia ella de otras posibles clientes, enteradas de su fallo; la noticia de la chapuza se propagaba sin piedad, ponía en tela de juicio la regeneración de la culpable, cundían los recelos, y de suma de estas múltiples quiebras de confianza se derivaba más tarde o más temprano, una degradación de categoría. Las modistas que tenían fama de haber escabechado trajes en más de una ocasión era difícil que pasaran del rango de costureras. «Bueno, a doña Petra, la pobre, qué le vas a pedir, no es una modista, ya se sabe, es una costurera.» A las costureras, que solían alternar su labor en la propia casa con jornadas mal pagadas en domicilios particulares, se les encargaban de preferencia las batas, las faldas de diario, la ropa interior, los uniformes de las criadas y los vestidos de los niños. Algunas, entradas ya en años, «costureras de toda la vida», vivían en pisos bajos, modestos, sin rótulo en la puerta, y solían tener en la alcoba oscura, donde nos tomaban medidas y nos probaban, una cama con almohadones de muchos colores entre los que yacía una muñeca de china con peluca empolvada y zapatitos de raso. Cuando venían a coser a las casas, traían dulces o caramelos para los niños, les contaban historias y les regalaban carretes vacíos y recortes de la labor que iban quedando dispersos por el suelo del cuarto de costura, donde perduraba al irse ellas, un olor peculiar. A cambio se las trataba con una mezcla de condescendencia y familiaridad y se les daba una lata infinita, exigiéndoles continuas reformas y rectificaciones. Generalmente tenían tanta paciencia como falta de ambición.

Las modistas propiamente dichas, es decir, las que habían tenido la suerte de afianzarse en su nombre de tales, no venían nunca a las casas, y eran apreciadas a tenor del lujo con que se hubieran montado y de la lentitud con que llevaran a cabo sus trabajos. A mí siempre me extrañó el hecho de

EXPLOTACIÓN DEL TEXTO
(Sugerencias)

4. Ameno, demorado, atenido a... significa:
- divertido / entretenido
- lento / pausado
- sujeto a / atado a

Elige lo que más convenga al sentido.

10. Figurines: revistas con dibujos de modelos de trajes, faldas... Pero si alguien parece un *figurín* es que:
- ¿va elegantemente vestido?
- ¿pretende ser elegante?
- ¿sólo lleva ropa hecha a medida?

13. El intríngulis es:
- ¿la complicación?
- ¿la belleza?
- ¿el conjunto?

19. La mala modista **escabechaba** el traje. ¿Qué crees que hacía? ¿Qué tiene que ver con el pescado *en escabeche*?

34. La chapuza: trabajo mal hecho. ¿A qué otros campos se puede aplicar?

24-39. Explícanos cuál era el proceso de pérdida de fama de las modistas.

43. Qué le vas a pedir:
- ¿pregunta lo que vas a solicitar de alguien?
- ¿niega que la persona sea capaz de realizar cosas difíciles?
- ¿dice que no le pidas nada a la persona en cuestión?

39-64. Explica cómo eran las costureras y cómo se las trataba. ¿Te resultan personajes simpáticos? ¿Por qué?

64. Un olor **peculiar** ¿cuál es la diferencia entre particular, *peculiar*, curioso, raro?

66. Se les daba **una lata** infinita. ¿Qué se les daba exactamente?
¿algo para comer?
¿dinero por su trabajo?
¿muchas molestias?

71. Afianzarse. ¿Se puede afianzar algo material? ¿Te puedes afianzar en tu opinión?

73. A tenor. ¿Tiene algo que ver con la música?

que su prestigio estuviera en razón inversa con la prontitud en terminarlos y nunca en razón directa. «Es buenísima, pero tarda mucho, hasta después de Navidad no te lo tiene», se solía decir como una recomendación infalible. Las más recomendadas eran naturalmente más caras, y además tenían muchos figurines, algunos extranjeros, los consultaban con la cliente en el probador y se permitían sugerir y aconsejar hechuras. Pero la tela la compraba siempre la señora. Modistas que no admitieran las telas, en provincias no las había. El título, superior a todos, de modista que pone ella la tela sólo lo ostentaban algunas de Madrid. Vestirse en Madrid con una modista que tenía telas, era el no va más.

Carmen Martín Gaite
El cuarto de atrás
Ediciones DESTINO

- Señala las palabras que indican:
  a) prendas de vestir
  b) lo relacionado con la costura
  c) crítica o desconfianza
- ¿Crees que todo lo que menciona la autora es un rito o una pérdida de tiempo?
- ¿Prefieres la ropa a medida o confeccionada?
- Ve a una modista y dale instrucciones para hacerte una blusa y una falda.
  Ve a un sastre y dale instrucciones para hacerte una chaqueta y unos pantalones.

IV. Y TÚ ¿QUÉ OPINAS?

Presentamos la temporada primavera-verano, otoño-invierno.

Elegid, diseñad los modelos que queréis exhibir. Describidlos con el mayor número de detalles.

Un poco de vocabulario:

llamativos estampados / cuadros / lunares / / rayas...

faldas estrechas / de tubo / de vuelo / fruncidas/ acampanadas / de tablas...

pantalones ajustados / bombachos / cortos...

tejidos: seda, algodón, lino, lana, fibra, perlé, raso...

trajes de chaqueta

vestidos de noche / escotados / largos / tres cuartos...

III. Y TÚ ¿QUÉ OPINAS?

- ¿Es importante para vosotros el aspecto físico?
- Y las chicas ¿os fijáis más en los «tíos buenos»?

UNIDAD 7
Los hombres

EL ESTILO INDIRECTO

RECUERDA

1. **El estilo directo:** Reproduce casi al pie de la letra lo que otra persona o yo hemos dicho o pensado.
   Ejemplos: *Tú me dijiste: No quiero ir con vosotros mañana.*
   Yo pensé: Si abro la puerta con cuidado, no me oirán.

2. **El estilo indirecto:** Reproduce lo dicho o pensado por medio de transformaciones gramaticales y la frase subordinada se une a la principal mediante la conjunción **que**.
   Ejemplos: *Tú me dijiste que querías ir/venir con nosotros.*
   Yo pensé que si abría la puerta con cuidado, no me oirían.

   Las transformaciones afectan:
   Al verbo: quiero ....► querías; abro ....► abría; oirán ....► oirían.
   Al pronombre: yo ....► tú; vosotros ....► nosotros.
   Al adverbio: mañana ....► al día siguiente; etc.

3. **A veces la conjunción se suprime:**
   a) Cuando el verbo principal y el subordinado están muy próximos.
   Ejemplo: *Me pidió (que) le dijera la verdad.*

   b) Si a la frase principal le sigue una interrogativa indirecta:
   Ejemplos: *Me preguntó (que) quién había llegado.*
   Me preguntó (que) cómo se hacía.

Pero lo más importante es que la lengua hablada cuenta con fórmulas fijas intransformables, del tipo interjecciones, redundancias, frases cuya función es llamar la atención del interlocutor, comprobar su comprensión, pedir su asentimiento, etc.

Todos estos recursos no se pueden trasladar al estilo indirecto porque falta la motivación situacional.

Ejemplos: A.: *¡Me ha tocado la lotería!*
B.: *¡No me digas! ¡Qué suerte!*

* A le contó a B que le había tocado la lotería y B le dijo que no le dijera y que qué suerte *.

Ésta es una solución claramente absurda, ya que las exclamaciones tienen otro significado que el puramente literal.

Una posible solución sería:
* A le contó a B que le había tocado la lotería y B se sorprendió de su buena suerte *.

Damos a continuación una serie de ejemplos ilustrativos:
M.: *¿Sabes que Pepita ha dejado su trabajo?*
R.: *¡Pero bueno! ¿Y eso? Pero, ¿no estaba muy contenta?*

Estilo indirecto: M. le dijo a R. que Pepita había dejado su trabajo y R. se sorprendió porque creía que Pepita estaba muy contenta y quiso saber por qué había sido.

L.: *Mira, yo no sé qué opinas tú, pero creo que eso es un error.*
M.: *A mí no me eches broncas, tía, que yo no tengo nada que ver, así que mira a otro lado, ¿vale?*

Estilo indirecto: L., dudando de la opinión de M., afirmó que aquello era un error. Y M. se defendió diciendo que no tenía nada que ver (y que no descargara su mal humor con él) (y que no le echara broncas).

4. Veamos ahora el esquema de transformación temporal:

Presente de indicativo ....⇨ Imperfecto, indefinido (acciones puntuales).
Futuro ....⇨ Condicional simple, iba a + infinitivo.
Futuro perfecto ....⇨ Condicional perfecto.
Pretérito perfecto ....⇨ Pretérito pluscuamperfecto.
Pretérito indefinido..⇨ Pretérito pluscuamperfecto o no cambia.

Imperativo ....
Presente de subjuntivo..................................
} Imperfecto de subjuntivo.

Pretérito perfecto de subjuntivo ....⇨ Pretérito pluscuamperfecto.

Condicional simple y perfecto ....
Imperfecto de indicativo y subjuntivo ....
Pluscuamperfecto de indicativo y subjuntivo
} No cambian.

EJERCICIOS

a) **Pon este diálogo en estilo indirecto. Resume lo que dicen** (enfoque pasado).

Juan: ¿Tipo? Querrás decir, enamorado.
Kathie: ¿Tú, mi enamorado? Ja, ja, permíteme que me sonría.
J.: Te permito lo que quieras, menos que no seas mi enamorada.
K.: No soy tu enamorada.
J.: Pero lo serás.
K.: ¿No te cansas de que te diga no, Johnny?
J.: Cuando se me mete algo en la cabeza, soy contra el tren, sapita: me seguiré declarando hasta que me digas sí. Serás mi enamorada, mi novia y terminaremos casándonos, ¿qué te apuesto?
K.: *(Muerta de risa.)* O sea que hasta me voy a casar contigo...
J.: ¿Y con quién te vas a casar si no es conmigo?
K.: Me sobran pretendientes, Johnny.
J.: Tú elegirás al mejor.
K.: ¡Qué creído eres!
J.: Sé muy bien quiénes se te han declarado. ¿Y por qué los mandaste a todos a freír monos? ¿Se puede saber?, porque, en el fondo te mueres por mí.
K.: ¡Qué creído eres, Johnny!
J.: Sólo soy creído cuando tengo base. ¿Te lo demuestro?
K.: A ver, demuéstramelo.
J.: ¿Soy o no soy mejor que Bepo Torres?
K.: ¿En qué eres mejor que Bepo Torres?
J.: Corro olas mejor que él, que ni puede pararse en la tabla. Además, tengo más pinta que él.
K.: O sea ¿que te crees el más pintón del barrio?
J.: Me creo más pintón que Bepo Torres. Y también que Kike. ¿En qué me gana Kike, a ver? ¿Corriendo olas me gana? ¿En pinta me gana?
K.: Te gana bailando.
J.: ¿Kike? Ja, ja, permíteme que me sonría. ¿Bailando el mambo me gana?, ¿el chachachá?, ¿la huaracha? En las fiestas a mí me hacen rueda cuando bailo, te consta. Al pobre Kike yo le enseñé a hacer figuras, yo le enseñé a bailar «cheek to cheek».
K.: Te gana bailando la marinera y el vals criollo.
J.: ¡La marinera!, ¡el vals criollo! ¡Qué huachaferías! Esos son bailes de vejestorios, sapita!

Mario Vargas Llosa
Kathie y el hipopótamo

b) **Haz lo mismo que en el ejercicio anterior.**

Miguel: ¡Hola Pedro! Soy Miguel.
Pedro: Hola Miguel.
M.: A ver, hombre, ¿qué me cuentas?
P.: Pues, agárrate: ¿Sabes que Juan se casa y se va a vivir a Yugoslavia?
M.: ¿¿Qué?? ¡No me digas! ¿Y eso? Cuenta, cuenta...
P.: Sí, chico, ¿qué quieres que te cuente? Que se ha enamorado de aquella chica. ¿Te acuerdas? Creo que se llama Katja, aquella rubia tan simpática, con la que saliste un tiempo.
M.: Bueno, bueno, pero de ahí a casarse... ¿verdad?
Y entonces ¿qué ha sido de Carmen? ¿Le ha dado un plantón?
¡Con lo bien que se llevaban!
P.: No te creas.
M.: ¡Uy!... ¡estará la cosa que arde!
Oye y ¿qué opina la madre de Juan?

P.: La verdad es que se toma la cosa con bastante calma. ¡Quién lo iba a decir!, ¿verdad? Con lo «gallina» que parecía doña Pepa...
Ahora, eso sí, no le gusta mucho la idea de que se vayan a vivir a Yugoslavia. Acuérdate de la que armó cuando Juan se marchó a Bruselas, ¡y eso que se iba a casa de su tía! Pero, en fin.

M.: ¡Caramba! ¡Menuda noticia, majo! Fíjate el suertudo de Juan ¡quién fuera él!

P.: ¿Por qué lo dices, porque se va a Yugoslavia o porque se casa con Katja?

M.: Hombre, la verdad, Yugoslavia parece ser un país precioso y la novia... pero, en realidad soy muy joven para casarme y, de todos modos, sabes que prefiero las morenas.

P.: Envidia cochina, eso es lo que tienes.

M.: Bueno, oye, yo te llamaba para invitarte al cine esta noche.

P.: ¿Para ver qué?

M.: Pues, ¡un documental sobre Yugoslavia!

P.: ???¡¡¡

Martina Tuts
Pues... que se va a Yugoslavia

EXPLOTACIÓN DE LOS TEXTOS
(Sugerencias)

1. Español de América.

Busca en la columna B la pareja de la columna A.

A)	B)
• sapita.	• detenerse.
• correr olas.	• practicar con la tabla * de «surf».
• pararse en algo.	• horteradas, cosas de mal * gusto.
• ser el más pintón.	• lista.
• huachaferías.	• creerse el mejor plantado, **el más atractivo.

2. Busca en la columna B la pareja de la columna A. (hay varias posibilidades).

A)	B)
1. ¡Qué creído eres!	a) Ser cabezota, tenaz, testarudo.
2. Voy a declararme.	b) No acudir a una cita.
3. Soy contra el tren.	c) Creerse guapo, inteligente, más que los demás.
4. Le ha dado un plantón.	d) En huelga.
5. Se llevaban muy bien.	e) Entenderse muy bien con alguien.
6. Ser un/una gallina.	f) Decirle a alguien que estás enamorado/a.
	g) Ser cobarde, apocado/a.
	h) Actuar de manera protectora.

3. ¿Qué expresan las siguientes exclamaciones?
   - ¡Quién lo iba a decir!
   - ¡No me digas!
   - ¡De ahí a casarse!
   - ¡Con lo bien que se llevaban!
   - ¡Quién fuera él!

4. Inventa con tu compañero/a situaciones para usarlas.

5. ¿Qué se puede **armar**?, ¿qué quiere decir, en el texto, **armarla**?

6. **Arder** ¿qué se necesita para que esto ocurra? ¡Estará la cosa que *arde*! Danos un equivalente.

7. ¿Existe alguna conexión entre las dos historias?

8. ¿Cómo se adapta Juan a vivir en Yugoslavia?

I. SITUACIÓN

1. Un grupo de amigos y amigas os habéis reunido para celebrar una fiesta de despedida porque dos de ellos se van a casar.
   Después de tomar unas copas por la felicidad de la futura pareja, os ponéis a hablar de lo que os seduce del otro / la otra.

2. Se calientan los ánimos y la fiesta se prolonga. No siempre es del gusto de los vecinos.

   Elige un papel y represéntalo.

   - Los novios.
   - Los invitados.
   - Dos vecinos que querían que los invitaran.
   - Un vecino que fue a amenazar con llamar a la policía.
   - Más tarde: la policía.
   - Un/una vecino/a sordo/a que estaba preguntando a todo el mundo qué pasaba.

Un poco de vocabulario

pasarlo bomba / pipa / de maravilla / fenomenal

ser un rollo / una lata

¡qué plasta!

estar amuermado/a

ser un marchoso / una marchosa

ser un/una aguafiestas

ser un/una paliza

dar la vara / la lata a alguien

enrollarse

no poder pegar ojo

estar hasta el moño /la coronilla / las narices... de

no hay derecho a...

hay que respetar...

¡hazte/hágase cargo de...!

II. LEE

Para ellos

A veces ellas también se pasan...

Alguna vez he escrito sobre el **acoso sexual** a la mujer. Que existe y es bastante peor de lo que los no acosados imaginan. Pero hoy voy a hablar del acoso y derribo de los chicos, un fenómeno sociológico novísimo. 5

Sucede en aquellos centros de trabajo en donde hay un número suficiente de mujeres. Y basta con que la empresa contrate a un nuevo empleado de mediano porte y catadura (tampoco se exige mucho, francamente) 10 para que algunas de las chicas se **arremolinen** con furor amazónico y se **empecinen en cobrar la pieza**, para lo cual invitarán, coquetearán, se insinuarán, **atosigarán** y enviarán mensajes más o menos incendiarios al 15 cuitado, al que, si los avances no prosperan, terminarán casi con toda seguridad **despellejando**.

Pero aún hay más. El acoso sexual que ejercen las mujeres es sin duda menos violento que el protagonizado por los hombres, 20 pero tiene también sus tocamientos agresi-

Convencer < I.: demostrar
S.: influir (para que)

Ejemplo: *Les convencí de que no* ***tenían*** *razón / de que* ***hicieran*** *ese viaje.*

Insistir < I.: decir repetidas veces
S.: influir (para que)

Ejemplo: *Insisto en que no* ***tengo*** *hambre / no me* ***prepares*** *nada especial.*

Pensar < I.: reflexionar
S.: influir (para que)

Ejemplo: *He pensado que* ***comeremos*** *fuera / que lo* ***hagas*** *tú sola.*

La lista de estos verbos podría ampliarse: *confiar, temer, esperar, recordar, etc.*, pero lo importante es que vosotros aprendáis a deducir el contexto cuándo un verbo cambia de significado y, por lo tanto, exige subjuntivo.

la cosa es que
la cuestión es que / está en que
el caso es que < I.: constatación
S.: lo importante es que

Ejemplo: *La cuestión es que ya* ***estás*** *aquí / es que no me* ***dejes*** *sola.*
El caso es que ***hemos ganado*** */ es que no* ***se nos suba*** *a la cabeza.*

EJERCICIOS

a) **Transforma el infinitivo en el tiempo y modo adecuados y explica en qué situación están los personajes.**

1. Al parecer él me había asegurado que *(estar)* ________ despierto hasta muy tarde pero le dije que prefería que *(volver, yo)* ________ otro día, así lo *(hacer)* ________ .
2. Lo que ocurre es que *(molestarme)* ________ la gente que hace ruido cuando los demás *(descansar)* ________ .
3. Sería muy arriesgado que *(invertir)* ________ en esa empresa, es preferible esperar a que *(consolidarse)* ________ .
4. Me parece natural que te *(tener)* ________ miedo, tienes un aspecto de ogro que *(asustar)* ________ a cualquiera.
5. Es inadmisible que *(permitir, tú)* ________ que te *(decir)* ________ lo que tienes que hacer.
6. Te advierto que *(ir)* ________ con pies de plomo si no quieres que te echen a la calle.

7. Te advertí que *(poder)* ________ meter la pata muy fácilmente, es muy susceptible.

8. Resultó lógico que *(actuar)* ________ así, estaba furioso por lo que le habían hecho.

9. Te he dicho mil veces que *(hacer, tú)* ________ los deberes antes de salir a la calle.

10. Te he dejado que *(usar)* ________ mi máquina, claro, pero me parece normal que *(cambiar)* ________ tú la cinta si se ha gastado, ¿no?

11. ¡Déjamelos a mí! Les convenceré de que *(estar)* ________ totalmente equivocados, y eso hará que *(sentirse)* ________ fatal.

12. Fue pura coincidencia que *(encontrarnos)* ________ a la salida del cine justo cuando yo *(necesitar)* ________ que me *(echar)* ________ una mano.

13. Quisiera que *(desaparecer)* ________ el subjuntivo de éste y todos los libros.

14. Dile que *(ser)* ________ muy difícil que le *(dar)* ________ el préstamo.

15. Está demostrado que cuanto mejor *(tratar)* ________ a la gente, peor te *(tratar)* ________ a ti.

16. Su actuación ha sido lo mejor que *(ver, yo)* ________ esta temporada.

17. Es muy de agradecer que *(guardar)* ________ silencio respecto a un asunto tan delicado.

18. Me importa un comino que *(irte)* ________ o *(quedarte)* ________ , lo que de verdad me preocupa es que los otros *(enterarse)* ________ .

19. Guapa exactamente no eres, es otra cosa. No te parezca mal que te lo *(decir)* ________ , peor sería que me *(guardar)* ________ la impresión y, la verdad, no me gustan los tapujos.

20. Era de esperar que *(pasar)* ________ una cosa así. No es que yo *(ser)* ________ mal pensada, es que *(verse)* ________ venir.

21. No quiere decir esto que confesar su error no *(suponer)* ________ un problema también para él, dada su natural timidez.

22. Procuré que la brisa no *(mover)* ________ la tela de mi vestido y el sol de la tarde me *(dar)* ________ un aspecto de sosiego que le *(tranquilizar)* ________ .

23. Sentí que me *(mirar)* ________ de lejos. Supongo que *(decidir, él)* ________ que ya *(estar)* ________ bien de rodeos y me expuso sus puntos de vista.

24. Veo que *(estar)* ________ usted mejor informada que yo, por eso deje que le *(dar)* ________ un consejo: no *(contar)* ________ a nadie lo que sabe.

25. Él pensaba que yo *(ser)* ________ una criatura dependiente, era improbable que *(cambiar)* ________ de opinión, *(hacer)* ________ (yo) lo que *(hacer)* ________ .

b) **Completa.**

1. Me he negado a que ______________________
2. Era muy arriesgado que ______________________
3. Estamos de acuerdo con que ______________________
4. Sólo estaré seguro de que ________ si ______________________
5. Me parece evidente que ______________________
6. No importa lo demás, el caso es que ______________________
7. Claro, era lógico que ______________________
8. Vale, nos habéis convencido de que ______________________
9. Descartamos que ese tipo de cosas ______________________
10. Me horroriza que ______________________
11. He insistido en que ______________________
12. Hemos pensado que ______________________
13. Logró que ______________________
14. Es muy significativo que ______________________
15. Fue un fallo que ______________________
16. ¿No os parece indiscutible que ______________________?
17. A mí me parece innegable que ______________________
18. No sé qué hacer, el caso es que ______________________
19. Toda mi vida he procurado que ______________________
20. Sí, hombre, resulta comprensible que ______________________

c) **Completa usando uno de los siguientes verbos: *dejar, dejar de, acabar por / + gerundio, acabar a, quitar, acabar de.***

1. No recuerdo dónde ________ mis llaves. Espero que no me las ________ .
2. Siempre empezáis hablando y luego, no sé cómo, ________ gritos. ¡Sois la pera!
3. ¡Mira, ________ tratarme como si fuera imbécil, no lo soy, ¿sabes?

4. Creo estar demostrando paciencia y aguante, pero si sigues así ________ sacarme de mis casillas.
5. ¡Qué rabia! ________ comprarme un reloj y ahora me regalan uno.
6. Después de usarlas, ________ las cosas donde estaban.
7. Por fin le ________ esas tonterías de la cabeza.
8. ________ llegar y ya me toca a mí resolver vuestros líos.

d) **Completa con tu compañero/a el diálogo con los mismos verbos del ejercicio anterior.**

Juan: ¿Qué te pasa? Parece que ________ ver un fantasma.

Miguel: No, no es eso. Es que mi novia y yo ________ salir y ________ encontrármela con otro y me ha sentado como un tiro.

Juan: Eso es que sigues enamorado.

Miguel: No, no creo.

Juan: Entonces, ________ pensar en ella y ________ olvidarla.

Miguel: Bueno, pues, para empezar (nosotros) ________ esta conversación, cambiemos de tema.

e) **Completa el diálogo usando las expresiones siguientes:**

Hacer novillos, hacer la pelota, hacer manitas, hacer el ganso, hacer el primo, hacer/ser una faena, hacerse el/la sueco/a.

Luis: Ayer el profe pasó lista y se dio cuenta de que (tú) ________ ; sabes que le sienta fatal.

Ana: Intentaré ________ a ver si me perdona, aunque no lo creo porque es un hueso.

Luis: A mí me pilló el otro día ________ con Marta y me puso una mala nota.

Ana: ¿Y a ella?

Luis: A ella no porque ________ . Yo traté de ________ para que el profe se riera, pero no me sirvió de nada.

Ana: Siempre somos nosotros los que ________ , parecemos tontos.

Luis: Bueno, dejemos de lamentarnos y pensemos en algo para salir de la situación. Esas faltas nos van a rebajar la nota y eso ________ para el verano.

UNIDAD 9

El periodismo

EL SUBJUNTIVO II. Lengua, entendimiento, percepción

RECUERDA

VERBOS DE LENGUA, ENTENDIMIENTO, PERCEPCIÓN
INTERROGATIVAS INDIRECTAS

1. **Se construyen con indicativo:**

   a) **En forma afirmativa e interrogativa.**
   Ejemplos: *Creo que* ***has cambiado*** *mucho.*
   ¿Has visto que los geranios ya ***tienen*** *flores?*
   Me dio la impresión de que ***no notaba*** *nada.*

   b) **Si la frase principal va en imperativo negativo.** (Claro que algunos de estos verbos lo admiten mejor que otros.)
   Ejemplos: *No creas que* ***estoy*** *enfadado.*
   No penséis que ***vais*** *a lograr vuestro propósito.*
   No digamos que ***es*** *imposible antes de intentarlo.*

   c) **Cuando van seguidos de adverbios interrogativos: si, qué, cuál, quién, cómo, cuándo, cuánto, dónde;** incluso cuando la frase principal va en forma negativa.
   Ejemplos: *Sé perfectamente* ***quién*** *lo* ***ha hecho****.*
   No recuerdo ***dónde vive****.*
   No sé si ***vendrán****.*

2. **Se construyen con subjuntivo:**

   a) **En forma negativa.**
   Ejemplos: ***No*** *creo que* ***haya cambiado*** *mucho.*
   No *he visto que los geranios* ***tengan*** *flores.*
   No *me dio la impresión de que* ***notara*** *nada.*

b) **Por cambios de significado.** (Ved unidad anterior.)

Ejemplos: *Hemos pensado que **se lo expliques** tú.*
*Siento que no **nos hayamos conocido** hace diez años.*
*Te recuerdo que **recojas** tu habitación antes de salir.*

c) Con algunos verbos como ***entender, comprender, explicar, admitir, aceptar,*** aparece **el subjuntivo** cuando llevan implícita una **razón o una idea de concesión (aunque).**
Con otros como ***parecer***, el **indicativo** o **subjuntivo dependen del grado de evidencia o seguridad** que tenga el hablante.)
(Recordemos que parecer + adjetivo / sustantivo se comporta como ser + adjetivo / sustantivo.)

Ejemplos: *Ahora **me explico** que **sea** la primera de la clase.* (= es lógico que ...)
***Entendemos** muy bien que **te hayas comportado** así.* (= es comprensible que ...)
***Comprendo** que te **duela**, pero no hay que exagerar.* (= aunque te duela ...)
***Parece** que **estuvieras** molesto conmigo.*
***Parece** que **va** a salir el sol.*

Verbos de lengua: *asegurar, anunciar, afirmar, comentar, confesar, decir, dejar claro, demostrar, enseñar, defender, explicar, exponer, garantizar, indicar, informar, insistir, insinuar, jurar, mencionar, murmurar, repetir, replicar, responder, señalar, sostener...*

(Notemos que, cuando estos verbos son sinónimos de *decir,* funcionan como él. Repasad la lección anterior.)

Verbos de entendimiento: *comprender, considerar, creer, saber, pensar, opinar, entender, juzgar, sospechar, suponer, comprobar...*

Verbos de percepción: *ver, oír, oler, notar, percibir, sentir, observar, contemplar, descubrir...*

EJERCICIOS

a) **Transforma el infinitivo en el tiempo y modo adecuados. Al tiempo que haces la frase, sitúala en su contexto.**

1. No creáis que las cosas *(resultar)* ________ más fáciles porque *(ser)* ________ hijos de personas importantes.
2. Y cuando se iban a separar, abrió la boca para comunicarle que *(hablar)* ________ con su jefe, pero que no *(hacerse)* ________ ilusiones.
3. Martín se levantó, pero Juan, tomando aquellos papeles en sus manos y sin levantar la vista, le dijo que *(quedarse)* ________ , que no *(terminar)* ________ .
4. Me pregunto si *(haber)* ________ derecho a que a uno le *(revisar)* ________ la casa en su ausencia.
5. No he dicho en ningún momento que *(ser)*________ un mal tipo, he dicho que *(ser)* ________ un investigador del Mal.

6. No sabía que te *(resultar)* ________ tan difícil hablar con los demás, ahora me explico que *(tener)* ________ úlcera si tu trabajo *(consistir)* ________ precisamente en eso.

7. Me ha explicado que *(tener)* ________ que ir a esa entrevista muy bien arreglada si *(querer)* ________ conseguir el trabajo.

8. Ni a ella ni a mí se nos ha ocurrido qué *(haber)* ________ que hacer para que la situación no *(llegar)* ________ a esos extremos.

9. No digas que no *(poder)* ________ salir de ese estado de apatía, sólo tienes que pensar que, actuando de otra manera, *(llegar)* ________ a ser rica y famosa.

10. Nadie había pensado que *(poder)* ________ separarse cuando la impresión que *(dar)* ________ *(ser)* ________ de entendimiento y armonía.

11. Sólo los más perspicaces veían que no *(ser)* ________ oro todo lo que *(relucir)* ________.

12. Hemos pensado que *(ir, ellos)* ________ primero para coger sitio, probablemente nosotros *(retrasarnos)* ________.

13. Admito que a veces *(tener)* ________ razón pero no veo por qué *(tener)* ________ que insultar a la gente.

14. No sé si *(acordarte)* ________ de que yo *(anunciar)* ________ que *(pasar)* ________ una cosa así.

15. Por favor, recuérdame que te *(devolver)* ________ ese libro tuyo que *(tener)* ________ desde que *(irme)* ________ de vacaciones.

16. Se quejaba todo el tiempo de que le *(obligar)* ________ a ponerse a régimen.

17. Te recuerdo que hoy te *(tocar)* ________ ir al dentista, ya me imagino que *(apetecerte)* ________ un pimiento ir, pero...

18. ¿No te parece que *(deber, nosotros)* ________ replantearnos la situación? No sé tú, pero yo me he dado cuenta de que así no *(poder)* ________ seguir.

19. Todo este deseo de perfección supone que *(tener)* ________ que revisar constantemente el trabajo ya hecho.

20. No me dijo cuándo *(pensar)* ________ llegar, supongo que, como no *(avisar)* ________, *(hacerlo)* ________ en las fechas previstas.

21. Te pasas la vida protestando de que *(trabajar)* ________ más que nadie, admite que los demás no nos *(estar)* ________ de brazos cruzados.

22. Vislumbro a veces que la salvación para tanta mediocridad *(consistir)* ________ en escribir esa obra genial, a la que imaginariamente *(dedicarme)* ________.

23. La verdad es que lo que *(despreciar)* ________ en los demás *(ser)* ________ lo mismo que no *(gustarme)* ________ de mí.

24. Hay muchas cosas de los otros que no *(entender)* ________ pero, sobre todo no comprendo cómo *(soportar)* ________ la vida si no *(escribir)* ________.

25. Hasta ahora he conseguido ocultar que *(darme)* ________ un miedo horrible confesarle que *(engañarle)* ________, pero ya no *(poder)* ________ más.

b) **Completa:**

Hay varias posibilidades, justifícalas.

1. Parecía que ________ .
2. Hemos visto que ________ .
3. Os contaré lo que ________ .
4. No me cuentes otra vez lo que ________ .
5. Ya me parecía a mí que ________ .
6. Admitamos que ________, entonces ________ .
7. Sabemos perfectamente que ________ .
8. No sabía si ________ .
9. No sabíamos que ________ .
10. ¿Acaso no sabías que ________ ?
11. Os advierto que ________ .
12. Pero ¿no te he advertido que ________ ?
13. No pensábamos que ________ .
14. No recuerdo dónde ________ .
15. No hemos visto cómo ________ .
16. Hemos pensado que ________ .
17. ¿Ya habéis decidido qué ________ ?
18. He decidido que ________ .
19. Entiendo que ________ pero ________.
20. Confío en que ________.

c) **Añade un verbo que dé sentido a estas frases:**

1. El profesor _________ que vayamos a ver el Museo de Escultura de Valladolid.
2. (Yo) _________ que no hayas podido venir. Ha sido estupendo.
3. (Yo) _________ que el frío me pone triste. Por eso no me gusta.
4. _________ que hayas cumplido lo que prometiste, así que tampoco cumpliré lo que prometí.
5. _________ que las cosas son difíciles. Podría ser peor.
6. (Vosotros) _________ en vano que la ayuda llegue de fuera.
7. Podemos estar más tranquilas, _________ que todo empieza a arreglarse.
8. Me _________ que cambiara de actitud o tendrían que tratarme en consecuencia.
9. _________ que te hubiera gustado tanto ese libro suyo.
10. (Yo) _________ que estés harto de hacer eso, pero ¿quién no tiene que trabajar para vivir?

d) **¿En qué contextos de los dados en (B) encajarían las siguientes frases de (A)?**

A

1. ¿Te quieres quedar conmigo o qué?
2. Sólo faltaba eso.
3. Se han quedado de una pieza.
4. No faltaría más.
5. Eso deja mucho que desear.
6. Déjate de cumplidos.
7. Aquí estamos de sobra.
8. Lo sé de sobra.

B

a. amabilidad, servilismo.
b. ser el colmo, desgracia nueva que se añade a la lista de las que ya sufrimos.
c. sorpresa.
d. animar a la confianza, a la naturalidad.
e. molestia por una aclaración innecesaria.
f. presencia no grata.
g. incredulidad, tomadura de pelo.
h. crítica, trabajo mal hecho, incompleto.

e) **Imagina qué ha pasado o qué ha dicho la otra persona para que alguien conteste con las frases de (A).**

Una entrevista

1. **Preparar la situación con varios días de antelación.**

o

2. **Improvisar en clase, con 10 minutos de preparación.**

a) • Buscar información sobre los personajes y recoger documentación sobre los temas de los que se va a tratar.

• Seleccionar las ideas/preguntas que hay que hacer para conocer la(s) opinión(es) del personaje elegido.

• Es importante elegir preguntas concretas y de interés para el «público».

• Fijar tiempo límite para la entrevista.

b) En clase:

• Los que han elegido el mismo personaje, confrontan sus preguntas. Se elabora el guión definitivo y se procede a la entrevista.

El/la entrevistador/a:

— Expone el tema.
— Presenta al personaje.
— Pregunta sin opinar.
— Es capaz de improvisar preguntas en función de las respuestas dadas por el personaje.
— Agradece la participación del entrevistado y el interés del público.

El/la entrevistado/a:

— Agradece la presentación.
— Responde a las preguntas con claridad o elude hábilmente una respuesta concreta.
— Agradece al/la entrevistador/a la oportunidad que le ha brindado de expresarse.

UNIDAD 10

Los médicos

EL SUBJUNTIVO III. El relativo

RECUERDA

- **Frases de relativo**

1. En general, las frases de relativo se construyen **con indicativo** cuando hablamos de *la experiencia*, de cosas, situaciones *conocidas*.

   Ejemplos: *Busco* ***la casa*** **de la que** *me* ***hablaste****.*
   Tenemos ***unos vecinos*** **que** ***hacen*** *más ruido que un regimiento.*
   ¿Está aquí ***el libro*** **que** ***estoy leyendo?***

2. La presencia del **subjuntivo** se debe a *elementos desconocidos*:

   a. *Busco* ***una casa*** **que** ***pueda*** *pagar.*
   Necesitáis ***un sistema*** **que** ***sea*** *más rápido.*

   b. *¿Hay* **alguien que** ***quiera*** *regalarme un coche?*
   ¿Conocéis ***una sola persona*** **que** ***pueda*** *soportarlo?*

   c. *Los libros* **que** ***publiquemos****, serán los mejores del mercado.*
   Los que ***quieran*** *ir a la excursión, que se inscriban ahora.*

   d. *Entraron en el sorteo sólo* **los que** ***presentaran*** *la instancia a tiempo.*

3. También aparece el **subjuntivo** por la *negación del antecedente:*

   Ejemplos: ***No*** *hay nada* **que** ***pueda*** *asustarme.*
   No *existe un lugar* **donde** *me* ***sienta*** *mejor que en mi casa.*

EJERCICIOS

a) **Transforma el infinitivo en el tiempo y modo adecuados. En parejas, relacionad entre sí al menos cinco frases. Comparad con el trabajo de vuestros compañeros.**

1. Es inútil fundar sociedades donde los hombres *(ser)* __________ iguales.
2. La idea de que *(poder)* __________ haber vínculos entre Molinari y Alejandra, cualesquiera que *(ser)* __________ , *(atormentarle)* __________ más y más.
3. Con aquellas personas cualquier cosa que *(suceder)* __________ o *(dejar)* __________ de suceder en la casa, era perfectamente de esperar.
4. Parecía un náufrago que *(perder)* __________ la memoria en aquella primera noche después del incendio.
5. Sé lo que *(pasaros)* __________ . No *(preocuparos)* __________ de mí ni por mí.
6. Le preguntaron si *(querer)* __________ subir y dijo que sí, porque ya se iba cansando de esperar coches que le *(infundir)* __________ confianza.
7. Estaba harta. Que la chica *(resolver)* __________ su problema como *(saber)* __________ y *(poder)* __________ . Ella tenía necesidad de paz.
8. Fue entonces cuando *(comprender)* __________ que *(vivir)* __________ una vida dedicada sólo a una persona, la cual no *(darse cuenta)* __________ de ello.
9. Te digo esto porque yo *(padecer)* __________ grandes terrores nocturnos, de modo que ya te *(poder)* __________ imaginar lo que me *(esperar)* __________ en una casa abandonada.
10. Sí, me iría con mucho gusto a un lugar lejano donde no *(conocer)* __________ a nadie. Tal vez a una isla, a una de esas islas que todavía *(quedar)* __________ por ahí.
11. Uno no hace mal a la gente que le *(ser)* __________ indiferente.
12. Trató de no hacer ruido y empezó a ponerse la ropa temiendo el momento en que Rosa *(volverse)* __________ .
13. Bruno levantó las cejas y marcó aquellas arrugas que *(atravesar)* __________ su frente al oír palabras tan inesperadas en algo que *(tener)* __________ que ver con su mujer.
14. Porque la palabra felicidad, en efecto, no era apropiada para nada que *(tener)* __________ vinculación con su mujer.
15. Antonio abrió su cortaplumas y dejó que su memoria *(recorrer)* __________ aquel tiempo que ahora le *(parecer)* __________ remotísimo.
16. Libertad para todos: para el obrero, que *(poder)* __________ buscar trabajo donde más le *(convenir)* __________ , y libertad para el patrono, que *(poder)* __________ dar trabajo a quien mejor le *(parecer)* __________ .

17. Esa ciudad no tiene tiempo para reconocer talentos que no *(venir)* ________ de fuera ya consagrados.

18. *El coronel no tiene quien le (escribir)* ________, es una obra de García Márquez.

19. Es la imagen de un hombre muy viejo que *(quedarse)* ________ solo en su enorme casa vacía.

20. ¿Realmente hay alguna razón que *(moverte)* ________ a actuar como lo *(hacer)* ________?

21. ¿Has conocido por fin a esa persona que tanta impresión te *(causar)* ________ el día de la fiesta?

22. Un niño que no *(tener)* ________ ninguna malicia no *(comportarse)* ________ tan ingenuamente como tú.

23. Como quiera que *(hacerlo)* ________, no le va a gustar. Sólo hay una forma en que *(poder)* ________ presentarlo: la que a él le *(convenir)* ________.

24. He hecho cuanto *(saber)* ________ para ayudarte a salir de donde *(estar)* ________. ¿Hay algo que *(esperar)* ________ y que yo no *(hacer)* ________?

25. En aquella época no había persona que no *(tener)* ________ «tele» y vídeo, seguramente para salvarse de la soledad que *(instalarse)* ________ en su casa, donde *(vivir)* ________ solo o acompañado.

b) **Completa:**

1. Había sido a él a quien ________.

2. Por aquel entonces, toda chica que ________, debía ________.

3. Alguien que ________, no te ayudaría.

4. El lugar por donde ________, será sagrado para mí.

5. Durante los años en que ________, no se dio cuenta de nada.

6. No era nadie que Carlos ________.

7. Dejen donde ________ los libros que ________.

8. Rara es la persona que ________.

9. Cuando uno se siente solo no hay nada que ________.

10. Donde quiera que ________, irá contigo.

11. La calle parecía un torrente en el que ________.

12. Hazlo como __________ y no como __________ .

13. Tendrán que ayudar los que __________ .

14. Sálvese quien __________ .

15. Eres el único que __________ .

16. Es la película más interesante que __________ .

17. No puedo fiarme del primero que __________ .

18. ¿Has encontrado a la persona que __________ ?

19. Tendrá jardín la casa donde __________ .

20. Los edificios que __________ , no pueden exceder de cuatro pisos.

c) **Añade el relativo que falte. Transforma el infinitivo en el tiempo y modo adecuados.**

1. Si una jovencita, a __________ le *(dar)* __________ por calentarse la cabeza con preguntas sin respuesta, ponía la radio para distraerse un poco, podía oír: «Somos diferentes porque Dios lo *(querer)* __________ así».

2. El estribillo con __________ *(cerrarse)* __________ aquellas lamentaciones, *(zanjar)* __________ la cuestión: «La vida es así».

3. Incluso para las personas __________ *(soñar)* __________ con salir de aquella situación, la realidad *(ser)* __________ muy dura.

4. Quieren comprar una casa. El primer paso es pedir un crédito. Paso __________ no *(resultar)* __________ fácil de dar cuando no hay ingresos fijos.

5. Tendremos que abrirnos a las nuevas tecnologías. Para ello es necesario hacer un buen plan, __________ *(evitar)* __________ las sorpresas __________ *(depararnos)* __________ la competencia.

6. Creo que hay en nuestra programación cosas __________ *(entrar)* __________ por una especie de inercia y __________ *(poder)* __________ llegar a convertir nuestro catálogo en algo confuso.

7. En realidad todas las personas __________ *(mirar, yo)* __________ parecen guardar fragmentos de algo __________ *(pertenecerme)* __________ .

8. Permaneció inmóvil delante del espejo, contemplándose largo rato, al cabo __________ , *(volverse)* __________ hacia mí con una mirada __________ *(encerrar)* __________ una recriminación.

9. Le atraían las costumbres occidentales, anhelaba irse de allí para empezar otra vida __________ no le *(deber)* __________ respeto a nadie y __________ nadie le *(conocer)* __________ .

- ¿Por qué es necesaria la medicina privada?
- ¿Son distintos los médicos en su consulta que en la de la Seguridad Social? ¿Por qué?
- ¿Cuáles son las quejas que tienes contra la medicina oficial?
- ¿Cuáles son las cualidades de un buen médico, según tu opinión?

IV. ¿QUÉ TE SUGIERE?

EXPLOTACIÓN DEL TEXTO

1. **Saca conclusiones sobre los personajes.**
2. **Ve a una farmacia y explícale al farmacéutico los síntomas que tienes (eres alérgico al polen).**
3. **Resume la conversación de los dos hermanos.**
4. **¿Qué pretende criticar Romeu con estas viñetas?**
5. **¿Realmente influyen tanto en nosotros los médicos?**

Historias de Miguelito
Romeu

UNIDAD

11

El juego

EL SUBJUNTIVO IV. Temporales

RECUERDA

CONJUNCIONES TEMPORALES

Cuando: temporal

- **Con indicativo**

Frase principal + ***cuando*** + frase subordinada

1. **Presente habitual + cuando + presente habitual**

Ejemplos: *No **me concentro cuando están** gritando los niños en la calle.*
***Pierdo** la paciencia **cuando trabajo** con ineptos.*

2. **Pasados + cuando + pasados**

Ejemplos: ***Tenía** cerca de 60 años **cuando** yo le **conocí**.*
***Se dio cuenta** de que la quería **cuando recibió** mi carta.*
*Todo **se volvía** como una fiesta **cuando** ella **aparecía**.*

- **Con subjuntivo**

3. **Idea de futuro + cuando + subjuntivo**

Ejemplos: Futuro: ***Volveré*** *a intentarlo* ***cuando esté*** *yo sola.*
Imperativo: ***Cómprate*** *ese libro* ***cuando*** *lo* ***veas*** *en cualquier librería.*
Perífrasis: ***Voy a decirle*** *todo lo que pienso* ***cuando le vea****.*
Condicional: ***Me dijo que iría*** *a la reunión* ***cuando saliera*** *de clase.*
Sí, seguramente ***volvería*** *cuando las cosas* ***estuvieran*** *más claras.*

OBSERVA ESTAS FRASES:

1. *Mírame* ***cuando*** *te hablo.*
2. *Cuando él* ***lo ha hecho, tendrá*** *sus motivos.*

En ellas aparecen un imperativo (1) y un futuro (2) en la frase principal pero no un subjuntivo en la frase subordinada.

En la frase (1) hay un *sentido habitual* o *de momentaneidad* y no de futuro, que es el que obliga al subjuntivo.

En la frase (2), el valor de *cuando* no es solamente temporal y el futuro no se refiere a un hecho por venir, sino que expresa probabilidad. (Para ampliar los valores de *cuando,* ver Unidad 15.)

Otras conjunciones temporales: a medida que; en tanto que; mientras; a la vez que; conforme; siempre que; desde que; cada vez que; hasta que; tan pronto como; apenas; después de que; en cuanto; luego que; así que; nada más que; no bien.

Todas ellas funcionan como **cuando**.

Ahora que se construye siempre con **indicativo**.

Antes de que se construye siempre con **subjuntivo**.

Cuando: condicional

- **Con indicativo**

Ejemplos: ***Cuando te enfadas****, no se puede hablar contigo.*
Cuando estudiáis mucho*, sacáis buenas notas.*
Cuando caía en la nostalgia*, ella lo curaba con alegría.*
Le escribía cartas muy hermosas ***cuando tenía tiempo****.*
Siempre se llega a querer al marido ***cuando se pone buena voluntad****.*

En todas las frases, **cuando** podría ser sustituido por **si**.

No obstante, notemos que con el **valor temporal**, la realización de la frase se presenta como más segura o como ya experimentada alguna vez.

Con el **valor condicional** el hecho no se ha experimentado.

No olvidemos que hay otros usos. (Ver Unidad 15.)

EJERCICIOS

a) **Transforma el infinitivo en el tiempo y modo adecuados. Explícanos "la historia" que encierran las frases, y fíjate en las palabras clave para entenderla mejor.**

1. El director llamó a su protegido a la oficina, se encerró con él cinco minutos y el muchacho salió de allí con la orden de que *(desaparecer)* ________ hasta que *(disiparse)* ________ los rumores sobre él.

2. El Comandante llegó a salir en las pantallas de televisión antes de que la emisión *(cortarse)* ________ por fallos técnicos.

3. Cuando *(escribir)* ________ , cuento la vida como a mí me *(gustar)* ________ que *(ser)* ________ .

4. Al día siguiente tendrían que abandonar sus chozas, pues apenas los soldados *(descubrir)* ________ su participación en la fuga de presos, la represalia sería feroz.

5. Está bien, haré lo que me pides siempre que no le *(causar)* ________ ningún daño.

6. Mientras unos *(sostener)* ________ el origen místico de la crisis, otros la *(atribuir)* ________ a un simple maleficio satánico.

7. Espérame afuera y cuando *(terminar)* ________ aquí, me reúno contigo.

8. Antes de que *(salir)* ________ el sol, te será revelado el gran secreto que sólo los iniciados pueden conocer.

9. Cuando *(matar)* ________ a dos policías en la fábrica donde yo *(trabajar)* ________ , confirmé mis sospechas sobre su implicación en la guerrilla.

10. Las cosas van a funcionar mucho mejor después de que todo esto *(acabar)* ________ .

11. Tal vez *(encontrar)* ________ a alguien que *(pagar)* ________ por eso. Mientras *(estar)* ________ conmigo, no te faltará nada.

12. Intuí entonces que la impresión de agradecimiento se renovaría en mí cada vez que *(evocar)* ________ a aquel hombre.

13. Le pedí que *(dejarme)* ________ quedarme con él; me rechazó diciendo que él sería un viejo chocho cuando yo *(tener)* ________ treinta.

14. Pensé que mientras *(poder)* ________ permanecer callados era como si nada *(suceder)* ________ ; lo que no *(nombrarse)* ________ apenas existe.

15. Mientras *(revisar)* ________ aquel memorándum o lo que *(ser)* ________ , Martín, nerviosísimo y humillado, trataba de comprender la razón de todo.

16. Cuando ellos *(portarse)* ________ así, creo yo que *(tener)* ________ sus motivos.

17. Una vez que *(resolver)* ________ aquella complicación, todo lo demás empezó a ir sobre ruedas.

18. Siempre que *(mirarme)* ________ así, se me pone la carne de gallina.

19. No bien *(salir)* ________ a la luz la noticia, todos cambiaron de actitud.

20. A medida que *(ir)* ________ acercándonos al pueblo, la carretera *(hacerse)* ________ más estrecha.

21. Mientras *(darle)* ________ la mano y *(despedirse)* ________ de él, *(tener)* ________ tiempo de observar en los hombros del médico unos restos de caspa.

22. En el momento en que *(ir)* ________ a trasponer la puerta, añadió que no *(molestarle)* ________ nadie hasta que *(llamar)* ________ .

23. Se asustó de que Leandro *(poder)* ________ sospechar algo después de que él *(bajarse)* ________ en una estación distante de su casa.

24. Tan pronto *(cansarte)* ________ de mi presencia, *(irme)* ________ .

25. En cuanto *(saber)* ________ que alguien *(ser)* ________ capaz de dominarla y hacerla sufrir, *(sentir)* ________ una profunda satisfacción.

b) **Haz frases que den sentido a las que te damos. Usa *conjunciones temporales* diferentes.**

1. ________ , todos se callaron.
2. ________ , me daré la vuelta.
3. ________ , riégame los tiestos.
4. ________ , que nadie haga nada.
5. ________ , se alegraba el ambiente.
6. ________ , nos iremos de vacaciones.
7. ________ , volverá a hacerlo.
8. ________ , me llamó por teléfono.
9. ________ , nadie se había fijado en ello.

10. ________ , hazlo.

11. ________ , ella mantenía a su familia.

12. ________ , no volveré a hablarle.

13. ________ , me quedé de una pieza.

14. ________ , le ofreceré la ilustración del libro nuevo.

15. ________ , no podía imaginarme quién estaba del otro lado.

c) **Coloca una conjunción que dé sentido a las frases. Reconstruye la historia de las frases.**

(El objetivo de este ejercicio es aprender a leer atentamente y captar el sentido a través de una información mínima.)

1. Confío en ti plenamente. Sé que volverás conmigo ________ *te hartes* de tanta familia.— Se quedó más desnuda que nunca y fui dejando de verla ________ *iba deslizándose* la doble guillotina de la puerta del ascensor. *Preparativos de boda*. J. García Hortelano. 1986.

2. Y entonces comencé el viaje de retorno a la rutina. ________ ellos cuatro *navegaban* por el Pacífico, yo intentaba recuperar un pasado sin esplendor.— J. García Hortelano, *op. cit.*

3. ________ *escampó,* abrieron las ventanas y la casa se «refrescó» con el aire purificado por el azufre de la tormenta.

4. Se agachó al lado del herido y con gran cautela le recorrió el cuerpo tanteándolo con sus manos, mirando con sus dedos antiguos, ________ *no dejó* resquicio sin contabilizar ni rotura sin tener en cuenta. *Eva Luna*. Isabel Allende. 1987.

5. ... Y se durmió sollozando sin cambiar de posición en su orilla ________ mucho tiempo después *acabaron de cantar* los gallos y la despertó el sol indeseable de la mañana sin él. *El amor en los tiempos del cólera*. G. García Márquez. 1985.

6. ________ *pusieran* tiras de papel engomado en sus párpados, miró por última vez la calle vacía y silenciosa, extrañada de que, a pesar del escándalo y los libros quemados, ningún vecino se hubiera asomado a mirar. *La casa de los espíritus*. Isabel Allende. 1982.

7. Pero los muchachos no me creen cuando se lo digo, no se van a conformar ________ *no les digas* dónde está Miguel. Si lo proteges, si te niegas a hablar, ellos seguirán sospechando de ti. *La casa de los espíritus*. Isabel Allende. 1982.

8. ________ *estés inútil,* yo te cuidaré lo mismo que tú me cuidas ahora. *La función Delta*. Rosa Montero.

d) **Completa las frases usando las expresiones que te damos a continuación:**

- *Jugar con dos barajas.*
- *Cantar las cuarenta.*
- *Jugarse el todo por el todo.*
- *Ser una sota.*
- *¿Qué te apuestas / te juegas a que...*
- *Dar jaque (mate).*
- *Quedar en tablas.*
- *Echar algo* { *a suertes.* / *a cara o cruz.* }

1. Hay que ________ quién va a quedarse esta noche vigilando, así nadie podrá protestar después.
(¿Quiénes están hablando? ¿Por qué podrían protestar? ¿Dónde están?)
2. Sé que es muy arriesgado ________ pero no me queda otra salida, peor que estoy no voy a estar.
(¿Qué está dispuesta a hacer esta persona? ¿Qué crees que le pasa?)
3. Las partidas de ajedrez entre los grandes campeones suelen ________ .
4. No me gusta lo que está haciendo y voy a ________ para que sepa que no se puede ir por ahí como va él.
(¿Qué puede haber hecho él? ¿Qué relación hay entre esas personas?)
5. Es un jugador francamente genial, le ________ a su contrincante en cuatro movimientos.
6. No es una persona de fiar, me consta que ________ para guardarse las espaldas, pero le van a descubrir el juego.
(¿Cómo actúa esta persona? ¿Por qué no la descubre quien habla si sabe algo?)
7. Es mejor no lidiar con ella, ________ , trata a todo el mundo como si estuviéramos en el ejército.
(¿Quién es esta mujer? ¿De qué la conoce la persona que habla?)
8. Conozco muy bien a Paquita ¿________ nos tiene preparada la cena cuando lleguemos? Es que es un encanto.
9. No pudieron ________ lo que iban a hacer aquel fin de semana porque no encontraron una moneda.
10. Me duelen las rodillas. ¿________ llueve dentro de poco?

e) **Explica a tus compañeros (sin traducir) en qué consisten los siguientes juegos:**

- *Las canicas*
- *Las damas*
- *El parchís*
- *La oca*
- *La rayuela*
- *Los platillos/las chapas*
- *Los bolos*
- *La peonza*
- *Tres en raya*

f) **¿A qué jugábais de pequeños?**

AMPLÍA VOCABULARIO

Elige

Abónese a...

- Completa de todas las maneras posibles.

Pagar el pato

1. ¿Tienes que invitar a comer o cenar a alguien de gustos muy especiales?
2. ¿Sufres las consecuencias de algo que han hecho los otros?
3. ¿Tienes que pagar algo pero no sabes lo que es?
   - Haz un ejemplo.

Polvo y paja

4. Estamos en el campo y hace mucho viento.
5. Hablamos de cosas sin valor.
6. Son materiales con los que se construían antes las casas.
   - Haz un ejemplo.

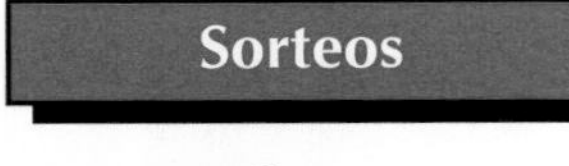

- ¿Cuál es la diferencia entre sorteo y rifa?

- ¿Qué tiene que ver un gordo con un premio?

- ¿Para qué sirven los boletos? ¿Son lo mismo que un impreso?

Reclamaciones

- ¿Cuándo son necesarias?

I. SITUACIÓN

¡A jugar!

1. En grupos, elegid un objeto: ahí tenéis unos ejemplos. Se describe a los demás sin decir el nombre, claro, ni para qué sirve. Sólo se puede decir cómo es.

2. Ahora pensemos en alguien a quien todos conocemos...

   Preguntémonos qué sería si fuera:

   - un mueble
   - un perfume
   - un país
   - un color
   - una estación del año
   - un libro
   - una habitación

Fijad vosotros mismos los premios y... ¡suerte!
¡Y un poco de imaginación!

¡SIGAMOS JUGANDO!

3. Pensad en un objeto cualquiera y buscad características, rasgos secundarios del mismo. Por ejemplo: un abanico puede resultar decorativo, puede servir para matar (moscas ...), etc. Vuestros compañeros os harán preguntas a las que contestaréis sólo con SÍ o NO. Tenéis que darles pistas: son los rasgos que hemos encontrado y que, en realidad, más bien despistan.
   ¡Ah!, no se pueden decir mentiras.

II. LEE

LA O.N.C.E.: otra forma de entender el juego

Las reglas del juego

La ONCE se queja. Según sus responsables, la Administración no les hace caso y mantiene además una actitud recelosa en torno a sus actividades. «No faltan ideas en nuestra organización», asegura Miguel Durán, «pero sobran trabas». Entre otras, el responsable de la ONCE menciona el techo de recaudación que cada año fija el Consejo del Protectorado, integrado por los ministerios de Asuntos Sociales, Interior, Trabajo y Presidencia, y la ausencia de una norma eficaz que regule el juego en España.

Para la ONCE, es necesaria una ley del juego consensuada que clarifique la situación, «de forma que no se vaya más allá en el volumen de lo que se juega al año de forma legal, unos 2,5 billones de pesetas brutos. Pero parece que somos los únicos interesados en que una ley de este tipo vaya adelante».

Por el momento, según explican, «la ONCE se contiene». No obstante, Miguel Durán no duda en afirmar que, en el caso de que continúen sin ser atendidas sus peticiones, «se tomarán medidas». Entre dichas medidas se incluiría una hipotética reforma del cupón, de forma que «los premios serían

cualitativa y socialmente más atractivos».

En 1988, la ONCE ingresó gracias a la venta del cupón unos 230.000 millones de pesetas, 40.000 millones más que en 1987. En Lotería Nacional se invirtieron 346.000 millones, 18.000 menos que en 1987, mientras que en Lotería Primitiva y Bono Loto y quinielas se invirtieron 197.000 y 20.500 millones, respectivamente.

La afición al juego de los españoles proporcionó a las arcas del Estado 151.746 millones de pesetas, un 8,5 % más que en el anterior ejercicio. Pero la campaña de 1988 para Hacienda ha sido peor de lo esperado. La Lotería Nacional redujo sus ventas el pasado año en un 4,4 %.

La trayectoria de la ONCE en los últimos años, según palabras de Durán, «ha sido un tránsito por la carretera del éxito, pero pagando peaje».

La ONCE forma parte de la Unión Mundial de Ciegos, institución creada en octubre de 1984 como consecuencia de la unión entre la Federación Internacional de Ciegos y del Consejo Mundial para la Promoción Social de los Ciegos.

Asimismo, la organización forma parte de la Unión Latinoamericana de Ciegos (ULAC), creada en 1985 y en la que la ONCE jugó un papel importante mediante aportaciones económicas y técnicas. La ULAC aglutina organizaciones de 13 países de Latinoamérica.

Según argumentan los directivos de la ONCE, la diferencia organizativa de los ciegos españoles con los del resto del continente es fundamentalmente que en otros países los invidentes cobran una pensión por el hecho de serlo. Otra diferencia, según afirman, es que el trabajo del invidente en Europa se realiza dentro del mercado laboral.

El País, 22-1-89

B La suerte nunca llama dos veces

Los españoles buscan el dinero fácil en las máquinas tragaperras y otros juegos de azar

Los juegos de azar han conseguido llenar los ratos libres de los españoles. Y en algunos casos también el tiempo de trabajo. El dinero *oficial* que se gasta en España en juegos habrá superado en 1988 los tres billones de pesetas. Una cifra considerable, comparada con la renta nacional (cerca de un 8 %) y con el consumo privado del país (más de un 12 %). Si a las cifras oficiales de fondos destinados a las distintas modalidades de juego se añaden los ingresos *piratas* por este concepto, la cifra podría superar fácilmente los cinco billones de pesetas. La mitad del presupuesto del Estado.

Los españoles creen en la suerte, aunque la mayoría se consideran perjudicados por su distribución. Ésa es al menos la conclusión de un reciente informe realizado por el catedrático de Sociología Amando de Miguel para la agrupación de empresas de máquinas recreativas (Facomare).

Son precisamente las máquinas tragaperras las que se llevan más de la mitad del dinero que destinan los españoles a los juegos de azar. Según los últimos datos oficiales, el 52,40 % del gasto aparente de los consumidores españoles en juego entra por las ranuras de las máquinas electrónicas. Les siguen en importancia los bingos (16,34 %), la Lotería Nacional (13,47 %), los cupones de la ONCE (6,99 %), la Lotería Primitiva (5,43 %), los casinos (4,22 %), las quinielas de fútbol (1,07 %) y la Quiniela Hípica (0,07 %).

Dentro de las cifras globales se registra, sin embargo, una evolución significativa en favor de la Lotería Primitiva y los cupones de los ciegos, que en cuatro años han conseguido ganar posiciones frente al resto de sus competidores. Esta tendencia se mantiene en la actualidad.

Las máquinas tragaperras se mantienen, sin embargo, por encima de todos, aunque hayan ido perdiendo terreno muy poco a poco. Aunque el trabajo de Amando de Miguel explique que los jugadores dicen no conocer qué porcentaje del dinero que *invierten* se dedica a premios en cada modalidad de juego, las cifras globales apoyan aquellas actividades que ofrecen más posibilidades de premio.

Según las normas actuales en vigor, las máquinas recreativas y los casinos de juego son los que reparten mayor proporción de lo gastado en premios. Uno y otro devuelven el 80 % en premios. La Lotería Nacional y los bingos reparten un 70 %, mientras que las quinielas —fútbol y caballos—, la ONCE y la Lotería Primitiva distribuyen el 55 % de lo recaudado.

Javier Ayuso

EXPLOTACIÓN DE LOS TEXTOS
(Sugerencias)

1. Fíjate en las palabras relacionadas con el dinero.
   - Recaudación
   - Ingresar
   - Invertir
   - Las arcas del Estado
   - Hacienda
   - Pagar peaje
   - Aportaciones económicas

   ¿Podrías usarlas en otras frases?
2. Haz un resumen de *La suerte nunca llama dos veces*.
3. Los españoles creen en la suerte: ¿sí o no?
4. ¿Existe, como afirma el artículo, «la lógica del jugador»?

La lógica del jugador

La lógica del jugador es bastante ilógica. Los españoles que gastan su dinero en los distintos juegos de azar tienen, en la mayoría de los casos, ideas muy alejadas de la realidad. Además de muchas supersticiones. La vieja imagen del vicioso no responde a la verdad en muchos casos.

El informe sociológico de Amando de Miguel ofrece el retrato robot del jugador en general, y en concreto del que se gasta el dinero en las *maquinitas.*

El primer rasgo de ese retrato es la ignorancia sobre las posibilidades de ganar o perder. La intuición se utiliza más que la información, en todos los casos. Valga como ejemplo el hecho de que el 44 % de los que se declaran jugadores opina que el juego de azar más ventajoso (relación premios/gasto) es la Lotería Primitiva; el 12 % cita la Lotería Nacional; un 11 %, el cupón de la ONCE; un 10 %, las *maquinitas,* y un 6 %, las quinielas. La realidad es muy diferente.

Dinero de juguete

Otro rasgo significativo es que el 74 % de los usuarios de máquinas recreativas afirma que si no existieran, gastaría ese dinero en otros juegos. Muestran así la idea de que tienen un dinero *de juguete* listo para gastarlo en busca de una rentabilidad incierta. Existe además la sensación de que los beneficios del juego tampoco son reales.

Esa lógica absurda del jugador llega en algunos casos a depreciar el valor del dinero. Un 24 % de los encuestados asegura que un billete de 500 pesetas vale más que la moneda de idéntico valor facial.

La última característica de esa *raza* de jugadores es la fe ciega en la suerte o la mala suerte. El 62 % de los encuestados no duda en afirmar que se nace con fortuna, y el 47 % hace caso del horóscopo. La superstición es buena consejera en este caso.

El País, 15-1-89

III. Y TÚ, ¿QUÉ OPINAS?

- **¿La suerte influye mucho, poco o nada en nuestras vidas?**
- **¿Es verdad que hay personas con estrella y otras «estrelladas»?**
- **¿El juego es una pasión, un vicio, una forma de olvidar la soledad?**
- **Cuéntanos algo que te haya pasado y que puedas atribuir a la suerte, buena o mala.**

UNIDAD 12
El dinero

EL SUBJUNTIVO V. Concesivas

RECUERDA

Concesivas

Aunque + indicativo

Expresa experiencia, hechos conocidos, seguridad.

Ejemplos: ***Aunque*** *no* ***estoy*** *del todo de acuerdo, voy a hacerte caso.*
No se enfadaron con nosotros ***aunque llegamos*** *tarde.*
Lo conseguirá, ***aunque*** *le* ***costará*** *mucho.*

Aunque + subjuntivo

Expresa no-experiencia, hechos desconocidos o dudosos.

Ejemplos: ***Aunque*** *me* ***haga*** *daño, voy a ese masajista que me han recomendado.*
Aunque fuera *millonario, no me gustaría.*
Aunque tuvieran *problemas, nadie se enteraba de ellos.*

- Algunos casos de subjuntivo nos sorprenden porque los encontramos en frases que expresan experiencia.
  Ejemplo: ***Aunque*** *sea española, no puedo darte clase de español.*

  Podría decir también: **aunque soy...**

  Podemos explicarlo así: con el subjuntivo se resalta, se acentúa más el contraste, la objeción.

Se construyen como aunque:

- **Por más / mucho que; aun cuando; a pesar de que; pese a que.**
- **Por más / mucho + sustantivo + que, etc.**

Ejemplos: ***Por más / mucho que*** *lo piense / pienso, no es aceptable.*
Aun cuando *resulta / resulte desagradable, es la verdad.*
A pesar de que *se comporta / comporte como un cerdo, le sigues tratando igual.*
Pese a que *te lo he advertido / haya advertido, no me has hecho caso.*
Por muchos diplomas que *tiene / tenga, a mí no me convence.*

Se construyen con subjuntivo:

- **Por (muy) + adjetivo / adverbio + que; aun a riesgo de que; así; con todo lo + adjetivo / adverbio + que; porque; mal que; por poco que.**

Ejemplos: ***Por muy hábil que*** *te creas, te engañarán.*
Por muy bien que *esté / estuviera hecho, le han encontrado fallos.*
Le pillaré con las manos en la masa ***así*** *tenga que pasarme las noches en blanco.*
No hablará ***así*** *le prometas el oro y el moro.*
Con todo lo que *tú digas a su favor, a mí me parece un cerdo.*
Hice lo que debía ***aun a riesgo de*** *que tomaran represalias.*
Porque *los demás te tengan miedo, no creas que yo voy a acobardarme.*
Mal que te pese*, es más importante que tú.*
Por poco que *te duela, te quejas como un histérico.*

Se construyen con indicativo:

- **(Aun) a sabiendas de que; si bien; y eso que; y mira que; cuando.**

Ejemplos: *Llegará tarde* ***(aun) a sabiendas de que*** *me molesta.*
He tomado las medidas necesarias, ***si bien*** *nadie me lo había advertido.*
Te has tomado media botella de whisky, ***y eso que*** *no te gustaba.*
Hemos vuelto a equivocarnos ***y mira que*** *hemos puesto cuidado.*
Se pone insoportable ***cuando*** *todo el mundo está pendiente de él.*

Otras construcciones

- **Con + infinitivo**
  Ejemplo: ***Con ser*** *el más feo, es el que más liga.*

- **Con + sustantivo + y todo**
  Ejemplo: ***Con dolores y todo****, se ha levantado a trabajar.*

- **Con + sustantivo + que + verbo**
  (Casi siempre en indicativo pero puede aparecer en subjuntivo.)
  Ejemplo: ***Con los problemas que tuve*** *para conseguirlo y tú lo tiras.*

- **Participio / adjetivo + y todo**
  Ejemplos: ***Prohibido y todo****, siguen fumando.*
  Viejo y todo*, es más interesante que mucha gente.*

- **Aun + gerundio / gerundio + y todo**
  Ejemplos: ***Aun leyéndolo*** *tres veces, no lo entenderás.*
  Corriendo y todo*, perderás el tren.*

- **Ni + gerundio,...**
  Ejemplo: ***Ni pidiéndomelo*** *de rodillas, volveré a hacer una cosa así.*

- **Futuro + pero**
  Ejemplo: ***Será*** *muy guapo,* ***pero*** *a mí no me gusta.*

- **También tienen valor concesivo las construcciones:**
  Ejemplos: ***Cueste lo que cueste****, lo conseguiré.*
  Vayas donde vayas*, te encontraré.*
  El hecho de que *me grites, no quiere decir que tengas razón.*
  Siquiera sea *una vez, déjame explicarlo a mí.*

- Y a veces, la conjunción **si** adquiere valor concesivo también:
  Ejemplos: *No creían en sus promesas y* ***si*** *aceptaron ayudarlos, no se comprometieron demasiado.*
  Todo mi cuerpo estallaba con fuerza y, ***si*** *siempre fui medio salvaje, también siempre supe controlarme.*

EJERCICIOS

a) **Completa las frases usando el tiempo y modo adecuados. Si hay varias posibilidades, explica las diferencias. En parejas, buscad el contexto de estas frases.**

1. Hay comportamientos que no *(poderse)* ________ admitir de los demás con todo lo tolerante que uno *(ser)* ________ .

2. La libertad, amigo, es sagrada, es uno de los grandes valores que debemos salvar, *(costar)* ________ lo que *(costar)* ________ .

3. Volvía a repasar los episodios como un detective que busca con lupa cualquier rastro o indicio, por insignificante que *(parecer)* ________ a primera vista, que *(poder)* ________ conducir al esclarecimiento de la verdad.

4. Hay grupos y grupos. Y si bien todos ellos *(tener)* ________ un esencial atributo común, no debemos simplificar el problema.

5. Soñaba siempre con un trozo de felicidad y, por mínimo que *(ser)* ________ , eso me devolvía la alegría.

6. Mañana mismo te llamo y aunque *(ser)* ________ por teléfono, te adelanto algo.

7. Lo inquietante es que, aunque siempre *(ser)* ________ dada al protocolo, me *(convocar)* ________ a mí, que la *(conocer)* ________ hace años, con una tarjeta tan formal.

8. Venía en pleno arrebato de autoconmiseración, dispuesto a ejercer de víctima y a protagonizar los mimos, cuando la víctima *(ser)* ________ yo, que *(llevar)* ________ más de dos meses encerrada en este hospital.

9. Tenía que ganarme un lugar meritorio en aquel cielo, un lugar que, si *(ser)* ________ mío por imposición del destino, exigía un esfuerzo de conquista mayor.

10. Lo cierto *(ser)* ________ que las situaciones de riesgos políticos y riesgos extraordinarios no *(ser)* ________ iguales, aun cuando, a ciertos efectos, *(considerarse)* ________ conjuntamente.

11. Aunque mi abuelo *(demostrarme)* ________rotunda y permanentemente su desamor, me sobrecogió un sentimiento nuevo hacia él, quería que antes de morir me *(certificar)* ________ que *(quererme)* ________ .

12. Me opongo a esclavizarme para mantener un hogar de cuatro, así *(vivir)* ________ en un chalet o en dos pisos unidos.

13. Habían conocido a ese asesor del presidente, un chorra y un resentido, listo, claro, aunque no *(entender)* ________ nada y *(ser)* ________ un carroza.

14. El hombre comprendió que, pese a que *(mantenerse)* ________ al margen, de todos modos le *(hacer)* ________ responsable de los incidentes.

15. Estaba dispuesto a llegar hasta el final aun a riesgo de que eso le *(costar)* ________ su cargo político.

16. Me expuso las indudables ventajas de trabajar para la televisión, donde cualquier personaje, por extravagante que *(resultar)* ________ , *(tener)* ________ la posibilidad de llegar al público.

17. Porque tú no *(atreverte)* ________ a enfrentarte con la realidad, no creas que los demás también *(ser)* ________ incapaces.

18. Parece mentira que todo le *(salir)* ________ bien con la cantidad de tonterías que *(hacer)* ________ .

19. Por mucho que *(esforzarse)* ________ ahora, ya no puede arreglar las cosas. Cuando las relaciones *(deteriorarse)* ________ , no *(ser)* ________ posible dar marcha atrás.

20. Por poco que *(leer)* ________ , será más de lo que leen en el colegio, ahí los niños no abren un libro.

21. Contestas a lo loco cuando, de hecho, no *(saber)* ________ de qué se trata y mira que *(decirte)* ________ que *(pensar)* ________ antes de hablar.

22. La prudencia más elemental, le *(indicar)* ________ que, así *(enemistarse)* ________ con su madre, *(deber)* ________ continuar su camino.

23. Por más que *(empeñarte)* ________ en salir de donde *(estar)* ________ , no podrás conseguirlo tú solo, así que no *(tener)* ________ reparo en pedir ayuda.

24. Sales por las noches con tus amigotes a sabiendas de que *(quedarme)* ________ sola en casa y *(morirme)* ________ de miedo.

25. Con la confianza que *(tener)* ________ en ella y me ha dejado en la estacada cuando más la *(necesitar)* ________ .

b) **Sustituye *aunque* por otras construcciones concesivas y haz los cambios oportunos. Procura no repetir estructuras.**

1. *Aunque* haya estudiado poco, conseguirá aprobar, es muy inteligente.
2. *Aunque* esté enferma, vengo a clase. Soy muy responsable.
3. *Aunque* es cierto que la situación es difícil, la estamos solucionando.
4. *Aunque* me paguen por ello, nunca diré lo contrario de lo que pienso.
5. No iré contigo *aunque* me lo pidas de rodillas.
6. Le di permiso para hacerlo *aunque* tenía mis dudas de que lo hiciera bien.
7. *Aunque* le machaques la cabeza, mantendrá su postura.
8. *Aunque* viva mucho tiempo, no será bastante para agradecerle su solidaridad.
9. Has vuelto a mentirme *aunque* me habías prometido que no lo harías más.
10. *Aunque* es muy importante, a mí no me impresiona.
11. He llegado donde me había propuesto *aunque* me ha costado mucho.
12. *Aunque* te vayas muy lejos, no podrás olvidar lo que has hecho.
13. *Aunque* tengas razón, no debes avasallar a los demás.
14. *Aunque* tuvieras cien vidas, volverías a comportarte igual con ella.
15. No le perdonaría su comportamiento *aunque* estuviera a las puertas de la muerte.

c) **Sustituye el verbo *coger* por otro, de forma que no se repita ninguno:**

1. *He cogido* un catarro y no me tengo en pie.
2. Deja de beber o *cogerás* una buena trompa.
3. La araña *cogió* a la mosca en su tela.
4. Me *cogió* cuando estaba a punto de caerme.
5. El abuelo *cogía* el bastón y parecía un rey.
6. Por mucho que se lo explique no *coge* la idea.
7. ¿A que no me *coges*? —le dijo el niño a su hermano.
8. Si vas a subir en la montaña rusa, *cógete* fuerte.
9. *Cogedme* sitio porque a lo mejor llego tarde.
10. *Cogí* al niño jugando con el taladro.
11. Al mentiroso se le *coge* más tarde o más temprano.
12. *Cogió* a su nieta contra su pecho y se le saltaron las lágrimas.
13. Estaban de oferta los calcetines de algodón y *he cogido* seis pares.
14. Hasta donde *coge* la vista sólo se ve agua.
15. Nos *cogió* la noche a medio camino.
16. Tengo que pasar por la gestoría a *coger* esos papeles.

d) **Compuestos de *coger*: acoger(se), encoger(se), recoger(se), sobrecoger(se).**

Usa uno de los verbos anteriormente citados de acuerdo con el sentido:

1. Estás ________ por el dolor de espalda.
2. ________ tus cosas, que nos vamos ahora mismo.
3. El intento de golpe de Estado nos ________ a todos.

4. __________ la noticia de la colaboración con entusiasmo.

5. No __________ bastante información para hacer ese trabajo.

6. ¿ __________ la ropa o tú has crecido demasiado?

7. La música de las películas de miedo __________ .

8. __________ a la ley de cooperativas para que les den una subvención.

9. Mis padres __________ en su casa como si fuera su hija.

10. En el colegio nos decían que había que __________ para rezar.

11. Cuando no quiere dar su opinión __________ de hombros.

12. Las uvas no __________ en las mismas fechas en La Rioja y Valdepeñas.

13. Los sábados __________ la casa.

14. Es muy apocado, __________ en cuanto dan voces.

15. __________ a Torrente Ballester con una fuerte ovación.

I. SITUACIÓN

El dinero

1. Aaxel necesita formalizar la matrícula, el alojamiento y después de las compras que ha hecho, se ha quedado sin un duro.

   Te encuentras con él en el banco.
   Usa el vocabulario siguiente:

cheques de viaje	ingresar / sacar dinero
tarjeta de crédito	cambiar dinero
cheque al portador	cajero automático
transferencia	saldo
cuenta corriente (c/c)	movimiento de cuentas
libreta / cartilla de ahorro	estado de cuentas
permiso de residencia	endosar
divisas / cuenta en divisas	avalar
comisión	

2. Necesitas sacar 92.000 pesetas para la matrícula, el alojamiento y otras pequeñeces. Calcula cuánto necesitas en tu propia moneda.

CAMBIO DE DIVISAS

Divisas convertibles	Cambios Comprador	Cambios Vendedor
1 Dólar USA	113,334	113,674
1 ECU	128,634	129,020
1 Marco alemán	62,546	62,734
1 Franco francés	18,998	18,525
1 Libra esterlina	183,998	184,550
100 Liras italianas	8,424	8,450
100 Francos belgas y luxemb.	303,986	304,900
1 Florín holandés	55,534	55,700
1 Corona danesa	16,202	16,250
1 Libra irlandesa	167,349	167,851
100 Escudos portugueses	71,949	72,165
100 Dracmas griegas	57,121	57,293
1 Dólar canadiense	99,268	99,566
1 Franco suizo	72,930	72,523
100 Yens japoneses	82,275	82,523
1 Corona sueca	17,332	17,384
1 Corona noruega	16,052	16,100
1 Marco finlandés	26,412	26,492

3. Hay un desacuerdo con el empleado del banco: No te permite retirar la cantidad que tú quieres. ¡Protesta!

4. Hay un error en el cambio, la cantidad que recibes no corresponde a las cuentas que habías hecho. ¡Reclama!

5. Al salir del banco se te acerca un «chorizo» y te arranca la cartera que no habías guardado todavía.

   a) ¿Cómo reaccionas?:
      - te pones a gritar
      - corres detrás del asaltante
      - te quedas atónito
      - etc.

   b) Describe cuáles son las sensaciones que se apoderan de ti.

   c) Llega la policía preguntando qué ha pasado. Hay testigos. Cada uno tiene una versión de los hechos:
      - una señora que iba al mercado a la compra.
      - un estudiante que acababa de pedirte un cigarro.
      - un señor mayor que se pone a opinar.
      - el señor del estanco de enfrente del banco.
      - un taxista que intentó perseguir al ladrón.

   d) Cada uno/a elige un papel y lo interpreta, describiendo al «chorizo». Con los datos se procede a hacer un retrato «robot» del tipo en cuestión según las versiones recopiladas.

Un poco de vocabulario

asaltar, agredir	darse a la fuga
ser víctima de...	poner / presentar una denuncia
«un tirón»	declarar
chorizo, macarra, caco	intimidación
navaja / navajero	amenazar

QUICO

Por José Luis Martín

II. LEE

Un caso real

Mi hija y yo nos habíamos sentado en el parque del Oeste para hacer tiempo hasta la hora en que salía el tren para Salamanca. La tarde era preciosa y pensé que sería una lástima esperar en la estación. El viaje por Andalucía nos había llenado los ojos de luz y la cabeza de nuevas ideas sobre esa región, en el fondo, tan desconocida de España. Me dije: «si todo ha ido bien hasta ahora, ¿qué nos puede pasar cuando estamos tan cerca de casa?». Mi prudencia natural, no obstante, estaba alerta porque llevaba mi maleta y un bolso de viaje.

La insistencia de mi hija, los inmediatos y bellos recuerdos y, especialmente, el sol cálido de mayo me empujaron a aquel parque. No había demasiada gente. Todo parecía tranquilo. Ana estaba sentada a mi lado y yo vigilaba con cien ojos el bolso y la maleta. Se acercó una señora de aspecto... exótico. Me avergüenzo de confesar que sentí desconfianza. Me preguntó si era extranjera y si, por favor, podía sacarle una foto. Lo hice y después nos pusimos a hablar descubriendo que teníamos cosas en común.

Más tarde se aproximó una pareja joven con un niño para pedirme lo mismo. Empezó a hacerme gracia que todo el mundo me tomara por fotógrafo voluntario. Mi recelo inicial iba desapareciendo, no pasaba nada.

Al poco rato un señor que llegó desde atrás, se sentó al lado de Ana y me preguntó por una calle, mostrándome un plano que llevaba en la mano. Me volví para ver si podía ayudarle —después de algunos viajes a Madrid me sentía casi una experta—. Al recuperar mi postura original, descubrí que había desaparecido mi bolso. El hombre dijo: «Mire, señora, aquel chico de rojo se lo lleva». Yo me levanté y salí corriendo sin ver a nadie. Cuando regresé, el hombre del plano se había marchado no sin antes recomendarle calma a mi hija, que lloraba sin saber qué hacer.

EXPLOTACIÓN DEL TEXTO (Sugerencias)

- ¿Quiénes son estas dos mujeres?
- Imagina cuál es su historia personal.
- ¿Quién roba el bolso?
- ¿Los otros personajes estaban de acuerdo entre sí?
- Completa las frases anteriores poniéndote en el papel de la señora.
- ¿Qué te preguntarías tú?
- ¿Fue prudente o descuidada?
- ¿Crees que se puede ir por la vida desconfiando de todo el mundo o eres partidario/a del refrán: «Piensa mal y acertarás»?
- ¿Conoces algún caso similar?
- ¿Por qué roba la gente?

1. Mi primera reacción fue... Después pensé...

2. Ahora, para consolarme, me digo...

3. De todas maneras me pregunto...

- **Imagínate en esta situación. ¿Cómo reaccionas? (Es un caso real).**

Pobres y ricos (B)

—Es evidente que los ricos no son iguales a los pobres.

A lo que Hemingway respondió:

—Todos somos iguales. Lo que sucede es que los ricos tienen mucho más dinero. 5

La perogrullada de Hemingway está ahí, como una divisa en el escudo de armas de los caballeros de fin de siglo. Nunca como en este verano había habido tanto dinero en las conversaciones. Ganar dinero ha dejado 10 de ser una necesidad funcional para convertirse en una visión del mundo. Ya no se trata

EXPLOTACIÓN DEL TEXTO
(Sugerencias)

6. ¿Es lo mismo una **perogrullada** que una tontería?

7. Si llevas algo como **divisa**, ¿es que estás en posesión de moneda extranjera? ¿Qué relación tiene la palabra divisa con *lema* y *«slogan»?*

15. ¿Puedes decirnos cuál es la diferencia entre: **buhardilla**, *desván* y *ático?*

24. ¿Son siempre equivalentes **ávido**, *ansioso, insaciable, codicioso* y *voraz?*

de banqueros. Ahora son abnegados licenciados en románicas, heroicos asistentes sociales, poetas de buhardilla o supervivientes de la antipsiquiatría los que han arrumbado su pasado y anhelan penetrar en esa nueva cultura de ganar dinero. 15

Porque hay una diferencia sustancial entre tener dinero, ya sea por linajes ancestrales o por loterías primitivas, y ganarlo. El dinero que no se gana sabe a natillas y a crucero por el Caribe. Pero el dinero ganado por esa modernidad ávida es rápido y afilado como una navaja abierta en el bolsillo del corazón. Los practicantes del ganar dinero nunca tienen bastante y han abolido de su código ético la reflexión de que cuando se gana tanto es porque alguien pierde. 20 25

—Bueno, pues usted que sabe tanto díganos qué hay que hacer para saber ganar dinero. 30

—Para empezar, díganme ustedes cuánto me van a pagar por las lecciones.

Joan Barril
El País, 7-9-88

EN RELACIÓN CON EL DINERO:

1. **En caso de que no tengas dinero puedes decir:**
   - *estoy limpio, sin blanca, sin un duro.*
   - *estoy a dos velas.*

2. **Si tus amigos y tú queréis compartir una cantidad, por ejemplo el regalo para un amigo**
   - *tocamos a _____ por barba / cada uno.*

3. **Si vais a cenar juntos:**
   - *pagaréis a escote.*

4. **Si pagas en el acto:**
   - *pagas a tocateja.*

5. **Si alguien te pregunta *«¿es que no piensas retratarte?»*, no te habla de fotografía, te pregunta que si no piensas pagar.**

6. ***La pasta, la guita, la mosca, la tela, la plata* son otros tantos nombres del dinero.**

El País Semanal, 20-11-88

- Completa los diálogos de manera que tengan sentido usando adecuadamente las siguientes frases:

— amores de verano
— alquílala
— para ir tirando
— has de imbuirte
— quiera forrarme
— inmensos paseos
— aventuras de piratas
— callete prepotente
— un cúmulo de valiosísimos consejos
— por el prisma del negocio
— te ha de sugerir

- ¿Qué te parecen las actitudes de los dos personajes?

III. Y TÚ ¿QUÉ OPINAS?

EL DINERO

- ¿Crees que el dinero contante y sonante va a desaparecer por culpa de las tarjetas de crédito?
- ¿Hay cosas que sólo se pueden hacer con dinero en efectivo?
- Sólo a la gente que no tiene mucho dinero, le gusta exhibirlo todo el tiempo. ¿Estás de acuerdo?
- «El dinero no da la felicidad».
- ¿Por qué todo el mundo habla mal del dinero si por todas partes nos invitan a tenerlo, a conseguirlo?

UTILIZO LA TARJETA PARA TODO

Llevo siempre dinero, sin llevar dinero, porque tengo miles de Cajeros Automáticos en toda España, donde dispongo del importe que necesito en cada momento.

Consigo créditos instantáneos en cualquier Oficina o Cajero de **CAJA SALAMANCA**, con sólo acercarme a ellos.

Con ella realizo todas mis compras en los más variados establecimientos, desde los alimentos a un viaje o las vacaciones o una camisa o un vídeo ¡bueno todas! y pago hasta en tres mensualidades sin interés, y con un seguro de accidentes que me hace ir más tranquilo.

UNIDAD 13
El humor

Si: condicional

RECUERDA

Si: condicional

Se puede construir con cualquier tiempo del indicativo ***salvo:***

1. Los futuros < simple / perfecto — en su lugar se usa < presente / pretérito perfecto

2. Los condicionales < simple / perfecto — en su lugar se usa < imperfecto de subjuntivo / pluscuamperfecto de subjuntivo

Ejemplos: *Si **me gusta** (no* si me gustará), lo compraré.*

1. *Si **has entendido** (no* si habrás entendido), harás bien el ejercicio.*
   *Si **fuera pez** (no* si sería), me pasaría el tiempo bajo el agua.*
2. *Si **hubieras estado** (no* si habrías estado) a mi lado, no me habría pasado eso.*

Se pueden construir con subjuntivo:

- **Si + imperfecto + condicional simple**
  Ejemplo: *Si **tuviera** tus años, **actuaría** de otra manera.*

  Se refiere al presente o al futuro.

- **Si + pluscuamperfecto + condicional perfecto/pluscuamperfecto de subjuntivo (-ra)**
  Ejemplo: *Si **me hubiera acordado**, te lo **habría/hubiera prestado** antes.*

  Se refiere al pasado.

- **Si + pluscuamperfecto + condicional simple**

Ejemplo: *Si no **hubiera llovido** (ayer), podríamos ir al campo (hoy).*
La primera parte se refiere al pasado; la segunda al presente.

- **Si + imperfecto + condicional perfecto/pluscuamperfecto de subjuntivo.**

Ejemplo: *Si **fuera** tan tonto como dices, no **se habría/hubiera** defendido como lo hizo.*
La primera parte tiene un valor intemporal; la segunda se refiere al pasado.

Detrás de SI **no deben aparecer** < el presente de subjuntivo / el pretérito perfecto

en su lugar **se usan** el < el presente de indicativo / pretérito perfecto de indicativo

Ejemplos: *Si mañana **llueve** (no* llueva), no iremos al campo.*
*Si **has encontrado** (no* hayas encontrado) alojamiento, dímelo.*

OTROS VALORES DE LAS FRASES CONDICIONALES

1. Condicional/causal

Ejemplos: ***Si llueve**, no salgas* < ***en caso de** que llueva,...* / ***puesto que** llueve,...*

Si < a. llegó / b. ha llegado / c. llegaba, a las tres de la madrugada, yo no < lo oí. / lo he oído. / lo oía.

a. ***En caso de que** llegara,... yo no lo oí.*
***Como / puesto que** llegó,... yo no lo oí.*

b. ***En caso de que** haya llegado,... yo no lo he oído.*
***Como / puesto que** ha llegado,... yo no lo he oído.*

c. ***En caso de que** llegara,... yo no lo oía.*
***Como /puesto que** llegaba,... yo no lo oía.*

2. Condicional/concesivo

Ejemplos: *Si es el director, no se nota nada.*
***En el caso de que** sea..., no se nota nada.*
***Si bien / aunque** es..., no se nota nada.*

Si era su padre aquel hombre, no lo había demostrado nunca.
***En el caso de que** fuera..., no lo había demostrado nunca.*
***Si bien / aunque** era..., no lo había demostrado nunca.*

3. **Condicional/causal/temporal**

Ejemplos: *Si tenía dificultades, le ayudaba en sus deberes.*
***En caso de que** tuviera..., le ayudaba en sus deberes.*
***Como / puesto que** tenía..., le ayudaba en sus deberes.*
***Cuando** tenía..., le ayudaba en sus deberes.*

EJERCICIOS

a) **Completa con el tiempo y modo adecuados. Busca la historia que hay detrás de cada frase (o de algunas). Inventa una historia coherente usando, al menos, cinco frases.**

1. Si *(ir)* ________ a aquel lugar fue porque quiso encontrarlo, porque ella sabía dónde y cómo dar con él si lo *(necesitar)* ________ .

2. Si las cosas *(ser)* ________ así, debió de ser muchas horas después de mi partida.

3. Con gran teatralidad, en medio de la tormenta le grité a Dios que *(aniquilarme)* ________ , si *(existir)* ________ .

4. Si el universo *(tener)* ________ algún sentido, si la vida humana *(tener)* ________ alguna razón de ser, que *(revelársele)* ________ todo allí mismo.

5. Eso también lo pensé después. Desgraciadamente, porque si *(pensarlo)* ________ antes, *(llevárselo)* ________ fuera, *(agarrarlo)* ________ por las solapas y, con dos o tres golpes, *(sacarle)* ________ todo.

6. ¿*(Poder)* ________ las madres, las novias, las esposas dormir en paz si nosotros no *(cumplir)* ________ con nuestro deber?

7. Allí se podía comprar de todo y si algo no *(figurar)* ________ en el inventario, se le *(encargar)* ________ al turco para que lo *(traer)* ________ en su próximo viaje.

8. Imaginé que la realidad *(poder)* ________ empezar a deformarse si no *(concentrar)* ________ mi voluntad en mantenerla estable.

9. A su manera mi madrina me *(tener)* ________ afecto y si no *(llegar)* ________ a demostrármelo, *(ser)* ________ porque *(creer)* ________ necesario educarme con mano dura.

10. Enviar su cuerpo a su país de origen *(resultar)* ________ poco práctico, sobre todo si no *(haber)* ________ alguien interesado en recibirlo, de modo que *(hacerlo, yo)* ________ enterrar sin grandes ceremonias.

11. Mientras una *(quedarse)* ________ en el corredor vigilando para dar la voz de alarma si alguien *(aproximarse)* ________ , la otra *(encerrarse)* ________ con su amigo.

12. Los partidos políticos *(echar)* ________ las bases de un entendimiento porque la experiencia *(demostrarles)* ________ que si *(actuar)* ________ como caníbales, los únicos favorecidos *(volver)* ________ a ser los militares.

13. Si no *(aprender)* ________ a multiplicar, ¿cómo *(poder)* ________ confiarte la tienda?

14. Tranquilízate, si *(irse)* ________ , eso quiere decir que no *(ser)* ________ el hombre de tu destino.

15. Estoy seguro de que tú *(buscarme)* ________ y si *(tener)* ________ suerte aún *(estar)* ________ en pie mi ofrecimiento.

16. Ahora empezaba a entender aquel rompecabezas pero todavía no sabía dónde *(ir, yo)* ________ ni cuál *(ser)* ________ el desenlace si es que lo *(haber)* ________ .

17. No *(compartir)* ________ sus ideales, ni *(creer)* ________ sus promesas, ni *(entender)* ________ sus razones; si *(aceptar)* ________ ayudarlos en ese proyecto fue porque los otros *(ser)* ________ sus enemigos.

18. Si yo *(ser)* ________ tan importante para ti como dices, *(estar)* ________ a mi lado cuando todos me *(atacar)* ________ .

19. Si *(llevarse, ellos)* ________ tan bien, no *(irse)* ________ a buscar fuera lo que *(faltarle)* ________ sólo en apariencia.

20. Lo convocaron en la presidencia con la orden de que *(controlar)* ________ a su equipo de periodistas si *(desear)* ________ permanecer en su puesto.

21. Lo miré directamente, convencida de que *(perder, él)* ________ el juicio si *(pretender)* ________ que *(conducir)* ________ a mi propio hermano a una trampa.

22. Era conveniente contar con un hombre como él; el riesgo no *(ser)* ________ demasiado grande si *(manejar)* ________ el asunto con las debidas precauciones.

23. Tuvo un par de amores que se acabaron, unos cuantos amigos leales que le *(dar)* ________ la bienvenida si *(acertar)* ________ a pasar a verlos.

24. Al sexto día de tratamiento perdió la paciencia, saltó al cuello del médico y si no lo *(apartar)* ________ a tiempo, lo *(estrangular)* ________ .

25. Ninguno de estos desalmados *(nacer)* ________ aquí, si *(ser)* ________ así, no *(actuar)* ________ como lo *(hacer)* ________

26. Si *(preguntarme)* ________ si *(gustarme)* ________ llegar a presidente del Gobierno, *(responder)* ________ afirmativamente.

27. Me *(gustar)* ________ que no *(haber)* ________ hombres en casa, si los *(haber)* ________ , yo *(sentirme)* ________ invadido.

28. *(Querer)* ________ preguntarle, si *(atreverme)* ________ , si *(saber)* ________ algo del destino de aquellas cartas.

29. Si lo *(adivinar)* ________ todo por su cuenta, nunca nos lo *(confesar)* ________ ni lo *(dejar)* ________ traslucir.

30. Temía que si *(continuar)* ________, *(empezar)* ________ a hablar de mi vida.

b) **Sustituye *si* por conjunciones equivalentes y haz las transformaciones necesarias.**

1. Decidí que *si* me necesitaban, me buscarían.
2. Tendría el apoyo de sus superiores *si* lo necesitaba.
3. Él era sospechoso. Pero *si* lo era, ¿por qué confiaban en él para aquel trabajo?
4. *Si* le gustó aquella jovencita, no se atrevió a acercarse a ella por temor a ser rechazado.
5. a) Decidí en este momento que era la única mujer digna de ser mi esposa y que *si* no podía tenerla, prefería el celibato. (*La casa de los espíritus.* I. Allende. 1982.)
   b) Le pedí que se casara conmigo y me rechazó. Decidí que *si* no podía tenerla, prefería el celibato.
6. *Si* un hombre no pega a su mujer, es que no la quiere o que no es... hombre. (Dicho popular.)
7. Dónde se ha visto que tú puedas tomar esas decisiones *si* eres el último mono.
8. Podía ponerse muy triste *si* veía a otro haciendo el ridículo.
9. Me prometió que en el término de un mes se curaría mi enfermedad, *si* seguía sus consejos.
10. Quizás esa doble actividad —*si existió*— habrá servido para afianzar los lazos que los unen.
    (*Bomarzo.* M. Mújica Laínez.)
11. *Si* su actividad te ha causado problemas, deja de verlo.
12. *Si* cerraba los ojos haciéndose el dormido, podía sentir el roce tenue de sus dedos en la frente, el roce de su pelo al alcance de la mano.
    I. Allende, *La casa de los espíritus.*

c) **Sustituye el verbo *decir* por otro de forma que no se repita ninguno.**

1. *Dijo* al policía que no se llevaran a su hermano.
2. *Dice* que él es el mejor.
3. No siempre es bueno *decir* lo que se piensa.
4. *Ha dicho* a su madre que fue él quien le rompió el jarrón.
5. Empezó a *decir* todos los idiomas que hablaba.
6. El conferenciante *dijo* una ponencia que gustó mucho a todo el mundo.
7. No puedo *decirte* los motivos por los que he actuado así.
8. «No me haces caso» —*dijo* el niño a su padre.
9. Durante la película los que estaban sentados atrás no pararon de *decir cosas* en voz baja.
10. *Dijo* que no podía vivir sin ella.
11. Antes de morir la abuela le *dijo* un secreto a mi tía.
12. Te *he dicho* más de una vez que no juegues con cerillas.
13. Le *ha dicho* a su jefe que presentaría su dimisión si no cambiaban las condiciones de trabajo.
14. El juez le *dijo* que quedaba libre.
15. ¿Puedes *decirle* a Carlos que no puedo ir mañana?

I. LEE

Íbamos él y yo solos en el coche de la señora Dawson por una carretera de la provincia de Cádiz. Curro bostezaba, se desperezaba y luego me decía como si me hiciera un favor:

—Yo, llegado el caso, me casaría contigo, la verdad.

—¿Al estilo español? —le pregunté—. Digo si te casarías para ser mi marido al estilo americano o de aquí. Bueno, tal vez el estilo es el mismo en todas partes. Un poco más de independencia en mi patria para la mujer. Supongo que eso a ti no te importa y me permitirías cierta libertad sabiendo que soy americana.

—¿Para qué?

—Qué sé yo, para los deportes, por ejemplo. Allí nos gusta eso.

—¿Qué deportes? Porque yo creo que con eso de los deportes algunas se dedican a la golfería [1].

Es verdad, y le di la razón porque el «golf» es mi deporte favorito.

—Yo soy una de las que se dedican a eso.

—¿A la golfería?

—Sí.

—Hombre, me gusta tu frescura. ¿Y para eso quieres que te dé libertad?

En algunas ocasiones yo le había enseñado a Curro fotos mías jugando al «golf» y no le hicieron gran efecto, es verdad. Parece que sólo le gustan los toros. Yo le dije:

—Eso es. A mí ese deporte es el que más me gusta.

—¿Y llamas deporte a la golfería?

—Pues claro, hombre; al menos en mi país.

—Entonces, ¿quieres casarte conmigo y dedicarte a eso?

—¿Por qué no? Pero yo no he dicho que quiera casarme. Lo has dicho tú, lo que es diferente. Si nos casamos, yo necesitaré mis horas libres un par de veces a la semana. Desde pequeña sentía atracción por la golfería.

—Y...¿te gusta para siempre o es una afición pasajera?

—No; nada de pasajera. Durante años enteros ésa era mi única distracción. Sobre todo en la Universidad.

—Claro, se encuentra la pareja fácilmente en una Universidad.

—Eso es. A los muchachos les gusta la golfería también.

—Lo creo. Eso es general.

—No tan general, no creas.

Se puso Curro de un humor sarcástico. Le pregunté qué le pasaba y comenzó a mirar por la ventanilla y a cantar algo entre dientes sin responder. Yo pensaba: «¿será el "cenizo" [2]; que se pone entre nosotros?». A la tercera o cuarta vez me dijo:

—¿Y ésa es la única condición que me pondrías? Digo la libertad para la golfería.

—Sí. No es mucho, ¿verdad? Bueno, si quieres regalarme un seguro, no diré que no, pero no te lo exijo. Yo no le exijo un seguro a un novio mío.

—¿Un seguro de qué? Ah, ya veo; un seguro de vida. ¿Para caso de fallecimiento? ¿Si? ¿De quién?

—Tuyo, querido. Pero ya digo que aunque es frecuente en los Estados Unidos, no te lo pediría.

—Ya veo —y se puso a tocar hierro—. Sólo me exigirías dos tardes libres para golfear, pero en caso de fallecimiento mío no te importaría quedarte a dos velas. ¿No es verdad, ángel mío?

—Eso es.

—Vaya, se ve que no eres egoísta y que tu madre te crió bien. Sobre lo del seguro de vida, lagarto, lagarto [3]. ¿Y dices que dos tardes por semana?

—En invierno y en primavera. En verano es mejor por la noche. Por el calor del día, ¿sabes? Además me encanta el color de la hierba por la noche.

—¿A la luz de la luna?

—No, no es por la luna. La luna no basta. Es poca luz. Hay que poner reflectores. Al menos es la costumbre en Pensilvania.

Curro se quedó mirándome con los ojos muy abiertos y media sonrisa de conejo, sin decir nada. Por fin habló:

—Vaya, cada país tiene sus gustos. Conque reflectores, ¿eh?

Nos quedamos callados. El «cenizo» estaba entre los dos sin duda, y yo no sé por qué imaginaba al «cenizo» como un ser medio persona medio perro, con pelos grises cayéndole por la frente sobre los ojos.

Ramón J. Sénder
La tesis de Nancy

1. Golfería = juego de palabras basado en el sentido negativo de la palabra «golfa».
   Golfa = mujer de vida poco recomendable, casi casi prostituta.
2. Cenizo = que trae la mala suerte.
3. Lagarto, lagarto = expresión que trata de conjurar la mala suerte.

EXPLOTACIÓN DEL TEXTO

(Sugerencias)

- Después de leer el texto y mirar el dibujo, dinos ¿te hacen reír o sonreír?
- ¿En qué se basan los autores para provocar la risa?
- ¿Entiendes lo que ocurre en el texto de Sénder?

¡Cuéntanos!

¿Cuándo *tienes / estás con la moral* por los suelos?

¿Por qué *lo ves todo negro?*

¿Cuándo *tienes murria, estás mustio/a?*

¿Por qué *estás abatido/a?*

¿Qué quiere decir: El mundo se me/te/le ha caído encima? (Vuelve a la Unidad 1).

¿Por qué, cuándo, te sientes desengañado/a, desesperado/a, desanimado/a? ¿Qué te gustaría que hiciesen tus amigos para animarte?

- Si estás de **mal humor** puedes emplear las siguientes construcciones:

  1. ¡No está el horno para bollos!
  2. ¡Déjame en paz! ¡Estoy negro/a!
  3. ¡Me he cogido un cabreo...!
  4. ¡Menudo mosqueo que se agarró con lo del trabajo!
  5. Está de mal café / mala leche. (Esta última resulta algo vulgar.)

  Ahora dinos: ¿Qué te pone de mal humor?, ¿Qué haces para dejar de estar así?

- Si estás de **buen humor** puedes emplear menos expresiones, ¡qué curioso!

  1. Sonreír de oreja a oreja.
  2. Estar como unas castañuelas / como unas pascuas / como niño con zapatos nuevos.

¿Hay cosas que consigan ponerte de buen humor de manera infalible?

La noticia imaginaria

HOY, DOMINGO

Pinochet, dispuesto a arrasar las urnas en el plebiscito de 1988

«O arraso en las urnas o arraso las urnas», ha declarado el Augusto.

Serra, satisfecho de sus compras en USA

«Tienen unas cosas monísimas en armamento, y los precios, tras la caída del dólar, no están nada mal», afirma el ministro.

Varios ministros de Gobierno, preocupados por el desempleo

«Nuestro cese como ministros engrosaría las cifras del paro, y eso no podemos permitírnoslo», dice uno de los candidatos al relevo.

La FIFA impone el uso de la espinillera anti SIDA para los equipos de Primera División

En Segunda División y en las categorías regionales bastará con el clásico preservativo.

Sólo podrán manifestarse en Madrid los portadores de un DNI expedido en la capital

Recluso ahogado en un vaso de agua

España exportará guardias civiles a países del Tercer Mundo

B

JUEZ DE PAMPLONA, CONDENADO POR ABORTO

El juez de la Audiencia de Pamplona Juan José García Travesti ha sido condenado a tres años y un día de inhabilitación por haber intentado abortar en una clínica de la capital de Navarra.

Vestido con una minifalda fucsia y un jersey de punto, se presentó el pasado día 16 con la pretensión de que le fuera realizado un aborto en la clínica Siete de Julio, a lo que se negó el equipo médico por no hallarse su caso dentro de los supuestos exigidos por la ley.

García Travesti afirmó en su defensa que había utilizado esa estratagema en su investigación.

El País, 20-3-88

x

EXPLOTACIÓN DE LOS TEXTOS
(Sugerencias)

1. Lee detenidamente las noticias.
2. Los autores pretenden despertar la risa o la sonrisa de los lectores, ¿de qué medios se han servido?
3. También pretenden criticar situaciones, o a personas, ¿puedes descubrir cuáles son esas críticas?
4. Y si tú fueras el redactor de esta sección, ¿qué escribirías? Ponte a hacerlo.

DESTRISTEANDO A LA GENTE

C

Comenta este poema

Resulta que la angustia,
el aburrimiento,
la mala leche y la tristeza,
se contagian tanto como la lepra.
Y en vista
de que llevo más de medio siglo,
destristeando a este hospital de locos
que andan sueltos,
con fecha de hoy he solicitado el cese
—por prescripción facultativa—,
al aparecer en mí
ciertos síntomas de contagio.

Gloria Fuertes

D

Los tristes enferman más

Recientes descubrimientos en el campo de la biología molecular han permitido comprender cuál es el mecanismo a través del cual el estado anímico influye tan directamente sobre la aparición y evolución de diferentes enfermedades orgánicas.

Se sabía, y es el fundamento de la medicina psicosomática, que las personas deprimidas, desmoralizadas o que se sienten continuamente desgraciadas por una actitud de pesimismo ante la vida contraen diversas enfermedades físicas de mayor o menor gravedad con mucha más frecuencia que las personas optimistas o que se sienten felices y satisfechas, creyéndose que el estado de ánimo disminuido restaba capacidad defensiva al organismo. Y esto es cierto, pero se produce por una relación bioquímica muy complicada entre el sistema nervioso y el sistema inmunológico, que es el responsable de evitar y combatir las diferentes enfermedades.

El profesor norteamericano J. Jummot demostró últimamente que los estudiantes en época de exámenes producen menos anticuerpos, debido a su estado de tensión, lo que favorece la aparición de enfermedades infecciosas con fiebre más alta de lo habitual.

El descubrimiento de los mecanismos de acción de estas células nerviosas es de esperar que sirva para disminuir las grandes repercusiones que tienen las alteraciones del psiquismo en la aparición de múltiples afecciones.

Dr. Juan José Vidal
Cambio 16, Octubre 87

¿Prefieres que te dejen solo/a en tu tristeza?

Declaraciones del polémico doctor francés

Alain Milhaud: «Mi suegra fue el primer 'cobaya humano' que he utilizado»

El polémico doctor francés Alain Milhaud afirmó anoche, en una conferencia de prensa celebrada en la cafetería de médicos del hospital Premier d'Octobre de la ciudad de París, que Francia habrá de rendir tributo al primer conejo de Indias humano que colaboró en uno de sus experimentos: «Mi propia suegra, *madame* Claudette le Cognac. Era una mujer maravillosa... Ella sabía que su obesidad era totalmente irreversible, y que su avanzado proceso seborreico, en forma de caspa repugnante, incurable. Intuía que le quedaba muy poco tiempo. Por eso decidió donarse enterita a la investigación científica... Al principio tuvo algunas dudas. Nada serio. Pero yo la animé. Le hablé de la habitación que ocupaba en casa, de los problemas e incomodidades que nos acarreaba —especialmente a su propia hija, mi esposa— sólo por mantener ese estúpido empeño en seguir viva aun en esta fase terminal de su salud. Le conté la cantidad de vidas que podría salvar con su esfuerzo abnegado y le dije que para qué seguir sufriendo, si ya había pasado de los sesenta. Tenía sesenta y un años. Ella lo comprendió todo perfectamente».

Asimismo, el médico anestesista sostuvo que seguirá realizando este tipo de prácticas. «Incluso ya he llegado a acuerdos con mi mujer, que últimamente está bastante desmejorada de su halitosis y no creo que dure mucho tiempo más. Por ahora no hemos llegado a un acuerdo total, pero ya entrará en razón, ya... También me gustaría poder realizar unos experimentos sobre trasplante de bulbo raquídeo con unos niños que se ponen a patinar junto a la ventana de mi dormitorio a la hora de la siesta. Desde aquí hago un llamamiento a sus padres, por si acaso las criaturas empezaran a enfermar, para que me los traigan en cuanto entren en coma profundo. O si quieren, antes. A mí me sobra espacio en el laboratorio... Animo a todos los hombres casados que no hayan encontrado una utilidad práctica a sus esposas y suegras a que sigan mi ejemplo. Ya verán qué bien.»

Mamen Guele

EXPLOTACIÓN DEL TEXTO
(Sugerencias)

1. Lee atentamente el texto.
2. Busca los apoyos del autor para provocar la ironía, la risa... el enfado del lector.
3. ¿Te parece una noticia de humor? ¿Por qué?
4. Hay una serie de palabras relacionadas con:
   — la actividad del médico.
   — la salud de la suegra.
   — los sentimientos del médico hacia su mujer y los niños. Búscalas.
5. Si te pusieras a hacer humor, ¿podrías redactar una noticia parecida?

II. Y TÚ ¿QUÉ OPINAS?

1. «El sentido del humor es la capacidad que tiene uno de reírse de sus propias imperfecciones.»
   «La risa es asunto de gente seria.»
   «El humor, la risa es la mayor prueba de inteligencia del ser humano.»
   «Es más fácil hacer llorar que hacer reír.»

   ¿Qué opinas de esas aserciones? ¿Podrías elegir una y desarrollarla?

2. ¿Crees que tienes sentido del humor?
   ¿En qué lo notas tú?
   ¿En qué lo notan los demás?

3. ¿Es menos digno hacer reír a la gente? Es más fácil hacer llorar, ¿no?
   ¿Te gustan las películas «cómicas»? ¿Te ríes con facilidad viéndolas? (¡No vale decir «depende»!)

4. ¿Cuáles son los ingredientes idóneos para conseguir que tú te rías?
   (Humor de situaciones, de malentendidos, humor lingüístico, comedias de costumbres, humor negro, etc.)

5. ¿Eres aficionado a los «comics»? En el panorama internacional, ¿cuáles son los mejores según tú? (Asterix, Mafalda, Forges, Tintín...)
   ¿Podrías enumerar sus características?

6. «El modo cómo ríe un pueblo es el mejor índice de su cultura.»
   ¿Qué quiere decir? ¿Puedes darnos un ejemplo?

7. En grupitos, elaborad un cuestionario tipo «test», para averiguar si vuestros compañeros/as tienen sentido del humor.

   ¡Que lo paséis bien!

Ah... y antes, un chiste

— ¿Qué es peor que encontrar un gusanito en una manzana?
— ...¿?...
— Encontrarse medio gusanito.

(Ja, ja, ja... obligatorio.)

UNIDAD 14

El amor. La pareja

EL SUBJUNTIVO VI. Finales, condicionales

RECUERDA

Finales: **Se construyen siempre con subjuntivo.**

- para que
- con el objeto de que
- con miras a que
- a fin de que
- con tal de que
- no sea que
- que
- porque
- a que
- de modo/manera/forma que

Especifiquemos:

- **No sea que + subjuntivo**
  a) Para que no: *Deja a la perra encerrada* ***no sea que*** *mi tía se asuste /para que no se asuste.*
  b) Por si acaso: *Me llevo el chubasquero* ***no sea que*** *llueva / por si acaso llueve.*

  Observa que el significado de *por si acaso* se mantiene en ambos casos.

- **A que + subjuntivo**
  Acompaña a verbos de movimiento y siempre se puede sustituir por *para que.*
  Ejemplos: *Hemos venido* ***a que / para que*** *nos prestes tu escalera.*
  Voy a salir ***a que / para que*** *me dé un poco el aire.*

- **De modo / manera / forma que**
  a) Subjuntivo: final / modal
  Ejemplo: *Explicó el problema* ***de modo que*** *todos lo entendieran.*
  b) Indicativo: consecuencia
  Ejemplo: *Esta cinta ya la tengo* ***de modo que*** *no la grabo.*

Condicionales: **Se construyen siempre con subjuntivo.**

- en caso de que
- como
- con tal de que
- a condición de que
- a no ser que
- a menos que
- salvo que
- porque
- (sólo) con que
- siempre que
- siempre y cuando
- a poco que
- mientras

Especifiquemos

- **Como**

a) **Condicional + subjuntivo**
Ejemplos: ***Como*** *no* ***apruebes****, me pondré muy triste.*
Como tuviera *miedo, no haría nada.*
Como *no* ***sea*** *en esta casa entonces no sé dónde es.*

b) **Causal + indicativo**
Ejemplos: ***Como*** *no* ***has aprobado****, tienes que estudiar durante el verano.*
Como *no* ***me siento*** *bien, me quedo en casita.*

c) **Modal: + indicativo**
+ subjuntivo
Ejemplos: *Decoraré la casa* ***como*** *a mí* ***me gusta****.*
Pórtate con ellos ***como*** *te* ***dicte*** *tu conciencia.*

- **Con tal de que**

a) **Final + subjuntivo**
Ejemplo: *Haré cualquier cosa* ***con tal de que seas*** *feliz.*

b) **Condicional + subjuntivo**
Ejemplo: *Te dejo el coche* ***con tal de que seas*** *prudente.*

Observa que el sentido condicional permanece en ambos casos.

- **Siempre que**

a) **Condicional + subjuntivo**
Ejemplo: *Vete donde quieras* ***siempre que / a condición de que*** *no* ***se entere*** *la policía.*

b) **Temporal + indicativo**
+ subjuntivo
Ejemplos: *Voy de vacaciones* ***siempre que / cada vez que tengo*** *tiempo.*
Siempre que puedas *haz un poco de ejercicio.*

- **Mientras**

a) **Condicional + subjuntivo**
Ejemplo: *Te tratarán como a un rey* ***mientras / a condición de que*** *puedas pagarlo.*

b) **Temporal + indicativo**
+ subjuntivo

Ejemplos: ***Mientras estoy*** *en casa me siento como un rey.*
Pela patatas ***mientras pico*** *la cebolla.*
Hablaremos español ***mientras estemos*** *en clase.*

- **A menos que**

Ejemplo: *Haz lo que te han dicho* ***a menos que sea*** *peligroso.*
Pero *menos que* = pero no + indicativo / subjuntivo
Ejemplos: *Me lo han contado todo* ***menos que habían llegado*** *tarde a casa.*
Todo me parece bien ***menos que llegues*** *tarde a casa.*

Observa: el cambio de modo depende del verbo principal.

Otras construcciones condicionales

- **De + infinitivo, + frase principal**
Ejemplos: ***De haberte odiado,*** *te habría abandonado.*
De no ser tan caro, *me lo compraría.*

- **A ser posible, + frase principal**
Ejemplo: ***A ser posible,*** *termínalo ahora mismo.*

- **A decir verdad, + frase principal**
Ejemplo: ***A decir verdad,*** *no me gusta gran cosa el caviar.*

- **Gerundio + frase principal**
Ejemplo: ***Portándote*** *así, no llegarás lejos.*

- **Participio + frase principal**
Ejemplos: ***Visto*** *así, parece otra cosa.*
Bien mirado, *no es tan desagradable.*

- **Imperativo + y + futuro**
Ejemplos: ***Insúltale y te romperá*** *la cara.*
Cómetelo y te dolerán *las muelas.*

- **Que + imperfecto / pluscuamperfecto de subjuntivo + frase principal**
Ejemplos: ***Que tuviera*** *yo veinte años, ya verían esos jovencitos.*
Que lo pillara yo, se iba a enterar.

Observa el valor de deseo que tiene también esta construcción.

- **Que + indicativo + frase principal, que + indicativo + frase principal**
Ejemplo: ***Que te gusta,*** *bien* ***que no te gusta***, *me da lo mismo.*

- **Prótasis elíptica**
  Ejemplos: ***Yo que tú***, *no lo haría.*
  Ellos en tu lugar, *habrían reaccionado de otro modo.*
  Una reina *no se sentiría mejor que yo.*
  Para coches buenos, *los suecos.*

EJERCICIOS

a) **Transforma el infinitivo en el tiempo y modo adecuados:**

1. Lo trasladaban de un lado para otro de modo que *(cambiar)* ________ de panorama pero él seguía sin hablar, aunque nos *(mirar)* ________ agradecido.
2. Cuando decidió inspeccionar nuestra casa rogué para que no *(entrar)* ________ en la cocina, que *(irse)* ________ sin verla.
3. Los presos no tenían posibilidades de escapar, a menos que *(conseguir)* ________ abrir las puertas de hierro.
4. El tiempo se estiró, se enroscó sobre sí mismo y alcanzó para que aquellos seres *(conjurar)* ________ sus pesadillas y *(volver)* ________ a cantar.
5. Siempre que *(leer)* ________ ese libro, podremos comentarlo juntos.
6. Como no *(dejar)* ________ de comer dulces, te vas a poner como una foca.
7. Aprovecha las rebajas, que todo *(estar)* ________ más barato.
8. Siempre que *(ponerte)* ________ así, *(darme)* ________ miedo.
9. Deja de hablar mal de todo el mundo no sea que *(tener)* ________ que arrepentirte.
10. No diría nada, me callaría con tal de que aquellos asquerosos *(quedarse)* ________ con la duda.
11. Le sostuvo la cabeza de forma que *(poder)*________ beber y no se le *(caer)* ________ el agua, que *(haber)* ________ poca.
12. Cerró aquella puerta con llave porque nadie *(descubrir)* ________ sus secretos.
13. Hablaré con el teniente a fin de que *(tratarte)* ________ con más consideración, ya que *(ser)* ________ familia suya.
14. Con que tú *(ocuparte)* ________ de vigilar a mi hijo, yo te ayudaré en todo lo que *(necesitar)* ________ .
15. Esto te pasa por confiar en extraños, en caso de que no *(hacerlo)* ________ , no *(estar)* ________ ahora sufriendo las consecuencias.

16. Fue a solicitar trabajo pero comprendió que, salvo que *(estar)* ________ dispuesta a bailar desnuda, sólo *(conseguir)* ________ trabajar como sirvienta.

17. No se atreven a salir con ellos no sea que los *(considerar)* ________ subversivos.

18. Yo confiaré en ustedes siempre y cuando ustedes *(confiar)* ________ en mí.

19. Llama al fontanero, que *(arreglar)* ________ de una vez esa tubería.

20. Me lo han explicado todo, menos que *(tener)* ________ que servir el café a los clientes y eso sí que no lo hago, a menos que *(pagármelo)* ________ también.

b) **Sustituye la frase con *si* por otra, usando una conjunción condicional diferente.**

1. *Si me hubieras pedido* consejo, te habrías ahorrado un buen piquito.
2. Nuestras rebajas son únicas, *si no está satisfecho* con su compra, le devolvemos su dinero.
3. *Si le insultas,* te pegará una bofetada que te dejará sin dientes.
4. Pensaba tomarme unas vacaciones en las últimas semanas del verano *si las cosas habían ido bien.*
5. *Si quedan* unas patatas, un poco de aceite y pimentón, puedo preparar un plato buenísimo, de pobres, pero muy bueno.
6. Toda la familia les dio dinero para su orquesta *si así nos dejaban* en paz.
7. Conseguiré terminarlo a tiempo *si no me molestan.*
8. *Si te esfuerzas un poco,* remontarás esas notas tan bajas.
9. No abras la boca *si no te preguntan.*
10. *Si no cambias de actitud,* te quedarás más solo que la una.
11. *Si me dejaran* a mí gobernar, yo les enseñaría a esos lo que es bueno.
12. *Si lo miras* de ese modo, no parece tan grave.

c) **Completa las frases con otras que les den sentido.**

1. ________ , sería capaz incluso de traicionar.
2. Que digan lo que quieran de mí, ________ .
3. No dejes las colillas en el cenicero, ________ .
4. ________ , convocó sólo a unos pocos de toda confianza.
5. ________ , ese tipo de cosas no me preocupa.
6. ________ habrá una discusión como pocas veces.
7. ________ no demostrarás que tienes razón.
8. Estos pantalones están pasados de moda, ________ .

9. No les digas dónde están las trampas ________.

10. No compres pasteles ________.

d) **Completa el texto, transformando los verbos entre paréntesis en el tiempo y modo adecuados:**

No *(haber)* ________ razón alguna para que Carlos *(enfadarse)* ________ con ella, ninguna razón para que *(mostrarse)* ________ celoso y ofendido, y mucho menos para que *(sentirse)* ________ desdichado. Esto sería lo peor, *(repetirse)* ________ Sara una y otra vez desde el momento en que el «otro», Diego, ese muchacho reservado, melancólico, la *(despedir)* ________ en el aeropuerto, besándola en el último instante, con una furia en él inesperada, abrazándola fuerte, en un gesto que *(tener)* ________ algo de desolado, el abrazo de un niño al que abandona su mamá, Dios sabe por cuánto tiempo, acaso para siempre «no puedo prometerte nada», *(puntualizar)* ________ Sara, precavida, «no puedo asegurarte siquiera que *(volver)* ________ a vernos» y luego, tan sin motivo a la defensiva, «yo no te debo nada», y él, sarcástico, de pronto agresivo, «claro que no me debes nada, no hace falta que *(decirlo)* ________ ». No *(haber)* ________ , ante todo, razón alguna para que ella, Sara *(sentirse)* ________ culpable ante Carlos (como tampoco *(sentirse)* ________ culpable ante ese chico, no *(entender)* ________ por qué no *(ir)* ________ a seguir siendo felices los tres, ni *(entender)* ________ por qué *(ir)* ________ a tener que sufrir alguien), nada que *(tener)* ________ la fuerza suficiente para obligarla a simular, a ocultar, a mentir, odiando Sara desde siempre, la simulación, la mentira. También con Carlos (con él más que con nadie) *(quedar)* ________ muy clara la situación años atrás, el día que *(conocerse)* ________ (y ella, Sara *(actuar)* ________ arrastrada por ese peligroso arrebato de locura, esa pasión que rompe, incontrolada, las barreras y rompe con todo y lo atropella todo y lo arrasa todo, que pone el universo entero patas arriba, que nos impulsa a reaccionar y a actuar y pensar y sentir como si *(ser)* ________ extraños a nosotros mismos —lo que en uno *(quedar)* ________ de sano y de sensato, anonadado e impotente ante la magnitud del estropicio— esa fiebre maligna que *(llamarse)* ________ amor y que *(hacernos)* ________ a un tiempo tan injustos, tan malvados, tan inocentes, tan egoístas, tan desprendidos, tan magnánimos, tan terribles), todo acordado entre ellos dos, *(repetirse)* ________ Sara en el avión que *(llevarla)* ________ de una ciudad a otra, de un amor a otro amor —*(decirse)* ________ con una sonrisa— y, sin embargo, al cumplimentar los trámites y recoger el equipaje en el aeropuerto desconocido y encontrarse con Carlos que *(esperarla)* ________ (curioso que *(ir)* ________ a buscarla precisamente hoy cuando no *(hacerlo)* ________ casi nunca en el curso de dos años), y que *(besarla)* ________ tam-

EXPLOTACIÓN DEL TEXTO
(Sugerencias)

1. ¿Por qué te sentirías desdichado?
2. Reservado, melancólico, desolado, precavido, sarcástico, agresivo, culpable, sincero, sensato, impotente, injusto, malvado, inocente, egoísta, desprendido, magnánimo, terrible, ansioso, vehemente.
   Construye sólo con esas características a un/a amigo/a.
   (Tienes que incluir virtudes y defectos.)
3. ¿Ante quién:
   - tienes reparos?
   - estás a la defensiva?
   - te consideras culpable?
   - te sientes incómodo/a?
   - te sientes anonadado/a?
   - estás titubeante?
   - te muestras ofendido/a?
   - simularías?
4. «El amor lo pone todo patas arriba». ¿Qué quiere decir? ¿Estás de acuerdo?

bién él con vehemencia inusitada. Como si *(llegar)* ________ Sara del otro extremo del mundo donde *(retenerla)* ________ prisionera contra su voluntad, como si *(pasar)* ________ tiempo y tiempo separados cuando, de hecho, sólo *(llevar)* ________ unos pocos días sin verse, los imprescindibles para que Carlos *(poder)* ________ terminar aquí el trabajo que le *(encargar)* ________ y *(estrecharla)* ________ también él en un apretado abrazo (cuando no *(tener)* ________ que temer él que Sara *(poder)* ________ como un sueño desvanecerse, como un perfume evaporarse), *(sentirse)* ________ la mujer incómoda y mal, *(presentir)* ________ que quizá contra toda lógica iba Carlos a sufrir y contra toda lógica iba ella a considerarse culpable. *(Intentar)* ________ decírselo en el coche pero *(encontrarse)* ________ a sí misma farfullando, titubeante: «*(hacer, yo)* ________ algo que no te va a gustar» con vocecilla de niñita que *(cometer)* ________ alguna fechoría, pero Carlos no *(entender)* ________ .

Esther Tusquets
«Las sutiles leyes de la simetría» en *Doce relatos de mujeres*

I. SITUACIÓN

La pareja. El amor...

Tu pareja te ha dicho que salía a dar una vuelta porque necesitaba despejarse. Tú trabajas por la tarde y tienes que salir. Antes de llegar a tu trabajo entras en un bar a tomar un café y... ¡encuentras a tu pareja sentada con alguien en una actitud ambigua!

— ¿Eres celoso/a? ¿Cómo reaccionas?

1. Piensas que es un encuentro casual con un/a viejo/a amigo/a.

2. Crees que la salida ha sido un pretexto para verse con esta persona.

   a) Te acercas normalmente y tomas café con ellos.

   b) Te acercas furioso/a y les echas lo que están tomando por encima.

   c) Montas un escándalo.

   d) Te vas sin decir nada y montas el número en casa.

   e) Te vas, no dices nada y esperas que el otro te lo cuente.

   f) Otras...

Sentaos en parejas.

Con la mayor habilidad del mundo y usando todas vuestras dotes persuasivas, convenced a vuestro/a compañero/a de que:

- se vaya a jugar una partida/un partido.
- se vaya a la peluquería.
- se vaya a dar una vuelta.
- se ponga a régimen.
- tú necesitas irte un fin de semana solo/a.
- venda su coche y no compre otro.
- ... y de lo que a ti se te ocurra.

II. LEE

LA SOLEDAD SONORA

A

La pareja

El hombre está previsto para vivir en sociedad y para aparearse. «No es bueno que esté solo», dice al principio el *Génesis*. Y luchará con todas sus fuerzas por no estarlo. La Naturaleza le suministra un instrumento que será más o menos rústico según sea utilizado de una forma más o menos personal y concreta: el amor. A nadie se le obliga a la heroicidad. Quedémonos con el amor de la pareja (en ella está muy claro: es un deseo de unión, el más inmediato antídoto contra la soledad, el águila bicéfala), y pongámonos en el mejor de los casos: una pareja que haya atravesado, a un tiempo y de la mano, todas las antecámaras: la del amor-impulso, vivido como una atracción física; la del amor-sentimiento, vivido como una atracción y una posterior adhesión de caracteres; la del amor-decisión, desarrollado como una convivencia.

No es fácil, por supuesto, llegar hasta tal fondo de la casa, a tal cuarto de estar. Porque, al principio, el amor es un suave pensamiento. Alguien pasa y decimos: «Qué hermoso el mundo con esta luz enfrente, con esta luz iluminando el cielo». Es un primer peldaño balbuceante. Al amor todos estamos convocados, y capaces de ser amados somos todos. Es el sujeto-objeto lo que cambia. No hay amores fatídicos, o en muy escaso número. No hay una media naranja buscando la otra media: naranjas de la China. Romeo empieza la tragedia llorando por una amada desdeñosa; Julieta, casi comprometida con

Paris. Si no se hubiesen encontrado —lo cual habría sido mucho más natural—, quizá Rosalina hubiese correspondido al muchacho, y la muchacha, al conde. Quizá habrían disfrutado de unas vidas largamente felices, si es asequible la felicidad, y si la intensidad y la extensión son compatibles. Hoy, si se cuentan historias de Romeos y Julietas, es precisamente por su excepcionalidad. No hay que hacerse ilusiones: en general, las Julietas y los Romeos son intercambiables.

El segundo peldaño es el enamoramiento: al gustar sigue el querer; al *caer* en amor, el *estar* en amor; el flechazo, la voluntad de abrirse en una herida jubilosa; a la ceguera, el iniciar a tientas el recíproco camino de la aproximación; a la pasión —con lo que tiene de inacción y de padecimiento—, una conciencia activa, una afirmación y, en definitiva, una elección.

En el tercer peldaño al querer sigue el amar en estricto sentido: el *yo te amo,* con esos dos pronombres personales por delante. Ahora se trata de un proyecto común: algo severo a la vez que gozoso; ingresar en la cámara nupcial. No en una cama episódica y aventurera, sino en un lugar donde el connubio lleva aparejado el convivio, donde el sentimiento se complica y se implica en la convivencia. Y donde hacer el amor no se confunde con hacer los gestos del amor, sino que consiste en una ardua labor: ayudar a otra persona —la más próxima— a cumplirse, y que tal ayuda nos ayude a cumplirnos. O sea, una labor —la de hacer el amor como arquitectos— que no se acaba nunca. Una batalla reanudada cada día, sin treguas ni victorias —sin derrotas también—, en la que el contrincante es a veces el otro y a veces uno mismo, y en la que los extraños disfraces de las almas nos harán encontrarnos frente a frente, de pronto, con un desconocido proteico e inasible.

Ya está en apariencia la pareja retirada, envuelta en sus abrazos, absorta en sí. ¿Se ha resuelto ya todo? ¿Se ha ganado la gran guerra de la soledad y de la compañía? «Serán dos» —continúa el *Génesis*— «en una misma carne.» En una misma carne, en efecto, seguirán siendo dos. Empieza la tarea de quitarse a puñados la soledad de encima. La soledad injerta en el amor, que es la peor de todas. Porque, cuando la soledad se siente a solas, siempre nos queda la esperanza; pero, cuando se siente junto al preferido, sólo nos queda la desesperación. Y el amargor de boca que nos proporciona la certeza

EXPLOTACIÓN DEL TEXTO
(Sugerencias)

2. El hombre está previsto para (...) **aparearse**. ¿Es lo mismo aparearse que *aparejar* y *emparejar*? ¿Y *pareja* y *parejo*? ¿Y *apareamiento* y *aparejo*? Si hablas de una camada de cachorros todos *parejos:* ¿quiere decir que van de dos en dos? Y si te dicen que tu amabilidad *corre pareja* con tu inteligencia ¿te sientes halagado/a?

5. La naturaleza **suministra** el amor.
proveer
proporcionar
abastecer
servir
{ podrían ser sinónimos de suministrar
¿Cuál elegirías en este caso?
Haz una frase para cada verbo que destaque su diferencia con los demás.

29. **La media naranja**. La costilla. Son términos para referirse a la mujer con respecto al marido. Pero si decimos:
— ¿Darle explicaciones de lo que he hecho yo?
— ¡Naranjas!
o
— No te preocupes, que mañana nos sale un mecenas...
— Sí, hombre, ¡naranjas de la China!
¿Qué expresamos?

31. Una amada **desdeñosa**. ¿Qué actitud tiene una persona desdeñosa? ¿Es lo mismo que una persona / cosa *desdeñable*?

46. Una herida **jubilosa**. ¿No es inapropiado el adjetivo para ese sustantivo? ¿Qué pretende Gala? ¿Puedes decirnos la diferencia entre *júbilo, jubileo, jubilación*?

57. **Un lugar donde el connubio lleva aparejado el convivio.** Esta frase culta la explica Gala después. Pero ¿no puedes tú explicarnos por qué el sentimiento se complica y se implica en la convivencia?

66. De nuevo el vocabulario de la guerra aplicado al amor. Bueno... pues ¡recordemos más palabras relacionadas con la guerra!

79. La soledad **injerta** en el amor. Ahora el vocabulario de las plantas. ¿Qué es injertar? ¿Puedes establecer las diferencias entre: *injertar, implantar, incrustar, insertar* e *intercalar*?
Dinos algunos trabajos sencillos de jardinería que podamos también practicar con nuestras macetas.

91. ¿Puedes explicarnos cómo actúa el pasado de la pareja? ¿Cuáles son los problemas que pueden aparecer?

109. ¿Recuerdas la diferencia entre **infligir** e *infringir*?
Latigazos son golpes dados con el látigo. ¿Recuerdas otros objetos que sirvan para pegar? Y a

de que otra vez nada tendrá remedio. Por eso hay que luchar para que la sombría visitante no interponga su frío *ménage à trois.*

En la cámara nupcial cada pareja introduce a cuestas su pasado y futuro. El futuro es susceptible de compartirse, pero el pasado no. Y hay que abrazarse al otro por completo, sin dejar intersticios por donde se filtre nada ajeno a nosotros, nada que nos sea ajeno. Y allí comparece su infancia, su vacilante adolescencia —que nos esperaba quizá, pero a la que no tuvimos acceso—, los padres prepotentes, las madres descuidadas, los Edipos y Electras, los hermanos hostiles, los momentos acaso ni acusados por el que los sufrió, los gloriosos olores de algún día brillante, los cubos de basura que cualquier mente procura esconder y olvidar. Allí aparece la soledad de antes —multiplicada ahora porque el amor tuvo que desterrarla, pero no la destierra—, y hay que ocultársela al amado para que no nos sienta solos sobre su cuerpo, solos sobre la almohada común... (Conozco un viejo matrimonio normal y respetable. Comen juntos los dos, duermen juntos, viven juntos. Y no se hablan jamás. No porque se hayan infligido latigazos feroces, ni siquiera porque estén enfadados: sencillamente porque no tienen en absoluto nada que decirse. La soledad se abrió como un abismo, entre ellos.) Cuando se intenta comprender al verdadero cónyuge —que no es el que aparece—, cuando se avanza hacia él sin conocernos a nosotros mismos del todo, o disfrazándonos (queriendo en ocasiones, y en ocasiones, no), cuando se anhela ser auténtico y tropezar con el otro ser auténtico (que también se oculta queriendo en ocasiones, y en ocasiones, no), la pareja llega a la consecuencia de que no hay dos ya allí, sino una multitud que no sólo no elimina la soledad, sino que la eleva a una potencia altísima.

Entonces se echa mano de dos armas que tienen doble filo y pueden ser amigas o enemigas: el sexo (que enmascara o aplaza si se acaba en sí mismo) y los hijos (que separan o unen, según se les reciba y se les tenga, y que al irse dejan cuartos vacíos por donde, tendidas las manos, se asediará de nuevo la pareja, recaída en el silencio y en el juego terrible que la casa ruidosa le había evitado). Tales armas confusas sólo bien empleadas combaten la soledad inmanente. A diferencia de ellas, hay siempre un auténtico adversario que colabora con la soledad: el ideal previo al amor, con el que, como en un lecho de Procustes, obligamos a coincidir la estatura y las facciones de la realidad, deformándola y maltratándola. Pero, también a diferencia de ellas, hay un auténtico aliado de la pareja: el propósito de comprensión y de tolerancia *a pesar de todo;* el propósito de búsqueda incansable, de generoso desenmascaramiento, de ser otro y el mismo, de perdonar y de reanudar, de confiar y de confiarse: en suma, el recurso de propósito de pegar, dinos en cuántos contextos diferentes lo usarías.

- Si te dicen que algo *es de pega* ¿crees que sirve para pegar, que es falso o que está pegajoso? ¿Cómo te sientes, cómo reaccionas si *te ponen pegas*?
- Si algo *no pega ni con cola* ¿protestas porque se te había roto y no puedes arreglarlo o porque algo no encaja, no combina bien?
- Si *estás pegado* ¿es que sabes poco o que no puedes salir de paseo?

125. Y ahora las armas. ¿Recuerdas nombres de armas? No te olvides que se dividen en *blancas* y *de fuego*.
Filo, afilar; agudo, aguzar, embotado, ¿cómo relacionas estas palabras con las armas? ¿Y en otros contextos?

- Explícanos el sentido de las siguientes frases:
Se armó la de Dios.
Hay que ver lo que armas por una tontería.
Deja de armar, que me molesta el ruido.

131. La pareja **se asedia**. ¿De nuevo la guerra? ¿Has sufrido alguna vez algún tipo de asedio? ¿Es lo mismo que *sitiar*?

amparo y de abandono. No conozco a ninguna pareja que lo haya conseguido. Pero conozco muchas que lo ensayan. Y es eso lo que vale. Porque el milagro de la compañía —lo mismo que el amor— no concluirá de hacerse hasta que la propia vida concluya. 150

Antonio Gala
(Del libro *La soledad sonora)*

Ya has leído el artículo.

- **Haz un resumen del mismo en cien o ciento cincuenta palabras.**
- **Imaginad que sois:**
  - **Los Pérez, que llevan viviendo felizmente juntos veinte años.**
  - **Los Gómez, que llevan juntos diez años pero no se aguantan.**

B Infidelidad conyugal

Como consecuencia de una emisión televisiva en la que se trató el tema de la infidelidad conyugal, Irene G. D. nos dice: «Todavía en España se sigue disculpando al marido cuando echa una cana al aire, o más y en cambio a la mujer se la somete a juicio más severo. ¿No es lógico que se dé el mismo tratamiento a los dos sexos? Afortunadamente, según la encuesta de TVE son mayoría los partidarios de perdonar en caso de infidelidad de él o ella».

En el párrafo transcrito queda expresado, espero, el contenido de su carta. Según esa encuesta la sociedad española se ha vuelto más permisiva. Sucede que como los españoles, según señalaba Cela, somos excesivos en todo, generalmente nos pasamos. Ocurre con esa costumbre de hace unos años en la que las parejas besábanse continuamente en la calle, costumbre que todavía no ha desaparecido. En mis viajes a París, por ejemplo, y no digamos a ciudades de provincias francesas, que pasan por ser las más libres en las costumbres, no vi una sola pareja besándose. Hoy cualquier sociólogo reconoce que los españoles ganamos a los franceses en libertad o libertinaje, según algunos. Al incremento de las cifras de infidelidad ha contribuido la emancipación económica de la mujer y una mayor tolerancia cuando se produce el caso. Aunque la procesión vaya por dentro, porque algunos no dejan de criticarlo, repudiándolo.

No se suele enjuiciar lo mismo el adulterio del hombre que el de la mujer porque sus efectos son muy diferentes y responden a condiciones psicológicas y fisiológicas distintas. Sería largo de explicar. Un hombre puede mantener relaciones carnales con una o veinte mujeres esporádicamente y seguir queriendo a la suya, que no sustituiría en sus sentimientos por otra. Si la mujer comete adulterio, éste conlleva, en general, una carga sentimental, es decir, el hombre extraño no la atrae sólo carnalmente, sino también sentimentalmente y por lo tanto hay

- **Ricardo y Ana, que van a casarse dentro de poco.**
- **Cristina y Marcos, que acaban de divorciarse.**

Estos personajes son invitados al programa de televisión «Derecho a discrepar» para hablar de la pareja.

En el mismo programa hay:

- **Un obispo católico.**
- **Un/a representante de un movimiento radical que está en contra del matrimonio.**
- **Algunas personas que han optado por no formar pareja y viven solas.**

Nos hace falta un/a moderador/a.

¡... Acción!

una ruptura real —o puede haberla— en las relaciones conyugales. De ahí que desde siempre se haya castigado con más dureza y reprobado con mayor énfasis el adulterio de la mujer. Ocurre también que el hombre es más promiscuo y sexualmente más versátil que la mujer, y como esto es temperamental e incluso fisiológico, aún siendo reprobable, el adulterio, como decimos, no es objeto del mismo tipo de críticas. También, en general, se da una mayor tolerancia de la mujer ante la infidelidad del marido que en el caso contrario.

Septimio
La Gaceta Regional

EXPLOTACIÓN DEL TEXTO
(Sugerencias)

- ¿Cuál es la actitud del autor de la columna «Infidelidad conyugal»?

Señala sus ideas a través de sus frases.

¿Estás de acuerdo con lo que dice?

AÑOS

El tiempo pasa,
nos vamos poniendo viejos,
el amor no lo reflejo
como ayer.

En cada conversación,
cada beso, cada abrazo
se impone siempre un pedazo
de razón.

Vamos viviendo
viendo las horas que van pasando,
las viejas discusiones
se van perdiendo
entre las razones.

Porque años atrás tomar tu mano
robarte un beso
sin forzar el momento
formaba parte de una verdad.

El tiempo pasa...
se impone siempre un pedazo de temor.

A todo dices que sí
a nada digo que no
para poder construir
esta tremenda armonía
que pone viejos los corazones.

Pablo Milanés

EXPLOTACIÓN DEL TEXTO
(Sugerencias)

¿Qué sentimientos se desprenden del texto de Pablo Milanés?
¿En qué palabras te basas para afirmarlo?

«A todo dices que sí, a nada digo que no.»
«Esta tremenda armonía que pone viejos los corazones.»

- ¿Crees que el «secreto» está en saber callarse algunas cosas?

- «Los que no discuten se aman más que los que se pelean.» ¿Estás de acuerdo? La sabiduría popular dice «Amores reñidos, amores queridos».
¿Entonces?

¿Qué se dicen?

D SOBRE HÉROES Y TUMBAS

«Se puede querer a alguien y de pronto desestimarlo y hasta detestarlo. Y si cuando lo desestimamos cometemos el error de decírselo, eso es una verdad, pero una verdad momentánea, que no será más verdad dentro de una hora o al otro día, o en otras circunstancias. Y en cambio el ser a quien se la decimos creerá que ésa es LA verdad, la verdad para siempre y desde siempre. Y se hundirá en la desesperación.

Pero ese sentimiento —no podía dejar de pensar Martín— era contradictorio en su misma esencia, ya que si él quería preservar la felicidad de aquella tarde era precisamente para la felicidad; lo que para él era la felicidad: o sea estar con ella y no al lado de ella. Más todavía, estar EN ella, metido en cada uno de sus intersticios, de sus células, de sus pasos, de sus sentimientos, de sus ideas; dentro de su piel, encima y dentro de su cuerpo, cerca de aquella carne ansiada y admirada, con ella dentro de ella: una comunión y no una simple silenciosa y melancólica cercanía. De modo que preservar la pureza de aquella tarde no hablando, no intentando entrar en ella, era fácil, pero tan absurdo y tan inútil como no tener ninguna tarde en absoluto, tan fácil y tan insensato como mantener la pureza de un agua cristalina con la condición de que uno, que está muerto de sed, no la ha de beber.»

Ernesto Sábato
Sobre héroes y tumbas

EXPLOTACIÓN DEL TEXTO
(Sugerencias)

- El autor habla de «comunión» y no de «simple y silenciosa cercanía».

  ¿Cuál es el precio que hay que pagar en ambos casos?
  ¿Y las ventajas?

Imagina cuál es la relación que existe entre ellos.

El amor es:

- una fiebre maligna;
- un arrebato de locura;
- una pasión incontrolada;
- es ¿más? es ¿menos? ¿es otra cosa?

III. COMENTA

1. Observa a tu alrededor, a las parejas que conoces. Llevan muchos años viviendo juntos.

- ¿Cómo las ves?
- ¿Qué te inspiran?
- ¿Qué valor tiene envejecer juntos?

2. Cuéntanos la historia de estas dos parejas. ¿Qué emana de ellas? ¿Cómo han vivido?

IV. Y TÚ ¿QUÉ OPINAS?

SOLITARIO DE AMOR

La subjetividad me ha dejado sin espacio, sin tiempo, sin contemporáneos, sin testigos, sin señas de identidad. No puedo compartir mi tiempo, que es el presente eterno de la obsesión; no puedo compartir el espacio, ya que mi espacio es Aída y todo lo demás ha desaparecido. No tengo nada que sirva a los demás hombres: no puedo ofrecer favores (todos mis favores están dedicados a Aída), ni conversación agradable: sólo pueden hablar del mundo aquellos que no aman. No puedo ofrecer favores sociales (ya que el amor no es gregario: es para dejar de amar —o para huir del amor— que el hombre se vuelve social), ni alegres frivolidades (el amor es tan grave como la muerte y sólo se parece a la agonía: la misma conciencia, la misma intensidad, el mismo dolor mezclado al placer, la misma vivencia del instante como único, irrepetible, efímero y hondo). Soy un hombre sin posesiones, sin pertenencias, denso, en cambio, de subjetividad. Y ésta, ocupada completamente por Aída, es incompartible: empieza y acaba en ella.

—El amor hace estallar los hábitos —le dijo a Raúl.

En efecto, soy un hombre sin costumbres, sin horarios, sin orden, sin pilares de realidad que le sirvan para apoyarse. No recuerdo qué he hecho ayer, ni sé qué haré luego: extrañado de todos y de todo, los actos, los reflejos, las certidumbres han volado, se han dispersado, han desaparecido hacia un pasado del cual no guardo memoria. No me encuentro en el que fui antes de Aída (si alguna vez existió), y me siento incapaz de concebir una mínima rutina para reconocerme mañana. Soy un tipo sin memoria, un hombre sin raíz, sin hábitos, y lo que es peor: soy un niño sin madre que le enseñe a comer, a vestirse, a hablar, a relacionarse con los demás.

Para amar a Aída, desaprendí el mundo, olvidé la cultura.

(...)

Separado de los demás hombres por mi diferencia irreconciliable (soy uno que ama, que está enamorado, es decir alguien improductivo, insociable, salvaje), observo los hábitos de los otros como si fueran pequeños aprendizajes que debo realizar, pero cuya ejecución me resulta sumamente dificultosa.

Cristina Peri-Rossi
Solitario de amor

- **¿Qué clase de amor es éste del que habla la autora?**
- **¿Estás de acuerdo con que el que ama es un ser improductivo, asocial?**
- **¿No circula por ahí otra opinión que dice que el amor lo reconcilia a uno con el mundo?**
  «El hombre, cuando ama, es un sol que todo lo ve y todo lo transfigura.» Esto lo dice Ana M.ª Moix. ¿Cómo se compaginan estas dos opiniones?
- **Los que aman de verdad tienen que estar siempre solos porque «el amor no es gregario», ¿verdad?**
- **¿Por qué en las dictaduras, del color que sean, se enaltece sólo el amor a la patria, a la familia y al trabajo? ¿Tiene esto algo que ver con lo que dice Peri-Rossi?**
- **Después de leer todos estos textos, ¿qué conclusiones sacas?**

UNIDAD 15

La televisión

EL SUBJUNTIVO VII. Causales y consecutivas

RECUERDA

A. **Conjunciones causales**

1. **Como; que; pues; ya que: dado (que); puesto que; gracias a (que); de tanto (como); comoquiera que; es que; a fuerza de + infinitivo.**
   Se construyen con **indicativo**.

2. **Porque.** Se construye con **indicativo** en forma **afirmativa**; con **subjuntivo** en forma **negativa**.

   Ejemplos: ***Como*** *hace tan bueno, voy a dar una vuelta.*
   De tanto como *lo he usado /* ***de tanto*** *usarlo, está estropeadísimo.*
   Tienes que esforzarte más, ***pues*** *no es fácil.*
   Lo he hecho así ***porque*** *me pareció mejor,* ***no porque*** *nadie me* ***aconsejara****.*

B. **Observa**

1. **Porque** puede tener otros valores:

   a) **Final =** para que
   Ejemplo: *Se ha marchado* ***porque pudieras*** *trabajar en paz.*

   b) **Concesivo =** aunque
   Ejemplo: ***Porque*** *tú no* ***trabajes****, los demás no vamos a estarnos de brazos cruzados.*

   c) **Condicional** = si
   Ejemplo: *Me casaré con él* ***porque*** *lo* ***quiera****, no porque me obliguen.*

2. **Como** también puede tener otros valores:

a) **Modal**
- Se construye con **indicativo** si el modo es **conocido**.
- Se construye con **subjuntivo** si el modo es **desconocido**.

Ejemplos: *Hazlo* ***como te han ordenado****.*
Hazlo *como quieras.*

b) (Ya hemos visto sus otros valores: *condicional y causal.)*

C. Conjunciones consecutivas

1. Con **indicativo**: luego; pues; conque; así (es) que; en consecuencia; por (lo) tanto; por consiguiente; de modo / manera que; cuando; si; tánto que; tanto + sustantivo + que; tan + + adjetivo / adverbio + que; de un + sustantivo / adjetivo sustantivado + que; tal + sustantivo + que

2. Con **subjuntivo**: de ahí que; no tan / tanto (...) como para que; no tan / tanto (...) que.

Ejemplos:

Indicativo
- *No estoy de humor,* ***conque déjame*** *en paz.*
- *Ya nos hemos puesto de acuerdo* ***de modo que podemos*** *pasar a otra cosa.*
- *Es* ***de un aburrido que*** *nadie lo* ***aguanta****.*
- *Dice* ***tales tonterías que es*** *mejor no escuchar.*

Subjuntivo
- *No me has avisado,* ***de ahí que*** *no* ***tuviera*** *nada preparado.*
- *No hemos gritado* ***tanto como para que venga*** *la policía.*
- *No es* ***tan difícil que vayáis*** *a suspender.*

Repasa los usos de **si**: Unidad 14.

D. Valores de cuando

1. **Concesivo =** aunque, a pesar de que.
+ indicativo

Ejemplos: *Me recibió como si no me conociera,* ***cuando****, en realidad,* ***habíamos sido*** *vecinos durante años.*
Mira la nota que me han dado ***cuando*** *yo* ***he estudiado*** *como una loca.*
Te equivocaste completamente ***cuando*** *todos* ***te advertían*** *que tuvieras cuidado.*

Observemos que este valor sólo se da refiriéndonos a hechos conocidos o experimentados. Cuando hablamos del futuro o de hechos no experimentados, **cuando** vuelve a su valor temporal.

2. **Causal =** puesto que.
+ indicativo

Ejemplos: *Algo le habrás hecho* ***cuando te ha castigado****.*
No le caerías bien ***cuando no te hizo caso.***
Todos debían de respetarlo mucho ***cuando*** *lo* ***admitieron*** *en su círculo.*

Observemos que para que el valor concesivo y causal de **cuando** aparezcan tiene que existir una dependencia lógica entre la realización de una frase y la realización de la otra. Y las dudas desaparecerán si la frase está en subjuntivo.

Para completar todo lo dicho sobre **cuando**, hay que decir que una misma frase puede, según los contextos, presentar varios de los valores ya estudiados.

Ejemplos: *No puedo estudiar* ***cuando*** *me interrumpen continuamente.* (temporal)

No puedo estudiar ***si*** *me interrumpen continuamente.* (condicional)

No puedo estudiar ***puesto que*** *me interrumpen continuamente.* (causal)

Me regaló un ramo de rosas ***cuando*** *no era mi cumpleaños.* (temporal)

Me regaló un ramo de rosas ***aunque*** *no era mi cumpleaños.* (a pesar de que)

EJERCICIOS

a) **Transforma el infinitivo en el tiempo y modo adecuados y explica cuándo dirías estas frases. Inventa un diálogo usando al menos seis.**

1. Cuando no *(llamar)* __________, por algo será.
2. He empezado muy tarde, de ahí que no lo *(tener)* __________ todo terminado.
3. No has venido a la hora, de modo que *(empezar)* __________ sin ti.
4. Si ya lo *(saber)* __________ ¿por qué *(dejarme)* __________ explicártelo hasta el final?
5. No es tan difícil que no *(poder)* __________ hacerlo como *(hacerlo)* __________ los demás.
6. Gracias a que *(avisarme)* __________ a tiempo de lo que *(estar)* __________ preparándome, pude reaccionar convenientemente.
7. De tanto como *(repetírmelo)* __________ ya me lo sé de memoria.
8. No es que *(ser)* __________ tarde para que *(contármelo)* __________ es que ahora ya no me *(interesar)* __________.
9. Nuestra madre no se atrevía a contarnos sus planes no porque *(temer)* __________ nuestra reacción sino porque no *(fiarse)* __________ de sí misma.
10. Nosotros no aplaudíamos incondicionalmente, no sólo porque *(ser)* __________ críticos objetivos, sino porque, además, lo *(hacer)* __________ rematadamente mal.

11. Si Federico *(decir)* ________ que su novia *(ser)* ________ impresionante, es que lo *(ser)* ________.

12. Había dejado pendientes tantos asuntos que *(resultar)* ________ imposible ponerse al día en tan poco tiempo.

13. La gente que la rodeaba era superficial, de ahí que, después de un intento de acercamiento, *(volver)* ________ a sus ocupaciones e intereses.

14. Como el día *(ponerse)* ________ tan feo, prefiero quedarme en casa.

15. Dado que *(equivocarnos)* ________ y las cosas *(llegar)* ________ tan lejos que no *(poder)* ________ dar marcha atrás, es mejor que lo *(dejar)* ________.

16. Tienes fiebre, conque *(meterte)* ________ en la cama.

17. Visto que mis sentimientos te *(importar)* ________ un rábano, no *(preguntarme)* ________ nada, ¿de acuerdo?

18. No te portas bien, por lo tanto no *(haber)* ________ vacaciones.

19. Has forzado tanto la situación que ya no *(tener)* ________ remedio.

20. Aprovecha para salir ahora, que *(hacer)* ________ sol.

21. No me han invitado personalmente, así es que no *(pensar)* ________ ir.

22. No tengo tanta fiebre como para que me *(poner)* ________ inyecciones.

23. Puesto que *(ser)* ________ tan listo, *(arreglártelas)* ________ tú solo.

24. Cuando no *(venir)* ________ a trabajar, *(pasarle)* ________ algo grave, seguro.

25. Me has ignorado en otros momentos conque ahora *(olvidarme)* ________.

b) **Coloca una conjunción consecutiva o causal diferente en las siguientes frases:**

1. Está hecho polvo ________ trabajar.
2. Lo aprenderás ________ machacar una y otra vez.
3. ________ has estado tanto tiempo fuera, todo te parece nuevo y extraño.
4. Lo ha explicado ________ veces ________ sólo es rutina para él.
5. ________ no hay nada que podamos hacer, vámonos.
6. ________ su gran habilidad, consiguió sus propósitos sin dificultad.
7. Déjame en paz ________ estoy muy ocupada.
8. Pedían demasiado, ________ no pudiéramos comprarla.

II. Y TÚ ¿QUÉ OPINAS?

Pretendíamos probar a los telespectadores que un programa cultural no tenía que ser obligatoriamente anestésico, esotérico o pedante, sino que podía ser divertido y al alcance de cualquiera, ya que «cultura» no era sinónimo de ciencia, literatura o cualquier otro conocimiento especializado, sino, más bien, una manera de acercarse a las cosas, un punto de vista susceptible de abordar todos los asuntos humanos. Nuestra intención era, en la hora semanal del programa —la que con frecuencia se alargaba a hora y media—; tocar dos o tres asuntos cada vez, lo más opuestos uno de otro, que mostraran al público que un programa cultural no estaba reñido, digamos, con el fútbol o el boxeo, ni con la música salsa o el humor, y que un reportaje político o un documental sobre las tribus de la Amazonia podía ser ameno a la vez que instructivo.

M. Vargas Llosa
El hablador

1. La televisión no puede competir con el cine.
   ¿Qué ofrece en su lugar?
   ¿Qué le falta?
   - ¿Qué opinas del cine en casa?
     El vídeo ¿es un sustituto del cine? (cuesta menos, se ve en familia) ¿es un sustituto de la televisión?
   - ¿Qué prefieres?: ¿irte a ver una película al cine (solo o con amigos) o ver la misma en casa? ¿Por qué?

2. Ver una película ¿te incita a leer el libro que la ha inspirado? y ¿al revés?
   - ¿Qué piensas de los guiones de las series televisivas generalmente de producción estadounidense? ¿Tienen algún tipo de moraleja?
     ¿Cómo influyen sobre el comportamiento de la gente?

3. La televisión es el medio de comunicación más «perfecto» en apariencia.
   Entonces, ¿dónde está el fallo?
   - ¿Existe una parte de la sociedad para la que la televisión puede ser una «salvación»? ¿Quiénes son? ¿Por qué?

- **¿Qué opinas de los habituales programas culturales que ofrece la televisión?**
- **Los ves: ¿siempre, a veces, nunca?**
- **¿Cuáles son los programas que más te gustan? ¿Por qué?**
- **¿Conoces otras televisiones que las de tu país / región?**
- **¿Cuáles te parecen mejores? ¿Por qué?**

UNIDAD 16

Personajes famosos

EL SUBJUNTIVO VIII. Expresiones de deseo, duda y otras

RECUERDA

A. Deseo

1. **Que + presente de subjuntivo**
   Ejemplos: *¡**Que te vaya bien**!*
   *¡**Que tengáis** mucha suerte!*

2. **Quién + imperfecto / pluscuamperfecto de subjuntivo**
   Ejemplos: *¡**Quién pudiera** volver a empezar!*
   *¡**Quién lo hubiera sabido** a tiempo!*

3. **Si + imperfecto / pluscuamperfecto de subjuntivo**
   Ejemplos: *¡**Si tuviera** ahora veinte años!*
   *¡**Si me hubieran dado** las mismas oportunidades!*

4. **Ojalá + todos los tiempos del subjuntivo**
   Ejemplos: *¡**Ojalá no aparezcan** por aquí!*
   *¡**Ojalá no haya comprado** ya este disco!* (Todavía no sé si lo ha comprado o no.)
   *¡**Ojalá estuviera** en tu lugar!* (El imperfecto de subjuntivo no expresa pasado, sino irrealidad.)
   *¡**Ojalá no le hubiera conocido**!* (Ya lo he conocido.)

5. **Ya + imperfecto / pluscuamperfecto de subjuntivo**
   Ejemplos: *¡**Ya fueran** míos esos terrenos!*
   *¡**Ya me lo hubieran ofrecido** a mí!*

6. **Así + todos los tiempos del subjuntivo**

Ejemplos: ***¡Así se caiga*** *por las escaleras y* ***se rompa*** *la cabeza!*
¡Así te murieras!

Se usa para expresar malos deseos.

COMPARA

A.1. **Así + subjuntivo = aunque**
Ejemplo: *No aceptará ese trato* ***así le regales*** *media España.*
2. **Así + subjuntivo = ojalá**
Ejemplo: ***¡Así te pudras!*** *A mí me es indiferente lo que te pase.*
3. **Así + indicativo = de este modo**
Ejemplo: ***¡Así hay*** *que comportarse!*

B.1. **Quién + indicativo = incredulidad**
Ejemplos: ***¡Quién lo iba*** *a suponer!*
¡Quién lo va *a creer, hombre!*
2. **Quién + subjuntivo = ojalá**
Ejemplo: ***¡Quién supiera*** *hacerlo!*

B. Duda, posibilidad

1. a) **Quizás, tal vez, acaso probablemente, posiblemente**
   + indicativo / subjuntivo — antepuestos al verbo
   + indicativo - postpuestos al verbo

   b) Ejemplos: ***Quizás*** *nadie le* ***ha explicado / haya explicado*** *la verdad.*
   Acaso tomaron / tomaran *esa decisión sin meditarlo bien.*
   Lo hará, quizá *por mi bien, pero no me gusta.*

2. **Puede (ser) que + subjuntivo**
Ejemplos: ***Puede (ser) que fuera*** *muy duro, pero a mí me ayudó.*
Puede (ser) que *hoy no* ***vaya*** *a verte.*

3. **A lo mejor, seguramente, sin duda, igual, lo mismo es que + indicativo**
Ejemplos: ***A lo mejor han venido****, pero no los he visto.*
Seguramente llamarán*, hay que estar atentos.*
Sin duda *mañana* ***tendremos*** *buen tiempo ¿no crees?*

4. **Por si (acaso) +** **indicativo** / **subjuntivo (imperfecto)**
Ejemplos: *Lleváte el paraguas* ***por si (acaso) no estoy en casa****.*
Lleváte el paraguas ***por si (acaso) lloviera****.*

5. **No sea que, no vaya a ser que, no fuera a ser que + subjuntivo**
Ejemplos: *Díselo tú* ***no sea que se entere*** *por otro lado.*
Deberías ponerte una bufanda, ***no vaya a ser que cojas*** *frío.*
Hice lo que me mandó ***no fuera a ser que tuviera*** *razón en el fondo.*

COMPARA

No vaya a ser que, etc. = por si (acaso)
Ejemplo: *Llama antes por teléfono* ***no vaya a ser que no haya*** *nadie.*

No vaya a ser que, etc. = para que no, advertencia.
Ejemplos: *No le cuentes eso* ***no vaya a ser que se enfade.***
Me portaré bien ***no vaya a ser que me castiguen.***

Cuando la construcción adquiere valor final, no pierde del todo su sentido de **por si acaso.**

C. Reduplicadas

1. **Verbo en subjuntivo + < El que, quien, cual, / como, cuando, cuanto, donde + verbo en subjuntivo**
   Ejemplos: ***Sea cuando sea, te escribiré.***
   Pasara lo que pasara, siempre estuvo a mi lado.

2. **Si + verbo en indicativo < + mismo verbo en imperativo / + que + mismo verbo en subjuntivo**
   Ejemplos: ***Si te enfadas, enfádate****, no me preocupa.*
   Si se va, que se vaya*, a mí me da igual.*
   (Si no lo hace), ***que no lo haga****, allá él.*

3. **Verbo en subjuntivo + o + verbo en subjuntivo**
   Ejemplos: ***Grites o patalees****, no saldrás esta noche.*
   Cantase o riese*, no lograba que se fijaran en ella.*

4. **Verbo en subjuntivo + o + no (mismo verbo en subjuntivo)**
   Ejemplos: ***Lo sepas o no*** *(****lo sepas****) ya, tendrás que estudiarlo otra vez.*
   Fuera o no *(****fuera****) importante, me lo entregó en el acto.*

D. Sorpresa

Que + subjuntivo

Ejemplos: *¡****Que sea*** *tan ingenuo! (Es increíble.)*
*¡****Que no haya venido*** *a verme!*

COMPARA:

Frases disyuntivas independientes + indicativo ambas
Ejemplo: ***O lo haces o me enfado****, conque ¡decide!*

Frase disyuntiva dependiente + subjuntivo
Ejemplo: ***Te calles o hables****, tienes que estar de acuerdo conmigo.*

SIEMPRE VAN SEGUIDAS DE IMPERFECTO / PLUSCUAMPERFECTO DE SUBJUNTIVO:

1. **Ni que**
   Ejemplos: *¡Qué aires te das! ¡**Ni que fueras** un rey!*
   *Vaya cara que tienes. ¡**Ni que te hubieran** ofendido!*

2. **Como si, igual que si**
   Ejemplos: *Es **como** si nunca **hubieras visto** algo así.*
   *Actúa **igual que si estuviera loco.***

TAMBIÉN SE CONSTRUYEN CON SUBJUNTIVO:

1. **Sin que**
   Ejemplo: *Lo he hecho **sin que me lo manden.***

2. ***Que yo recuerde**, esa chica nunca ha estado aquí.*

3. ***Que yo sepa**, no se puede entrar sin carnet.*

4. ***Que a mí me conste**, nadie ha pedido ese libro en los últimos meses.*

5. **El hecho de que, el que, que**

   a) **aunque**
   Ejemplos: ***El hecho de que te gustara**, no quería decir que te lo comieras todo.*
   ***El que a mí no me apetezca salir**, a ti no te impide dar una vuelta.*
   ***Que seas mayor** no presupone tu superioridad.*

   b) **porque** (o simple anteposición de la frase subordinada)
   Ejemplos: ***El hecho de que te lo diga**, demuestra mi buena intención.*
   ***El que estés aquí**, me tranquiliza.*
   ***Que no te fueras** anoche, fue una gran idea.*

La palabra **mientras** tiene varios usos:

1. **Temporal**
   Funciona como todas las temporales.
   a. *Oigo la radio **mientras me baño*** (habitual).
   b. *Veían la tele **mientras comían*** (pasado habitual).
   *Nunca te quejaste **mientras yo acepté** la situación* (pasado).
   c. *Me quedaré aquí **mientras tenga** dinero* (futuro desconocido).
   *Trabajaré aquí **mientras no encuentre** algo mejor.*
   d. *No hables **mientras él toca** el piano* (futuro inmediato, límite conocido).
   *Regaré las plantas **mientras tú te arreglas*** (futuro inmediato, límite conocido).

2. **Condicional**
   Ejemplo: *Te ayudaré **mientras tú me ayudes*** a mí (a condición de que).

3. **Adversativa,** mientras que
   Ejemplo: *Aquí trabajamos con muchos operarios **mientras que ellos lo hacen** con máquinas* (en cambio, sin embargo).

* A veces la misma frase admite dos soluciones:

Ejemplos: *Disfruta* ***mientras*** < ***eres*** *joven.* / ***seas*** *joven.*

Lo haré ***mientras*** < *tú* ***haces*** *otra cosa.* / *tú* ***hagas*** *otra cosa (no pierdas el tiempo).*

EJERCICIOS

a) **Transforma el infinitivo en el tiempo y modo adecuados; dinos en qué situación usarías esas frases.**

1. ¡Ojalá *(poder)* ________ comprarnos una casa en el campo!
2. ¡Así *(quedarse)* ________ en paro! Se lo tiene merecido por vago.
3. ¡Ojalá todavía *(estar)* ________ en casa cuando *(llegar, yo)* ________ !
4. Mira a esa pareja, ¡qué bien lo hace! ¡Así *(bailarse)* ________ el pasodoble, sí, señor!
5. Tenía yo guardados unos huesos que encontré en el campo. ¡Ojalá no *(tirarlos)* ________ mi madre cuando *(hacer)* ________ limpieza!
6. Dice que se va de vacaciones al Caribe, a Cuba creo. ¡Qué suerte! ¡Quién *(poder)* ________ ir también!
7. Después de todas las mentiras que me has dicho, ¡quién *(ir)* ________ a creerte!
8. A lo mejor todo les *(salir)* ________ bien y *(poder)* ________ pasar juntos el resto de su vida.
9. Estaba tratando de recuperar, *(ser)* ________ como *(ser)* ________ , los hilos que se le *(escapar)* ________ de las manos.
10. Siempre escucha las conversaciones de los mayores, *(reparar)* ________ o no *(reparar)* ________ en él.
11. Si me *(olvidar)* ________ que *(olvidarme)* ________ , yo haré lo mismo.
12. Que yo *(saber)* ________ , no se ha escrito ningún libro sobre este tema.
13. Que hasta ahora no *(darse)* ________ cuenta, ¡es increíble!
14. *(Hacer)* ________ lo que *(hacer)* ________ , te seguiré apoyando.
15. *(Llover)* ________ o *(nevar)* ________ , iba al campo todos los días.

16. ¡Quién *(poder)* ________ decir siempre lo que piensa!

17. Seguramente *(llegarte)* ________ el turno dentro de poco, así que no *(ser)* ________ impaciente.

18. ¡Cómo te han engañado! ¡Ni que *(ser)* ________ tonta!

19. Puede que *(querer)* ________ ayudarme, pero, en realidad lo estropeó todo.

20. O *(contármelo)* ________ de una vez o no *(preguntarme)* ________ más, ya está.

21. El hecho de que la perra *(aprender)* ________ a no comérselo todo, hace que *(entenderme)* ________ mejor con ella.

22. Y acaso después de ese último intento *(volver)* ________ los viejos tiempos.

23. También podía ser que aquella frase *(ser)* ________ una clave de la verdad.

24. Todo parecía precipitarse sin que nadie *(tener)* ________ la posibilidad de evitarlo.

25. ¡Que os lo *(pasar)* ________ bien! ¡Ojalá *(hacer)* ________ buen tiempo!

26. Tal vez *(tomarse)* ________ por ingenuo, pero no entiendo por qué no *(abandonarlo)* ________ todavía.

27. Fue una pregunta cuyo matiz de ironía Juan no *(advertir)* ________ , quizá.

28. Estaban juntas y era como si *(conocerse)* ________ de toda la vida.

29. ¿Por qué no me hablas? Ni que *(quedarte)* ________ muda.

30. Que yo *(recordar)* ________ , nunca *(prometerte)* ________ nada para siempre.

b) **Completa usando el indicativo o el subjuntivo según lo requiera el sentido.**

1. No me iré de aquí *mientras (quedar)* ________ una mínima esperanza.
2. *Mientras* no *(creer)* ________ en nosotros mismos, no *(salir)* ________ bien las cosas.
3. Anda, dúchate *mientras (preparar)* ________ algo de cena.
4. *Mientras* tú *(estar)* ________ fuera, pasaron demasiado tiempo juntas.
5. *Mientras* tú *(mirarme)* ________ con cariño, yo *(responder)* ________ de la misma manera.
6. Claro, tú no te enfadas con él porque *mientras (estar)* ________ tú, *(comportarse)* ________ bien.
7. Viviremos en esta casa *mientras* no *(encontrar)* ________ la que queremos.

8. Viviremos en esta casa *mientras* no *(poder)* ________ comprarnos la que queremos.

9. *Mientras* no te *(callar)* ________ , no *(conseguir)* ________ terminar esa frase.

10. *Mientras* tú *(trabajar)* ________ como una imbécil, ella está por ahí perdiendo el tiempo.

c) **Transforma el infinitivo en el tiempo y modo adecuados:**

1. Lo curioso fue que *(detenerse)* ________ ante mí como si *(conocerme)* ________ , aunque no *(encontrar)* ________ en su rostro ninguna expresión que *(indicar)* ________ ese conocimiento.

2. Si *(tener)* ________ una cosa clara, *(ser)* ________ que no *(ir)* ________ a reunirnos con ellos después de su viaje.

3. ¡Si lo *(saber)* ________ la abuela! Se larga con un hombre y no nos pide que le *(mentir)* ________ a su madre. Espera simplemente que le *(sacar)* ________ las castañas del fuego nosotros.

4. «Está actuando» —y lo dijo de manera que el otro *(poder)* ________ oírle, sin que su rostro *(inmutarse)* ________.

5. Una vez más le reproché que *(mantenernos)* ________ en un mundo aparte, utópico e irreal; pero sólo en mi pensamiento, no porque *(temer)* ________ su reacción sino porque nunca diría algo que *(poder)* ________ dolerle.

6. Querían que mi madre *(volverse)* ________ a casar. Puede que *(ser)* ________ para sentirse menos responsable de su bienestar, lo normal es que *(mejorar)* ________ su situación, peor no podía ir.

7. Cuando *(llegar)* ________ a casa, *(quedarse)* ________ sentado allí donde *(caer)* ________ y, aunque *(tratar)* ________ de parecer natural, no podía evitar que su mirada *(tener)* ________ un brillo extraño.

8. Si Fernando lo *(soportar)* ________ , *(ser)* ________ porque cuando él *(estar)* ________ , siempre *(hablarse)* ________ de los temas que *(elegir)* ________ Fernando.

9. Eran esas las lecciones de la vida de las que siempre se *(ocupar)* ________ aunque, a veces, una de ellas *(decir)* ________ que *(haber)* ________ cosas que *(preferir)* ________ no aprender.

10. Yo no sabía que uno *(ponerse)* ________ tan mal bebiendo. Pero por muy malo que *(ser)* ________ mi estado, el caso era que *(hacerlo)* ________ por primera vez y casi *(sentirme)* ________ orgulloso.

11. Me parecía imposible que aquello *(estarme)* ________ pasando a mí. Presentí en ese momento que no me *(ser)* ________ fácil librarme de la inquietud que *(apoderarse)* ________ de mí.

12. Sus correrías nocturnas acabaron siendo conocidas por todos y cuando *(estar)* ________ tran-

quilo, si bien *(seguir)* ________ teniendo gracia, encanto, no *(parecer)* ________ tener más sentido común que los niños.

13. ¿Hubo truenos anoche? Antes no has contado que *(haber)* ________ truenos.

14. Yo estaba persiguiendo al gato para cazarlo, vi al hombre ese y me dio un susto de muerte. Sé que si *(llegar)* ________ a cogerme, *(matarme)* ________ .

15. Después explicó que, aun en el supuesto de que esa ceremonia *(resultar)* ________ conveniente, yo *(ser)* ________ demasiado pequeño para asistir a ella.

16. Probablemente, a causa de las estrellas blanquísimas, el cielo *(brillar)* ________ muy alto.

17. Venía a nuestra casa y se adaptaba a nuestra costumbre de ir a la nevera a prepararnos lo que más nos *(apetecer)* ________ con lo que allí *(encontrar)* ________ .

18. Se esforzaba en convencernos de que no *(pasarle)* ________ nada, sin embargo *(saltar)* ________ a la vista que no *(ser)* ________ así. Costaba pensar que el tío *(estar)* ________ en dificultades.

19. No creas que todo *(quedar)* ________ explicado después de leer a Freud. No me parece que *(fijarte)* ________ en las personas, da la impresión de que sólo *(importarte)* ________ las teorías.

20. No había historia que para él no *(ser)* ________ frustrada, y si no lo *(ser)* ________ , *(complacerse)* ________ en buscarle los fallos.

21. Se rió, tanto porque *(hacerle)* ________ gracia mis palabras, como porque *(gustarle)* ________ reírse en los momentos tensos.

22. Durante mucho tiempo trató de convencerla de que *(dejar)* ________ aquella relación pese a que *(ser)* ________ evidente que *(llevarse)* ________ bien.

23. Se preguntaba si *(saber)* ________ reconocer a ese ser perfecto en el caso improbable de que *(aparecer)* ________ en su vida.

24. Aunque *(ser)* ________ improbable que aquella mujer *(pasar)* ________ desapercibida, deambulamos por el parque. Él quiso teorizar pero ella le paró los pies diciéndole que *(guardarse)* ________ sus discursos, que *(ayudarlo)* ________ con la esperanza de que *(desaparecer)* ________ pronto, pero no estaba dispuesta a aceptar que la *(adoctrinar)* ________ para que *(cambiar)* ________ de ideas. *Eva Luna*. I. Allende.

25. Me levanté antes del amanecer temiendo que alguien importante *(poder)* ________ llegar y descubrirme en el momento en que *(salir)* ________ de allí.
Pero nadie apareció que *(resultarme)* ________ sospechoso.

Titulares de prensa. *El País,* 5-3-89.

1. Sustituye la palabra por el sinónimo que creas más adecuado.

Cerco: 1. proximidad
2. asedio
3. redondeo
4. en torno

Agravio: 1. gravedad
2. campesino
3. insulto
4. regadío

Nómina: 1. sueldo
2. cuenta
3. número
4. señas

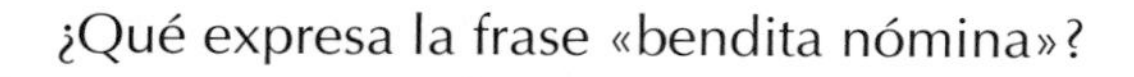

¿Qué expresa la frase «bendita nómina»?

Pólizas: 1. contratos de seguros
2. multas
3. guardias de tráfico
4. cortesías

RETICENCIA A LOS SUBSIDIOS

Subsidios: 1. asedios
2. avales, avalistas
3. parados
4. ayudas, apoyos

Gangas: 1. granjas
2. ocasiones ventajosas
3. garantías
4. alicientes

2. Desarrolla una breve noticia a partir del titular dado.

I. SITUACIÓN

PERSONAJES FAMOSOS

Conócete a ti mismo... y a los demás.

• Contestad como Raúl Sender y comparad vuestras respuestas.

DECLARACIONES ÍNTIMAS

RAÚL SÉNDER

- Rasgo principal de mi carácter ¡LA ALEGRIA!
- Cualidad que prefiero en el hombre LA LEALTAD
- Cualidad que prefiero en la mujer LA INTELIGENCIA
- Mi principal defecto EXIJO DEMASIADO A LOS DEMAS
- Ocupación que prefiero en mis ratos libres NO HACER NADA ¡PERO NADA!
- Mi sueño dorado TENER UN BARCO Y MUCHO TIEMPO LIBRE.
- Para estar en forma necesito dormir SIETE HORAS DE UN TIRON.
- Mis escritores favoritos LOS QUE NO ME ABURREN
- Mis pintores favoritos AQUELLOS CUYA OBRA ENTIENDO
- Mis músicos favoritos JUAN SOLANO Y STEPHEN SONDHEIM.
- Mi deporte favorito LAS LARGAS CAMINATAS
- Mis políticos favoritos NO ME CAE NINGUNO BIEN. LES VEO EL TRU
- Héroes novelescos que más admiro GUILLERMO EL TRAVIESO, HERCULES POI
- Hecho histórico que prefiero EL FINAL DE CUALQUIER GUERRA
- Comida y bebida que prefiero JAMON, ACEITUNAS Y VINO TINTO
- Lo que más detesto LA MEDIOCRIDAD
- Reforma que creo más necesaria LA DEL PASEO MARITIMO DE MALA
- ¿Cómo quisiera morirme? SIN ENTERARME Y EN PAZ CON TODO EL MU
- Estado actual de mi espíritu EUFORICO Y LLENO DE DUDAS
- Faltas que me inspiran más indulgencia LAS DE ORTOGRAFIA

Nació en Zaragoza el 18 de febrero de 1943, aunque se considera malagueño. Humorista de reconocido prestigio, ha recorrido todas las etapas del arte escénico, desde el «music-hall» y la revista hasta el cine, pasando por el teatro. Actualmente es uno de los principales protagonistas del programa «Tutti frutti», que emite Tele 5

Raúl Sender
1990

Blanco y Negro,
16-12-90

II. LEE

Y ahora conoce a algunos españoles famosos: (A)

Montserrat Caballé

Maravillosa figura de redondeadas formas y amables sentimientos. Hay en ella algo de niña que ha crecido demasiado deprisa y tiene flojo el lagrimal y la risa: es capaz de reír y llorar al mismo tiempo y por la misma causa. Cultiva el aspecto risueño y feliz de quien siempre está a punto de sufrir cosquillas irresistibles, y encima las agradece.

Una mujer emocionante en la que se combina dulcemente lo hogareño y lo mitológico, y en compañía de la cual a uno le gustaría viajar en transatlánticos de lujo, recalar en puertos exóticos y extasiarse con románticas puestas de sol. También sería excelente compañera para montar en los musicales caballitos lamiendo un helado alto y complicado, y riéndose mucho, riéndose feliz. En su apostura hay algo fantástico, una fenomenal irrealidad, un artilugio operístico de cartón-piedra y al mismo tiempo un calor humano auténtico. Fuera del escenario, debajo de su aparente simplicidad formal, tanto en el trato como en la indumentaria, esconde un estilo barroco, un sentimental caracoleo del alma. Su imponente figura se ve constantemente requerida por el fetichismo escenográfico de la seda y el terciopelo, la gran tramoya y los coros, el crimen pasional del brocado negro y la daga y el candelabro, con acompañamiento de gran orquesta, pero ella prefiere la pequeña anécdota o el simple chascarrillo. Y se muere de la risa.

En su palabra de cristal anida la primavera. Lo más notable de esta señora pausada, relajante, de mente cartesiana y risa contagiosa, es, naturalmente, la garganta. Una voz que a través de los años, la música amada y la propia vida ha ido acumulando flores y musgo, sueños y tinieblas y oscuras humedades como el lecho de un río por el que han pasado muchas aguas.

Manuel Fraga Iribarne

Esta cara ha sido finalmente desbordada por los acontecimientos. No es que esté avejentada o se haya caído —hay caras que se caen de repente como abrigos de una percha—, simplemente está abandonada y ensimismada. Luce todavía más frente que nada, más nariz que olfato, más mirada severa que buen ojo, pero la boca delgada y nerviosa, antaño tan rápida y ametrallante y siempre engatillada, parece definitivamente clausurada. Conserva, eso sí, la socarrona malicia y esa disposición, ya entrañable, al bufido.

Las derramadas mejillas recomponen una maulería de cura rural, resabiado y tabernario. La testa imponente, los ojos de pájaro reflexivo y astuto, el párpado melancólico, la boca constreñida y la sombría papada. Sigue siendo la cara de un picador, francamente; el compacto y enérgico comportamiento de esta cara nos reveló hace ya bastantes años su verdadera enjundía y dotes para la lidia. Al igual que los buenos profesionales, hunde la cabeza y embiste con la barbilla clavada en el pecho. Siempre estuvo bien fajado, la nuca es recia y despectiva, los brazos cortos y poderosos: he aquí la sospechosa encarnadura del picador retirándose de los medios bajo una lluvia de pitos y palmas, consciente del penoso deber cumplido.

Describir físicamente a este señor, a estas alturas de la historia nacional más estrepitosamente posfranquista, es como querer retratar a una folklórica nacional con toda su gloria a cuestas, con sus bravatas y sus desplantes, sus arrebatos raciales, su verborrea patriótica y su populismo reaccionario. Finalmente, esta cara nos habla de los muchos garbanzos y lentejas que ha comido en su largo caminar hasta Europa, desde la vapuleada y sufrida calle que era suya hasta Estrasburgo, pasando por aquella Información y aquel Turismo del Caudillo, y el baño de Palomares, y la ley de Prensa.

Juan Marsé
El País, 14-6-87

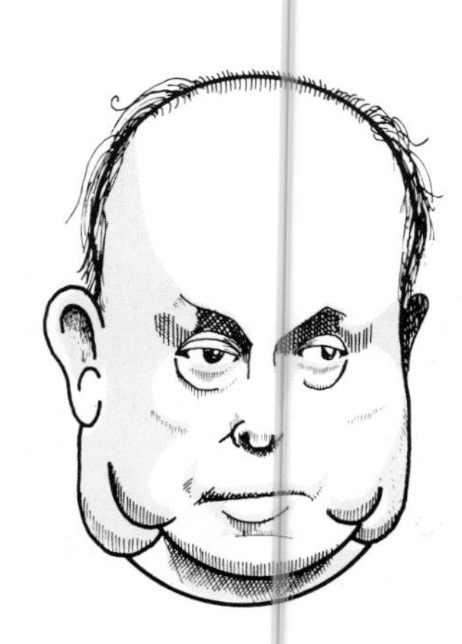

EXPLOTACIÓN DEL TEXTO (Sugerencias)

Conoces a estos dos personajes ¿verdad?: una cantante y un político.

1. Lee atentamente sus descripciones y señala los rasgos que ha destacado el autor.
2. Dinos si los personajes te resultan simpáticos, antipáticos o si eres imparcial. Justifica tu respuesta.
3. Elige otro personaje y descríbelo con la misma maestría (o parecida).

Te presentamos más gente famosa.

Antoni Tàpies (B)

RETRATO DE ARTISTA A LOS 60 AÑOS

El próximo martes, 13 de diciembre, el pintor catalán Antoni Tàpies cumple 60 años. Mencionar a estas alturas la significación de Tàpies en el panorama artístico catalán, hispánico y mundial resultaría casi ocioso. Desde finales de los años cincuenta, la energía y trabajo constantes con que Tàpies acometió su tarea de búsqueda creativa gozan de un reconocimiento internacional que no ha hecho más que crecer y que ha situado al artista en una esfera de universalidad sólo compartida por otros dos artistas plásticos de este país, Joan Miró y Salvador Dalí.

Bajo la tamizada luz de un día de claridades wagnerianas y gamas de verde del Montseny, el rostro de Antoni Tàpies parece cobrar una concentración casi mística mientras el artista se ocupa en el bosquejo de una próxima obra. Estamos en el nuevo estudio que Tàpies acaba de construir en su casa de campo de las cercanías de Sant Celoni del Montseny, una masía cuya estructura original data del siglo XVII que el pintor y su esposa han acondicionado con paciencia y mimo a lo largo de los últimos 20 años, y que, como no podría ser de otro modo, es toda ella una magnífica obra de arte.

El estudio, adosado a la casa, fue diseñado por el arquitecto Jaume Freixa —que fue discípulo de Josep Lluís Sert— y su construcción no sólo cubre las necesidades del trabajo de Tàpies, sino que aprovecha con ventaja la privilegiada vista que se observa desde el lugar, con una amplia panorámica sobre una porción del valle del Tordera y las primeras estribaciones de la llanura de La Selva. «En los días claros», dice Tàpies, «puede verse incluso una pequeñísima mancha de mar al fondo, que debe corresponder a algún punto entre Arenys de Mar y Blanes».

J.J. Navarro Arisa

EXPLOTACIÓN DEL TEXTO

- Busca algún cuadro (reproducción o foto, claro) de Tàpies y descríbelo.
- Si no puedes encontrarlo busca un cuadro de otro pintor español y descríbelo.
- Aprovecha para dar algunos datos sobre el artista escogido.

«Eungenio» (C)

SALVADOR DALÍ

Dalí se desdibuja
tirita su burbuja
al descontar latidos,
Dalí se decolora
porque esta lavadora
no distingue tejidos
él se da cuenta
y asustado se lamenta,
los genios no deben morir,
son más de ochenta
los que cubren tu osamenta
«Eungenio» Salvador Dalí.

Bigote rococó
de dónde acaba el genio
a dónde empieza el loco,
mirada deslumbrada
de dónde acaba el loco
a dónde empieza el hada,
en tu cabeza se comprime la belleza
como si fuese una olla exprés
y es el vapor que va saliendo por la pesa
mágica luz de Cadaqués.

Si te reencarnas en cosa
hazlo en lápiz o en pincel
y Gala de piel sedosa
que lo haga en lienzo o en papel,
si te reencarnas en carne
vuelve a reencarnarte en ti
que andamos justos de genios,
«Eungenio» Salvador Dalí.

Realista y surrealista
con luz de impresionista
y trazo impresionante
delirio colorista
colirio y oculista
de ojos delirantes
en tu paleta mezclas místicos ascetas
con bayonetas y con tetas
y en tu cerebro Gala, Dios y las pesetas
buen catalán anacoreta.

Si te reencarnas...

Vuelve a reencarnarte en ti
queremos genios en vida
queremos que estés aquí.

«Si te niegas a estudiar anatomía, el arte del dibujo y de la perspectiva, las matemáticas de la estética y la ciencia del color, permíteme decirte que ello es más un signo de pereza que de genialidad», escribía el pintor de Figueras en mayo de 1953. Y días más tarde, completaría: «Empezad por dibujar y pintar al modo de los antiguos maestros, después podréis hacerlo según vuestro criterio. Siempre se os respetará».

«Cada mañana, al despertarme, experimento un placer supremo del que hasta hoy no me he dado del todo cuenta: el de ser Salvador Dalí, y me pregunto, maravillado, qué cosa maravillosa le reserva el día a Salvador Dalí. Y se me hace siempre más difícil comprender cómo los demás pueden vivir sin ser Gala o Salvador Dalí», escribía el artista en su «Diario de un genio». Su vida fue siempre esa plena maravilla de sentirse existir en el centro de la creación.

Blanco y Negro, 29-1-89

III. Y TÚ ¿QUÉ OPINAS?

Compara las declaraciones de Dalí con la canción de «Mecano».

- **¿Qué te parecen?**
- **Dalí ¿era un genio como pintor o como hombre? ¿o ambas cosas?**
- **¿Cómo son los genios?**
- **Si puedes, trata de contemplar los cuadros de los que se habla en estas notas y danos tu opinión.**

UNIDAD 17

De viaje

SER Y ESTAR I. Adjetivos que cambian de significado

RECUERDA

Atributos de ser

1. **Los sustantivos y palabras que funcionan como sustantivos:** infinitivos, adjetivos sustantivados y pronombres.

   Ejemplos: *Esto es* ***una grapadora*** (sustantivo).
   Lo difícil es ***perfeccionar*** *el acento* (infinitivo).
   Eso que dices será ***lo mejor*** (adjetivo sustantivado).
   El libro es ***nuestro*** (pronombre posesivo).
   Esta *de aquí soy yo* (pronombre demostrativo).
   Has demostrado que no eres ***nadie*** (pronombre indefinido).
   Ellos son **quienes** *deben hacerlo* (pronombre relativo).
   «Yo soy ***yo*** y mis circunstancias» (pronombre personal).

   En todos estos ejemplos *es imposible usar estar.*

2. **Los sustantivos pueden unirse a *estar*, a través de una preposición.**

   Ejemplos: *No estamos* ***para*** *esos gastos.*
   Está ***con*** *un humor de perros.*
   Estoy ***con*** *el libro, a ver si lo termino.*
   Estaban ***sin*** *una peseta, por eso no me prestaron nada.*
   Ha estado ***de*** *guardia en el hospital.*
   Me gusta estar ***de*** *vacaciones.*
   ¿Estáis ***contra*** *la droga?*
   Estoy ***sobre*** *los alumnos para que estudien.*
   Etcétera.

Por supuesto, los sustantivos también se unen a **ser** a través de las preposiciones.
Ejemplos: *Es* ***de*** *risa. Es* ***para*** *una amiga. Somos* ***de*** *los mejores,* etc.

3. Algunos **sustantivos** que aparecen con **estar** están adjetivados y, además, **forman frases hechas:**
   Ejemplos: *Estoy* ***pez*** *en economía = no sé nada de economía.*
   Este tío está ***cañón*** *= está muy bueno, muy atractivo, sexy.*
   Está ***mosca*** *porque le llaman por teléfono y cuelgan = enfadado.*
   Etcétera.

   También encontramos **sustantivos con *estar* en frases exclamativas** con sentido irónico.
   Ejemplos: *¡Buen* ***médico*** *estás tú (hecho)!*
   ¡Valiente ayuda ***estás*** *(hecha)!*
   ¡Menudo ***marido*** *estás tú (hecho)!*

4. **Bien y mal se construyen siempre con *estar.***
   Ejemplos: *La película* ***ha estado muy bien****.*
   Estamos hartos, ¡ya ***está bien****!*
   Está bien*, lo haremos, aunque tengo mis dudas.*
   No ***está mal*** *para haberlo hecho un aficionado.*
   Tienes que repetirlo, ***está muy mal****.*
   Habrá que ingresarlo, ***está bastante mal****.*

5. El pronombre neutro **lo**, sustituye a los atributos de ser y estar.
   Ejemplos: *¿Estás* ***cansado****? Sí,* ***lo*** *estoy.*
   Es muy ***difícil****, ¿verdad? A mí me parece que no* ***lo*** *es.*
   Todo el mundo dice que son ***tontos*** *pero yo creo que no* ***lo*** *son.*
   Estáis ***enfadados*** *y no tenéis motivo para estar****lo****.*

6. **Hay adjetivos que cambian de significado según se usen con *ser* o *estar.***

Algunos de estos adjetivos son:

listo: con **ser:** astuto, inteligente	con **estar:** 1. preparado 2. equivocado 3. en dificultades
negro: con **ser:** color, raza	con **estar:** 1. furioso 2. muy moreno
verde: con **ser:** 1. color 2. picante, picaresco	con **estar:** 1. no maduro 2. expresa envidia
atento: con **ser:** amable, considerado	con **estar:** que presta atención
bueno: con **ser:** 1. bondadoso 2. buena calidad 3. útil	con **estar:** 1. sano, atractivo 2. buen sabor 3. no estropeado
malo: con **ser:** 1. malvado 2. mala calidad 3. perjudicial	con **estar:** 1. enfermo 2. mal sabor 3. estropeado

desprendido: con **ser:** generoso	con **estar:** medio arrancado/suelto
fresco: con **ser:** 1. frío 2. reciente 3. sinvergüenza, atrevido	con **estar:** 1. enfriado 2. equivocado 3. en dificultades
vivo: con **ser:** dinámico, despierto	con **estar:** no muerto
muerto: con **ser:** aburrido	con **estar:** no vivo, sin vida
alegre: con **ser:** divertido, simpático de carácter	con **estar:** 1. divertido, contento por una razón especial 2. ligeramente borracho
despierto: con **ser:** vivo, ágil de mente	con **estar:** no dormido
parado: con **ser** 1. soso, aburrido 2. no tiene trabajo	con **estar:** 1. no se mueve 2. de pie 3. no tiene trabajo
perdido: con **ser:** persona sin utilidad	con **estar:** no sabe dónde se encuentra, no sabe qué hacer
comprometido: con **ser:** arriesgado, peligroso	con **estar:** obligado, bajo palabra
católico: con **ser:** religión	con **estar:** (en forma negativa) no estar bien de salud
limpio: con **ser:** 1. persona que se lava, se cambia de ropa, etc. 2. donde reina la limpieza; que se mancha poco.	con **estar:** 1. resultado de lavarse o limpiar 2. estar sin dinero 3. sin antecedentes policiales
delicado: con **ser:** suave, fino, frágil	con **estar:** tener salud frágil

EJERCICIOS

a) **Completa con una forma correcta de *ser* o *estar*.**

1. Cuando se repuso de la sorpresa ________ todavía más amable.
2. Todos admiraban su aparente capacidad para no ________ en el mundo. A esa capacidad atribuían el hecho de que su separación no ________ nada dramática.
3. No sabes lo que ________ descubrir que la persona en quien más confías te engaña.
4. Reproducía los diálogos que tenía con otros porque lo que más le gustaba en el mundo ________ hablar.
5. Si ________ capaces de pasar una semana sin fumar, ________ que ________ unos tíos grandes.
6. Perdonen ustedes pero yo no ________ capacitado para tomar esa decisión.

7. Dentro de la cueva __________ oscuro, __________ (vosotros) preparados.

8. Me ponen enfermo las personas que creen que todo lo que tienen que hacer __________ atraer a los demás. Creo que no __________ para menos y no comprendo cómo las soportas tú.

9. Tenía tan pocas posibilidades como yo de conquistar a Isabel pero él __________ esperanzado.

10. __________ encantados con su presencia. __________ él quien nos animaba a hacer todo lo que __________ arriesgado y excitante.

11. Los niños revoloteaban alrededor de ella. __________ siempre así.

12. Con todo el escenario detrás de él, __________ aún más pequeño. Pero (él) __________ seguro de que en todo el colegio sólo él sabía tocar un instrumento.

13. Ante los aplausos del público __________ desconcertada. Ella que __________ tan comedida dejó escapar algunas lágrimas.

14. Para mí __________ desconcertante descubrir que habíamos cambiado de casa porque así __________ escrito en las últimas voluntades de los abuelos.

15. ¿Dónde __________ el accidente? Los cristales rotos __________ por todas partes.

16. Tuvimos problemas con la herencia porque toda la familia __________ a matar.

17. Cuando desaparecieron los enigmas sobre su pasado __________ plenamente consciente de quién __________ y por qué __________ donde __________ .

18. Creo que ya __________ consciente, así que podemos entrar a verlo.

19. Mejor dejo de proponerte cosas porque __________ de un negativo...

20. Como había pasado por una experiencia muy dolorosa, su actitud __________ negativa ante cualquier cosa.

21. Fue a buscarla. __________ normal, cariñosa y simpática pero le parecía que __________ inmersa en su mundo al que él pocas veces tenía acceso.

22. Sus amigos __________ lo suficientemente cuerdos y sanos para detectar algo alarmante en aquella situación.

23. Llamó por teléfono y se sorprendió al comprobar que el número que le había dado __________ equivocado.

24. Como me había regañado, __________ inapetente y hostil.

25. __________ cierto que había regresado más temprano de lo previsto, pero __________ entusiasmado y quería contárselo a alguien.

26. __________ muy raro lo que hacía. Yo __________ asustada porque, además, __________ congestionado.

27. A veces las cosas parecen tener memoria, ________ como si ________ unidas la una a la otra o se acordaran de algo.

28. Me dijo con solemnidad: «Tendrá que ________ el viernes o no ________ jamás», y el viernes ________ hoy.

29. ________ como ________ , me ha ayudado mucho a descubrir la vida en toda su doblez, en toda su idiotez.

30. Ambas cosas ________ motivo de enfado, antes se presentaban por separado, hoy ________ la primera vez que ________ juntas.

b) **Di si todas las parejas son correctas. Si lo son, di qué diferencia hay entre ellas.**

1. Para mí eso *era* como un regalo. / Para mí eso *estaba* como un regalo.
2. ¿Ya *eres* bueno? /¿Ya *estás* bueno?
3. El enfermo ya *es* perfectamente. / El enfermo ya *está* perfectamente.
4. La situación *es* así. / La situación *está* así.
5. ¿Qué es lo que piensas *ser*? / ¿Qué es lo que piensas *estar*?
6. Su querida hermana *había estado casada* con él. / Su querida hermana *había sido casada* con él.
7. *Has estado* muy convincente. / *Has sido* muy convincente.
8. No *estábamos* acostumbrados a esos planes. / No *éramos* acostumbrados a esos planes.
9. Ya *estoy* acostumbrado. / Ya *soy* acostumbrado.
10. Él *era* sencillo. / Él *estaba* sencillo.
11. Su familia *era* instalada en el mismo piso. / Su familia *estaba* instalada en el mismo piso.
12. El encuentro *fue* casual. / El encuentro *estuvo* casual.

c) **Adjetivos que cambian de significado con *ser* o *estar*. Completa las frases usándolos de acuerdo con el sentido:**

1. Hoy no voy a comprar pescado, parece que no ________ muy *fresco.*

2. Me he comprado unos zapatos preciosos pero ahora ________ *limpio,* a dos velas.

3. ________ muy *listo* ¿verdad? Pues a ver si adivinas cuál es la palabra más larga del diccionario.

4. ¡Qué *atento* ________ ! Está pendiente del más mínimo de mis deseos.

5. Los chistes que más le gustan ________ los *verdes.*

6. Yo no me manifestaría tan abiertamente en contra de ellos, ________ muy *comprometido.*

7. Como no ________ *atento* te has perdido lo más interesante, ahora, chico, te aguantas.

8. Ya ________ *listos,* así que cuando quieras.

9. Pone buena voluntad, entusiasmo, lo que quieras, pero no me negarás que ________ algo *verde* todavía.

10. ¿Realmente crees que van a esperar por ti? Pues ¡ ________ *listo*!

11. Hoy día existe libertad de religión, por eso puedes ________ *católico* o protestante o mormón.

12. Los mejores cantantes de «blues» ________ *negros.*

13. Anda, déjame tu falda para esta noche, ¡no ________ *fresca*!

14. Tal como las hace Charo, las coles de Bruselas ________ muy *buenas.*

15. ¡Qué *bueno* ________ Harrison Ford! ¿verdad? Y que conste que no hablo de si es o no es buen actor.

16. ________ un niño muy *limpio,* se ducha sin que su madre se lo mande.

17. Me parece que la leche ________ *mala,* huele a agrio.

18. No ha venido a clase, dice que no ________ muy *católico.*

19. El gran milagro es descubrir cada mañana que todavía ________ *vivos.*

20. ¡ ________ (yo) *negro*! La gente me confunde siempre con mi hermano y ya empiezo a hartarme.

21. Se ha descubierto que ________ *comprometidas* en ese asunto incluso personas relacionadas con el Gobierno.

22. Sus clases ________ muy *vivas,* nos hace ________ despiertos constantemente.

23. —¿Qué pasa?
—Que hemos pinchado y no tengo rueda de repuesto.
—Pues, ¡ ________ *frescos*!

24. Este chico ________ más *fresco* que una lechuga, no sé por quién me ha tomado.

25. ________ *viva* de milagro, perdí el control del coche y por poco choco de frente a más de 120.

d) **Verbos de cambio: hacerse, volverse, ponerse, llegar a (ser), quedarse, convertirse en. Completa las frases usándolos de acuerdo con el sentido:**

1. ¡Hay que ver qué quisquilloso ________ ! ¿Puedes explicarme qué te ha pasado?

2. Cuando tienes sueño ________ insoportable.

3. ________ loco por las motos de carreras.

4. La princesa dio un beso al sapo y éste ________ un hermoso príncipe.
5. ________ miembro de una secta religiosa muy extraña.
6. Muchos jóvenes ________ cantantes porque, hoy día, parece ser un negocio rentable.
7. Está prohibido ________ enfermo durante las horas de fiesta. ¿Está claro?
8. El ser la mejor ________ una obsesión para ella.
9. ________ estupefacto ante una reacción tan extraña.
10. Si te lo propones ________ cualquier cosa que quieras, sé que eres muy capaz.
11. Si ________ negra la estupidez de los demás, la mía me mata.
12. ¡No ________ así! La cosa tampoco es tan grave.
13. Si sigues tratándome así, ________ desconfiada y malpensada.
14. El trabajo ________ su única válvula de escape, no sé cómo ________ eso, pero así es.
15. ________ boquiabierto cuando vio el regalo que le tenían preparado.

e) **Completa las frases añadiendo lo que sea necesario para dar sentido a la parte en cursiva:**

1. *Estoy pez,* por lo tanto ________ .
2. ________ , por lo tanto *estoy como pez en el agua.*
3. Pedro / Katja ________ porque *están trompa.*
4. *Están / se quedan al margen,* por lo tanto ________ .
5. ________ , porque *estamos sin blanca.*
6. Barry *está mosca / mosqueado* porque ________ .
7. ________ , pues *estamos apañados.*
8. ________ , por lo tanto *estamos en paz.*
9. ________ nunca *está de más.*
10. Juan *es un creído,* porque ________ .
11. Martín *es un carroza,* sólo le gusta ________ .

I. SITUACIÓN

A. En la clase hay algunos aficionados al alpinismo que organizan una expedición al Naranco de Bulnes (Asturias) que, como sabes, es uno de los picos más peligrosos de la cordillera Cantábrica.

Sólo pueden llevarse diez objetos imprescindibles cada uno.

Condiciones:
- La expedición se realiza en el mes de mayo.
- Duración aproximada: quince días.
- Dos de los componentes son vegetarianos.
- Uno de ellos está a régimen.

LISTA PREVISTA INICIALMENTE

- un saco de dormir
- cantimploras de agua
- cartones de tabaco
- mudas de calcetines y ropa interior
- un cassette con auriculares
- una baraja
- linternas con pilas de recambio
- papel y lápiz
- guantes
- papel higiénico
- bolsa de aseo con: jabón
  cepillo de dientes
  dentífrico
  toalla
- brújula
- mapa
- cerillas / mechero
- botiquín completo
- reloj
- máquina de fotos
- diez mantas
- crema para el sol
- gafas de sol
- leche en polvo
- 5 kgs de azúcar
- 3 kgs de café
- 4 kgs de frutos secos
- hornillo de butano
- una sartén y un cazo
- dinero en efectivo
- tarjeta de crédito
- un anorak grueso
- seis chorizos
- un jamón
- 6 litros de coñac
- latas de conserva
- abrelatas / navaja multiusos

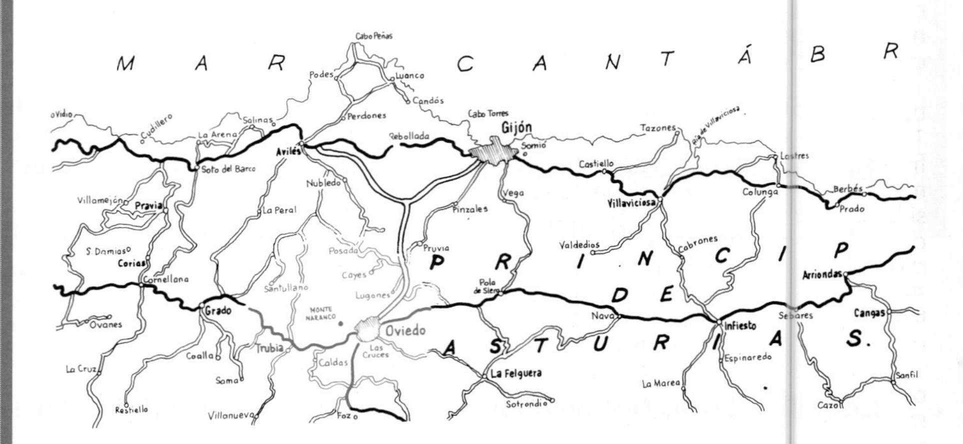

Desarrollo:

Formad grupos de dos o tres. Confeccionad vuestra lista, discutiendo sobre la utilidad y necesidad de los objetos y comida. Cuando la tengáis hecha definitivamente, comparadla con la de los demás y haced una lista única y homogénea.

Aquí tenéis un poco de información sobre Asturias. ¡Que lo paséis bien!

(Después de leer y comentar con vuestros compañeros/as este texto, describid por escrito una región de vuestro país.)

Asturias

Tierra, cielo, gente: Asturias es una unidad indivisible, cuya historia sólo puede explicarse en atención de todos sus componentes. ¿Hubieran podido los primitivos astures resistir tan fieramente el empuje de las legiones romanas de no haber contado con sus agrestes montañas? Sin duda que no. Pero, puesto que lo pudieron hacer e hicieron, templaron un alma bravía como pocas. Ella habría de volverse a fundir con el paisaje siglos más tarde, en 722, a la hora de rechazar a otros invasores no menos aguerridos: los árabes. La mítica figura de Don Pelayo, al frente de sus atrincherados visigodos, marcaría el comienzo de la Reconquista. Avanzó luego ésta hacia tierra castellano-leonesa y Asturias regresó poco a poco a sí misma de nuevo.

Siglos de existencia escasamente comunicada, y por ende autónoma, han hecho del pueblo de Asturias una comunidad singular, consciente de contar, a su escala, con todos los elementos necesarios para la constitución de un cuerpo social pleno.

Describamos a grandes trazos esta tierra empezando por decir que sus 10.564 kilómetros cuadrados son de franco predominio montañero, sólo roto en su zona media por una depresión longitudinal: la cuenca de Oviedo. Sus elevaciones, propias de la cordillera Cantábrica, se alzan de norte a sur hasta alcanzar León. Al este cuenta con altitudes superiores a los 2.500 metros: son los Picos de Europa.

Los ríos asturianos son cortos y caudalosos; el Sella, el Nalón y el Navia son los principales. El clima, muy húmedo, favorece una abundante vegetación. Los bosques son generosos: Muriellos cuenta con el robledal más importante de Europa, no obstante, la tala masiva y la ambición maderera han impuesto hoy los pinos y eucaliptus en las tierras bajas.

La estructura económica asturiana es diversificada. Tanto el sector primario como el secundario son importantes, dedicándose a cada uno de ellos un tercio de su población activa. La agricultura proporciona mijo, maíz, escanda, patata... y el manzano, del que se obtiene la sidra. En las zonas altas, los pastos ayudan a mantener considerable ganadería bovina, y también ovina. 
Asturias («Asturies», como se dice en el bable que los asturianos heredaron de la lengua leonesa) es, en cambio, un destacado centro minero-industrial. La hulla de la cuenca del Nalón sustenta una fuerte industria siderometalúrgica (cinc, aluminio), concentrada en los núcleos principales de la zona central: desde la costa de Avilés y Gijón hasta el contorno de Mieres. Esta concentración industrial da cuenta también de los principales núcleos urbanos, alcanzando la zona densidades de hasta 400 habitantes por kilómetro cuadrado.

Cuenta la región asturiana con una vieja e importante riqueza monumental. Entre sus primeras y más impresionantes muestras habrá que contar con la ciudad protohistórica del Castro de Coaña, en el valle del Navia. Pero, propiamente hablando, el monumento asturiano más antiguo es el templo de Santianes de Pravia. En efecto, el interés de Covadonga, cuna de España, no reside en sus monumentos, más próximos en el tiempo, sino en la histórica cueva y en la belleza exuberante del sitio en que se emplaza, punto obligado de paso para el peregrino en tierra astur.

Hablar de «arte asturiano» equivale a evocar la arquitectura que, con base en aquella región, alcanzó su máximo esplendor durante el siglo IX. De fuente visigótica, la manera asturiana se dotó de formas originales, en algún modo cercanas a las de la arquitectura carolingia: arcos apuntados o peraltados, temas de soga en la decoración, bóveda de cañón y muros compuestos. Tres fases tiene el prerrománico asturiano: la del reinado de Alfonso II el Casto, el ciclo ramirense y, en fin, la de Alfonso XIII el Magno. La de Ramiro I produjo el ciclo más característico. De la primera fase, ligada al nombre del arquitecto Tioda, deben mencionarse la Torre de San Miguel, la Cámara Santa y el templo de San Tirso de Oviedo. Del ciclo ramirense no puede olvidarse bajo ningún concepto la basílica de San Miguel de Liño y el palacete próximo, convertido luego en el templo parroquial de Santa María del Naranco; es notable también la ermita denominada Santa Cristina de Lena, cerca de la villa de Pola. De la tercera fase cabe citar la basílica de San Adrián de Tuñón, las de San Salvador de Valdediós y Priesca, la de Santiago de Goviendes...

El atractivo asturiano empieza por sus paisajes: la costa recia, el verde interior, la montaña que se eleva hasta las más altas cumbres nevadas. El verano es estación adecuada para su conocimiento. Las playas de la llamada «costa verde» —Llanes. Ribadesella, Colunga, Villaviciosa. Gijón, Luanco, Salinas, Luarca— permiten la práctica de todos los deportes de mar y son un descanso para los cuerpos fatigados por todo un año de trabajo. La montaña parece idónea para el excursionismo, incluyendo, si se desea, la escalada de alta montaña (la cara vertical del Naranjo de Bulnes es el reto más arriesgado para los apasionados de este difícil deporte). Puede practicarse la pesca del salmón, trucha y anguilas en el Nalón, el Nora, el Lena, el Trubia y el Narcea, ríos idóneos para este plácido deporte. La caza mayor no está excluida: el puerto de Somiedo y el Coto de Degaña son los lugares adecuados. Allí se encuentran osos pardos, corzos, urogallos y rebecos. El águila real adorna también sus aires. Pero recuerde el cazador que algunas de estas especies deben respetarse como auténtico tesoro, por escasear peligrosamente y estar en peligro de extinción en nuestra península.

A la hora de la mesa, Asturias tiene un buen plantel de ofertas para el gastrónomo exquisito. La fabada, el jamón de Avilés, el salmón, las truchas a la asturiana, el queso de Cabrales... Todo ello puede regarse con un más que aceptable vino local, o bien con la inevitable sidra, cuyo rito deberá respetarse escrupulosamente.
Canciones y danzas populares acentúan el colorido singular de la región asturiana. La «asturianada», semiimprovisada y de forma libérrima, las «añadas» y «vaqueiras» y, entre los bailes, la famosa «danza prima» de oscuro origen, el «corri-corri» de Cabrales y el fandango norteño.

Revista *Viajar*

B. Estamos en el aeropuerto.

En la sala de espera encontramos:

— Una anciana en silla de ruedas acompañada por su nieta, que va a visitar a su hija que vive en el extranjero.

— Un ejecutivo en viaje de negocios.

— Una pareja de recién casados en viaje de luna de miel.

— Un hombre casado que va a reunirse con su familia.

— Tres estudiantes que quieren practicar su segunda lengua en el lugar donde se habla ésta.

— Una mujer con aspecto de actriz.

— Una conocida escritora.

- La azafata anuncia una huelga inesperada de pilotos.
- Existe un servicio mínimo.
- Quedan sólo diez plazas disponibles en el avión con destino a Montevideo.

- Dividíos en parejas o grupos; elegid un papel, preparadlo durante unos minutos y representadlo.

Cada uno debe exhibir argumentos poderosos para quedarse con una de las plazas disponibles.

II. LEE

¡DE VIAJE!

A

DE PERDIDOS AL RIO

Tal vez hayas vivido ya la angustiosa situación de una pérdida en el campo. Si es así, seguro que conoces el valor de una brújula, un mapa y la importancia que tiene dominar la geografía del terreno en el que te mueves. Puede, sin embargo, que algún día te lances al monte habiendo olvidado o sin haber tenido en cuenta estos grandes aliados de la aventura. Aun así, la naturaleza te echará una mano y, si sabes leer en ella, te guiará en caso de pérdida. Para ello es muy importante conocer la dirección predominante del viento en los lugares por los que nos movemos. En España, como en casi toda Europa, el viento sopla generalmente del Noreste. Es por ello que, sobre todo en los árboles que se encuentran aislados y en los más sometidos a la acción del viento, la corteza aparezca más rugosa y cuarteada en ese flanco que en todo el resto. Observaremos, además, que es precisamente en ese lado donde las ramas crecen más cortas, mientras que las orientadas al Sureste crecen a favor del viento.

Sin abandonar el árbol, podemos aún descubrir más cosas: advertiremos, probablemente, la presencia de musgos y líquenes. Pues bien, estas colonias crecen siempre a favor del viento y huyen del sol; por lo que su situación indicará siempre, al menos en nuestras regiones, el Nornoreste. Esto mismo también puede advertirse en las cercas, postes o estacas que encontremos a nuestro paso.

Si nos cae la noche encima y el cielo está despejado, también éste se convierte en nuestro aliado. Existen varias formas de *leer* en las estrellas para encontrar el Norte. Pero quizá la más fácil es fijarse en la constelación que recibe el nombre de Osa Mayor. Si prolongamos la distancia que hay entre las dos estrellas que forman su base, aproximadamente unas seis veces hacia la derecha encontraremos una estrella brillante. Esa es la estrella Polar, que nos indica el Norte y es, a la vez, la luz principal de la Osa Menor. También podemos fabricar una brújula artesanal. Se trata de la brújula de agua, que se construye a partir de una aguja de coser, un hilo y un vaso de agua: para que funcione debemos frotar la aguja con un trozo de lana o cualquier otro material capaz de imantarla. A continuación, la recubrimos de grasa (basta la grasa de la piel) y, suspendida de un hilo, la depositamos con cuidado sobre la superficie del agua contenida en el vaso. Si lo hemos hecho bien, la punta de la aguja señalará el Norte.

Hay que advertir que de nada servirá conocer los puntos cardinales si no sabemos a dónde tenemos que dirigirnos. Por eso es imprescindible conocer previamente algo de la geografía del lugar en que nos encontramos. Si no es así, todavía contamos con algún recurso. Si nos encontramos en la montaña, lo mejor es descender. Normalmente encontraremos algún camino o algún arroyo. Éstos conducen siempre (excepto en el desierto) a los ríos, y los ríos, a los lugares habitados. Así que de perdidos, al río.

Juan Ramón Vidal
El País Semanal, 6-9-87

EXPLOTACIÓN DEL TEXTO (Sugerencias)

- Lee atentamente el texto.
- Fíjate en los futuros y en los subjuntivos que aparecen y recuérdalos.
- Busca las frases con **ser** y **estar** y trata de sustituir uno por otro, si es posible hacerlo; explica la diferencia.
- Da sinónimos de las expresiones siguientes:
  1. Te echará una mano.
  2. Si nos cae la noche encima.
  3. Contamos con algún recurso.
  4. De perdidos al río.
- Busca las palabras relacionadas con la geografía.
- Busca otros sustantivos para aplicarlos a los siguientes adjetivos que aparecen en el texto:
  1. Predominante.
  2. Aislados.
  3. Sometidos.
  4. Rugosa.
  5. Cuarteada.
  6. Despejado.
  7. Suspendida.

B EL CUARTO DE ATRÁS

—¿No le gusta viajar?

—Sí, me gusta, pero nunca me lo propongo; para viajar necesito estímulo. Creo que los viajes tienen que salir al encuentro de uno, como los amigos, y como los libros y como todo. Lo que no entiendo es la obligación de viajar, ni de leer, ni de conocer a gente, basta que me digan «te va a encantar conocer a Fulano» o «hay que leer a Joyce» o «no te puedes morir sin conocer el Cañón del Colorado» para que me sienta predispuesta en contra, porque, precisamente lo que me gusta es el descubrimiento, sin intermediarios. Ahora la gente viaja por precepto y no trae nada que contar, cuanto más lejos van, menos cosas han visto cuando vuelven. Los viajes han perdido misterio.

—No —dice él—, no lo han perdido. Lo hemos perdido nosotros. El hombre actual profana los misterios de tanto ir a todo con guías y programas, de tanto acortar distancias, jactanciosamente, sin darse cuenta de que sólo la distancia revela el secreto de lo que parecía estar oculto.

La última frase la ha dicho mirándome con una expresión diferente, indescifrable, como si estuviera aludiendo a otra cosa. Y me perturba porque me recuerda a algo que me dijo alguien alguna vez.

—Sí...la distancia —digo, como tratando, en vano, de recuperar ese recuerdo titubeante.

—¿La distancia, qué?

Le miro. Su rostro vuelve a ser el de un desconocido. Inmediatamente, sobre esa pauta, recompongo la expresión indiferente del mío, renuncio a la búsqueda, vuelvo al texto.

—Nada, que tiene usted razón. Ahora está todo demasiado a mano. Antes las dificultades para desplazarse eran el mayor acicate de los viajes, cuántos

EXPLOTACIÓN DEL TEXTO (Sugerencias)

- ¿Qué quiere decir la autora con la frase «Para viajar necesito un estímulo»?
  ¿No es contradictorio con su aversión por «la obligación de viajar»?
- Muchas veces resulta más bonito el camino que el punto de llegada.
  ¿Estás de acuerdo?
  ¿Cómo prefieres viajar?: ¿En coche? ¿En tren? ¿En avión? ¿En bicicleta?
  ¿Por qué?
- ¿Crees que es cierto el punto de vista de la autora y que las facilidades para visitar hasta los países más lejanos han quitado misterio a los viajes?

preparativos, los viajes empezaban mucho antes de emprenderlos. ¡Lo que significaba, Dios mío, salir al extranjero!, con qué vehemencia se deseaba, parece que estoy viendo mi primer pasaporte; cuando al fin lo conseguí, dormía con él debajo de la almohada de la cama las noches anteriores al viaje. Yo creo que por eso le saqué luego tanto sabor a todo.

—También sería porque era usted más joven.

—Sí, claro, tenía veinte años. ¿Pero usted cree que ahora sale con esa ilusión al extranjero la gente de veinte años?

C. M. Gaite
El cuarto de atrás

EXPLOTACIÓN DEL TEXTO
(Sugerencias)

¿Recuerdas algún viaje que te contó tu abuelo/a?
¿Sientes alguna diferencia con un viaje que te cuenta un amigo?

- Intenta con tus compañeros establecer una lista de «ingredientes» indispensables para vivir una aventura: condiciones, material, etc...
  Procura también describir las sensaciones que conlleva.

C AEROPUERTOS

A pesar de lo que su nombre propone, no son puertos que vuelen; son nidos de aves y de hombres. A veces un avión se equivoca, al aterrizar, y se produce una catástrofe. Como en los días de niebla, una paloma, medio ciega, desciende sobre el borde de la calle, atropellando a otra, que protesta, y durante un rato, hay un escándalo de palomas. La condición imprescindible de los aeropuertos es tener el suelo encerado, brillante, para que los niños puedan deslizarse, de un extremo al otro (que ellos llaman ciudades), de modo que mucho antes de subir al avión ya han realizado el viaje.

Hay adultos que sueñan a menudo con aeropuertos; aman la sensación de mundanidad que tienen en él, el arrullo de los parlantes que anuncian vuelos, el hecho de ser mecidos por las alas de un avión que los traslada casi imperceptiblemente. Otros aman los aeropuertos porque les gusta sentirse suspendidos entre una ciudad y otra, entre un horario y otro diferente, la sensación de no haber partido aún definitivamente, ni haber llegado, tampoco. Algunos, quedándose, sueñan que pueden escapar.

(...)

Otros aman el instante de premonición, en el aeropuerto, cuando las incertidumbres se convierten de pronto en certezas y, entre la niebla perpleja de los visores, un punto de luz lejano parece el futuro.

El que se queda suele experimentar una sensación de vacio; el que se va, de frustración; es entonces cuando el viajero y el que se queda miran el aeropuerto y comprenden que es una isla.

II

Otros, que aman el peligro, prefieren los aeropuertos porque en ellos siempre estamos a punto de perder algo.

Los hay que llegan a último momento, olvidando promesas y maletas; dan la sensación de ser livianos, de que al subir al avión se desprenderán del pasado, como de un abrigo gastado. Entonces la azafata dice: «abróchense bien los cinturones» y el hombre, por fin, suspirando, ata aquello que ha estado a punto de perder.

Los hay, en cambio que llegan al aeropuerto con mucho tiempo por delante: somnolientos, como bajo el efecto de una droga suave, habitan el aeropuerto como si fuera el útero materno: estiran las piernas, bostezan, sonríen beatíficamente, fuman lentos cigarros, leen revistas, miran hacia afuera a través del vidrio. Todo lo cual no quiere decir que suban a tiempo al avión: la espera ha sido tan placentera que con frecuencia, adormilados, prefieren quedarse

en un sofá del aeropuerto, mullidos, oyendo, a lo lejos, el zumbido del vuelo, la voz maternal de las azafatas que repiten monótonamente cifras y nombres.

Quienes menos viajan, sin duda, son las moscas, atemorizadas por la altura. En un vuelo de Montreal a Nueva York, sin embargo, encontré una, gorda y confusa como esas pasajeras que han llegado tarde y temen haber entrado en el andén equivocado; terminó por posarse en la calva de mi vecino. No podíamos abrir la ventanilla para echarla, a pesar de que estaba medio mareada y nunca habíamos intentado cometer un crimen a esas alturas. Nos deslizamos a nueve mil metros: no supe si el vértigo de la mosca era mayor que el mío. (...)

Cristina Peri-Rossi
El museo de los esfuerzos inutiles

COMENTA

- **¿Qué te producen los aeropuertos? ¿Te has fijado en el tipo de gente que hay allí?**

  Descríbela como lo hace Peri-Rossi.

EXPLOTACIÓN DEL TEXTO

(Sugerencias)

- Después de leer el texto, señala las palabras relacionadas con los aeropuertos y los aviones.
- **Arrullo, mecidos, livianos, mullidos, zumbido.** Estas palabras aparecen en el texto, danos un sinónimo para cada una y haz frases usándolas en otros contextos.
- ¿Qué diferencia hay entre **somnoliento** *y* **adormilado**?
- Conecta los significados de la columna B con los verbos de la columna A. Haz frases donde se vean claramente los significados.

A		B	
1.	prender	a.	regañar, reñir
2.	aprender	b.	empezar, iniciar
3.	comprender	c.	soltar, despegar
4.	desprender	d.	saber, conocer
5.	emprender	e.	entender, aceptar, tener, abarcar
6.	reprender	f.	coger, capturar, sujetar
7.	reemprender	g.	descubrir, asombrar
8.	sorprender	h.	reanudar

III. Y TÚ ¿QUÉ OPINAS?

1. **Viajar educa poco porque los viajeros buscan lo que ya tienen en su país, ¿verdad?**
2. **Hoy día los viajes no tienen emoción porque todo es rápido, está organizado y está al alcance de cualquiera, ¿sí o no?**
3. **Viajar es algo que, a la larga, te desarraiga, ¿no crees?**

UNIDAD 18

Los toros

SER Y ESTAR II.

RECUERDA

VALORES PREDICATIVOS

Ser

1. **Existir.**

   Ejemplos: *El trabajo supone su única razón de* ***ser****.*
   «Feliz aquel que lejos del mundanal ruido, sigue la senda de todos los sabios que en el mundo ***han sido****.»* (Fray Luis de León)

2. **Ocurrir, tener lugar.**

   Ejemplos: *«****Fue*** *una noche de Santiago...»* (F. G. Lorca)
   El accidente ***fue*** *en la carretera de Zaragoza.*
   La conferencia ***es*** *en el Colegio.*

3. **Preguntar por la suerte o el destino de alguien o algo.**
   Ser + de + nombre / pronombre.

   Ejemplos: *¿Qué* ***ha sido de*** *tus sueños de grandeza?*
   ¿Qué ***será de*** *ti cuando yo falte?*
   ¿Qué ***es de*** *María? Hace mucho que no la veo.*

4. **Enlace de términos pertenecientes a dos oraciones.** Se hace con valor enfático y el verbo va siempre en tercera persona.

   Ejemplos: *Entonces* ***fue*** *cuando me harté y le mandé a la porra.*
   No ***ha sido*** *por eso por lo que me enfadé.*
   Trabajando ***es*** *como se logra salir de esa situación.*

5. **Valor deíctico.**

Ejemplo: *Perdone, ¿**es** a mí?*
(Perdone, ¿se refiere usted a mí?)

Estar

1. **Hallarse, encontrarse.**

Ejemplos: *«Dios **está** también entre los pucheros»* (Santa Teresa)
***Estamos** en una situación sin salida.*
*Ahora **está** en el colegio.*

2. **Expresa presencia o ausencia.**

Ejemplos: *Si llama Mari Tere, dile que no **estoy**.*
*¿Dónde **estabas** anoche?*

3. **Expresa permanencia.**

Ejemplos: *El médico ha dicho que tengo que **estar** quince días en cama.*
*No puedo **estar** de pie tanto tiempo.*
*¿Cuánto tiempo puedes **estar** bajo el agua?*

4. **Expresa el tener algo listo o preparado. También el haber encontrado algo.**

Ejemplos: *Te dije que lo tendría y hace una semana que **está**.*
*Ya **está**, por fin terminé.*
*¡Ya **está**! Encontré el error que estropeaba el esquema.*

5. **Expresa el acuerdo con algo y la concentración de alguien en algo.**

Ejemplos: *Cada uno debe presentarse con su programa. **¿Estamos?***
*No **estáis** en lo que hacemos.*

OBSERVA

1. Como ya sabes, los verbos **volverse** y **ponerse** expresan una transformación. Aunque cualquier regla será, en parte, incompleta, te diremos, para ayudarte, que **volverse expresa, lo mismo que "ser"**, características, definiciones, etc. **Se usa con sustantivos o adjetivos.**
Ejemplos: *Con el tiempo **te volverás** un hombre importante.*
***Te has vuelto** muy desconfiado.*

2. **Ponerse**, lo mismo que **"estar"**, **expresa estados, resultados, actitudes, comportamientos.** Se usa sólo con *adjetivos* o, claro está, con sustantivos que tienen valor de adjetivos.
Ejemplos: ***Me he puesto** colorado cuando me miró.*
*Albinoni **me pone** melancólica.*
*Cuando están tus amigos delante **te pones** muy gallito.*

3. **Hacerse** y **convertirse en** se usan como **volverse**.
El primero hace énfasis en el **esfuerzo** y el segundo en una **transformación profunda**.
Ejemplos: ***Te has hecho** empresaria, ¿no?*
***Se convirtió** en su mejor amigo a pesar de sus diferencias iniciales.*

4. **Quedarse** se usa como **ponerse** y como **estar**, es decir **no admite sustantivos.** Expresa la **transformación** y la **permanencia en ella.** O bien la ausencia de la transformación esperada.

   Ejemplos: ***Se ha quedado*** *triste después de oír la noticia.*
   Los pantalones ***se te han quedado*** *pequeños.*
   Se quedó *paralizado por el susto.*
   Siempre ***te quedas*** *sin respuesta en los momentos más importantes.*

5. **Llegar a ser** hace referencia a un **largo o duro proceso hasta llegar al fin perseguido.** Se usa como **ser**, es decir, con sustantivos y adjetivos.

   Ejemplo: ***Llegarás a ser*** *famoso, importante, lo que te propongas.*

EJERCICIOS

a) **Completa con una forma correcta de *ser* o *estar*.**

1. ¿No te parece que ya ________ bien de hacerte la víctima?
2. Esta habitación ________ pintada con muy buen gusto.
3. Yo creo que ________ muy pintada para ir a esa reunión. ¿No ves que ________ de día?
4. ________ tan desprendido porque no te ha costado trabajo conseguir tus cosas.
5. Sólo con constancia y voluntad ________ como conseguirás vencer tu incapacidad.
6. ________ convencidos de que el mundo de la escena ________ el mejor de los mundos porque ellos ________ dentro.
7. Así como ella ________ pendiente de los miles de detalles que convierten la casa en un hogar, él ________ conocido porque le gustaba ________ en la calle.
8. Durante las temporadas en que ________ con los abuelos, el tío ________ un loco apacible.
9. Nuestra madre había firmado el contrato. ¡ ________ ricos! Por lo tanto ________ prohibido llorar.
10. Aquella ________ nuestra primera salida importante; ________ el mismo día en que cumplí dieciocho años.
11. Miraba perplejo a Marcos que parecía aún más pequeño de lo que ________ .

12. Gritaba a menudo que ________ harta, pero la presencia de Beatriz, que ________ como un catalizador, la tranquilizaba.

13. Entonces comprendí que ________ lejos del pasado y que aquel tiempo oscuro ________ algo distinto para cada uno y, por tanto, ________ mejor olvidarlo.

14. ________ al frente de una de las dependencias de no sé que Ministerio.

15. El abuelo nos daba caramelos y confundía nuestros nombres, aunque ________ seguro que los conocía bien.

16. Las capitales del mundo, las obras de Cervantes, ésas ________ las cosas de las que hablaba con nosotros.

17. Contó que desde el primer día su matrimonio ________ un infierno.

18. ¿ ________ para tocarte las narices para lo que has venido?

19. Hablaba de su hermano y ________ él quien nos describió la casa cuando ________ alquilada y no podíamos ir a verla.

20. La abuela ________ muy crédula. Parecía enfadarse por todo y, sin embargo, ________ dispuesta a creer lo que le dijéramos.

21. Todo a su alrededor ________ distinto, pero él se aferraba a lo que ________ igual.

22. Por mucho que lo miraba, nunca llegaba a adivinar qué ________ lo que ________ pensando.

23. ________ siempre de excelente humor, como si le acabaran de comunicar que ________ premiado su número de lotería, a la que ________ muy aficionado.

24. Lo malo de ti ________ que ________ como esas cabras que ________ atadas a un poste. Dan vueltas creyendo ________ lejos pero no se han movido.

25. Preguntamos si ________ en casa. ________ una pregunta absurda. Lo que queríamos saber ________ quién ________ con ella.

26. Ninguno sabía quién ________ allí la persona más importante, y ________ de más querer averiguarlo en ese momento.

27. Muchos de los otros ________ abordados y llevados al campo. Todos comprendíamos lo injusto de aquellas maniobras porque el poder ________ en manos de un pequeño dictador.

28. No me harás creer que tu amabilidad no ________ obligada.

29. ¡Ten cuidado! Vas a perder esta hoja, ________ desprendida.

30. ________ que echo chispas. Nada me ha salido como esperaba.

31. Yo ________ obligada a ________ presente, ________ la anfitriona.

32. Ese día ________ poco concentrado, algo distraído, no ________ en lo que hacía y eso sorprendió a todos.

33. Te vendrá bien su compañía porque cada vez ________ más solitario.

34. Sé muy bien que ________ de lo que no hay, por eso no me sorprende nada que digas o hagas.

35. Todo ________ como un sueño.

b) **Verbos de cambio: hacer(se), volver(se), poner(se), quedar(se), llegar a (ser), convertirse en, acabar / terminar (de). Completa las frases usándolos de acuerdo con el sentido.**

1. Tú ________ pobrecitos a todos los que se relacionan contigo.

2. Empezó de botones en la empresa y ________ director.

3. ________ triste sólo con ver escenas de película.
¿Cómo ________ entonces con las cosas de la vida real?

4. A pesar de las trabas que le pusieron ________ lo que se había propuesto y más.

5. Si lo miras con el ceño fruncido ________ más nervioso que un flan. ¡Es más tímido...!

6. No se te puede hacer el más mínimo comentario, en seguida sacas las uñas; ¡hay que ver cómo ________ !

7. ________ visitador médico para ganar un poco de dinero.

8. Después de haber tomado aquella decisión ________ muy satisfecha.

9. Las empresas ya no te llaman para sus campañas publicitarias porque ________ anticuado en tus ideas.

10. Después de hacer gimnasia ________ dolorida de pies a cabeza.

11. Sólo ella ________ alegría incluso mi desesperación.

12. Si sigues luchando ________ alguien en ese campo.

13. ________ presidente gracias a su honradez.

14. Con tantos pasteles y cosas dulces ________ diabética perdida.

15. No te gusta estudiar ni quieres trabajar, así ________ barrendero o algo parecido.

c) **Adjetivos que cambian de significado con *ser* o *estar*. Completa las frases usando *ser* o *estar* de acuerdo con el sentido:**

1. Esto ________ más *grave* de lo que yo pensaba.
2. El tesoro ________ *seguro* escondido en el desván.
3. Cenar mucho ________ *malo* para la salud.
4. ________ un *perdido,* no trabaja, no hace nada de provecho y vive a costa de los demás.
5. Se siente frío al ________ *parado.*
6. No debe coger frío, ________ muy *delicado* desde que tuvo la bronquitis.
7. Puedes entrar en su habitación, el niño ________ *despierto* hace rato.
8. No ha venido a la fiesta porque ________ *malo.*
9. Da todo lo que tiene, no sé si ________ muy *bueno* o muy tonto.
10. Podemos darle el alta, ya ________ *bueno.*
11. ¿Invitar a Pepe? No, gracias, ________ un *muerto* y nos aguará la fiesta.
12. No bebas más, ahora ________ *alegre* y pronto no habrá quien te aguante.
13. Lo mejor para animar una reunión son las sevillanas, ________ muy *alegres.*
14. Puedes ________ *tranquila,* el niño ________ en buenas manos y ese lugar ________ *seguro.*
15. ________ *grave* olvidarse de que uno tiene clase.
16. ¡Chica, qué *delicada* ________! No se te puede decir nada, ¡ni que fueras una princesa!
17. Como ________ *despierto,* aprenderá en seguida lo que sea.
18. Hay que hacerle un masaje cardíaco, aún no ________ *muerto.*
19. No reacciona ante nada: ________ un *parado.*
20. En medio de aquella multitud, ________ *perdido.*
21. Javi dice que los hombres ________ *parados* porque las mujeres no se quedan en sus casas.

d) **Completa las siguientes frases para que tengan sentido:**

1. ________ porque *son muy afectados.*
2. Bettina *estaba muy afectada* porque ________.

3. Pilar y Javier ________ por eso *están de uñas.*

4. Petra y Heike me han dicho que *están a dos velas* y por eso ________.

5. ¿Por qué ________ ? ¡Es que *eres la monda*!

6. *Es un cero a la izquierda,* así que ________ .

I. SITUACIÓN

Los toros

A. Un compañero tuyo ha ido por primera vez a una corrida de toros.
Ha salido muy impresionado pero no sabe muy bien si le ha gustado o no.
Cuando llega a clase, quiere saber la opinión de sus compañeros y el punto de vista de la profesora / del profesor.
Danos tu parecer. Comenta los textos que te damos a continuación.

Plaza de toros / ruedo
La capa / faena de capa / capotazo
La muleta / faena de muleta / muletazo
Las banderillas
Torero / diestro / espada / matador
La montera
El traje de luces
El novillo / la novillada / el novillero
El estoque / la estocada
El picador
El mozo de estoques
La cuadrilla
El aguacil
El paseíllo
Brindar el / un toro
El tendido
Las gradas
La barrera
Las mulillas
El arrastre
Palmas, pitos, ovación
Dar la vuelta al ruedo
Cortar (las) orejas
Sacar / salir en hombros
Abuchear
Dar la puntilla
El descabello
El rejoneador / el rejoneo
El burladero

B. Del lenguaje de los toros han pasado muchas expresiones al lenguaje de la calle, incluso del no aficionado.

1. **Busca el equivalente.**

2. **Trata de usarlas en una frase.**

1. Dar la puntilla.
2. Salir / entrar por la puerta grande.
3. Estar para el arrastre.
4. Ver los toros desde la barrera.
5. Coger al toro por los cuernos.
6. Estar / salir al quite.
7. Poner las banderillas.

a. Encontrarse muy cansado/a.
b. Hacer o decir algo que acabe de hundir a quien ya estaba en mala situación.
c. Enfrentarse directamente al problema, sin evitarlo.
d. Triunfar ampliamente / empezar con buen pie.
e. Echar una mano, ayudar a quien se encuentra en apuros.
f. No comprometerse, hablar sin arriesgarse.
g. Decirle a alguien cosas desagradables, pero reales.

II. LEE

LAS VENTAS

A

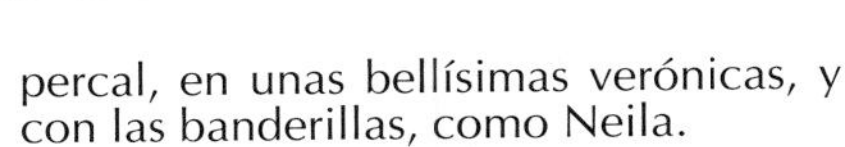

LAS LÁGRIMAS DE NEILA

El chaval Carlos Neila lloraba a la muerte de su segundo enemigo por haber fallado con la tizona, lo que le impidió cortar la oreja después de torearlo muy bien. Eran lágrimas de rabia, pundonor y profesionalidad, características ausentes en muchas de las denominadas figuras y que sobran a estos adelantados alumnos de las escuelas taurinas.

Esas características más mucha valentía eran necesarias para hacer frente a seis animales que eran becerros por la edad, pero enseñoreaban trapío de galafates. Lástima que por sus venas no hubiera ni un atisbo de sangre brava, resultando unos erales-morlacos mansos y difíciles. Hubo también competencia en quites entre los diestros, y pudieron admirarse gran cantidad de suertes, la mayoría ejecutadas también con calidad.

El madrileño Neila no pudo lucirse con el maulón primero, al que lidió a la antigua usanza y fulminó, a éste sí, con la espada. Su paisano Juan Carlos Moreno evidenció falta de mando en algunos momentos de sus faenas con el señuelo escarlata frente a sus boyancones. Mando y personalidad del que hace gala en las voces e iracundas órdenes que de continuo lanza a la más mínima torpeza de sus subalternos. Destacó con el percal, en unas bellísimas verónicas, y con las banderillas, como Neila.

El gaditano Miguel Ángel Guillén intentó emular a Paula, en lo bueno, se entiende, y se quedó en un remedo del jerezano, aunque dibujó el toreo *der güeno* y superó la prueba con bizarría.

Emilio Martínez

Un poco de vocabulario

La tizona: la espada.
Galafate: ladrón sagaz.
Eral: novillo con menos de dos años.
Morlaco: que finge tontería o ignorancia.
Maulón: perezoso, tramposo.
Boyancón: que se comporta como un buey.
El percal: la capa.
Verónicas: un tipo de pase de capa.

EXPLOTACIÓN DEL TEXTO
(Sugerencias)

- Señala las virtudes de un buen torero.
- ¿Por qué no son buenos los toros de esa corrida?
- ¿Qué diferencia hay entre **emular** y **remedar?**
- ¿Por qué tiene sentido irónico **«hacer gala»** en ese contexto?
- **«Fulminó con la espada»**. ¿Con qué más se puede fulminar?

B

ESPARTACO

«Huyo de las mujeres porque los toros son muy celosos»

Frágil y sensible, con flequillo de paje y sonrisa de príncipe azul, Juan Antonio Ruiz «Espartaco» es una de las grandes figuras del toreo actual, algo que lleva con modestia e insatisfacción, pues no hay triunfo, ni siquiera el de haber salido cinco años consecutivos por la puerta del Príncipe de la Maestranza, que parezca saciar la ambición de gloria de este diestro responsable y valiente como pocos, que en San Isidro toreará en las Ventas para mostrar a la afición madrileña, una vez más, de lo que es capaz un torero «entregao».

Mujeres y toros

— Pues con el éxito que tiene usted con las mujeres, le costará lo suyo renunciar a ellas.

— Bueno, no se crea que el éxito es mucho, dicen más del que tengo (se ríe), pero claro que me cuesta, a mí me encantan las mujeres.

— ¿Quién liga más, Juan Antonio Ruiz o Espartaco?

— Espartaco, Espartaco. Las mujeres admiran al profesional del toreo, que es al que conocen, aunque he tenido la satisfacción de que muchas personas, tanto mujeres como aficionados, me han dicho, después de tratarme, que admiran más a Juan Antonio que a Espartaco.

— ¿Se le siguen metiendo chicas en las habitaciones de los hoteles?

— Eso me ha pasado algunas veces, pero es normal porque soy una persona conocida, a los cantantes también les ocurre.

— ¿Y qué hace entonces?

— ¡Mujer! ¡Pues depende de lo que quiera la chica en cuestión!, pero de verdad que los toreros no tenemos tiempo para pensar en otra cosa que no sea el toro, y pobre del que sí que lo tenga para pensar en una mujer.

— ¿Tan dañinas somos para los toreros?

— No, si eso que dice la gente no es verdad, si estar con una mujer no afecta, lo que afecta es el distraerte, el cenar, el tomar una copa con ella y levantarte y llamarla por teléfono y volverla a llamar antes de acostarte. Si te tomas la cosa en plan formal, serio, la mujer, que para mí es el ser más maravilloso que hay sobre la tierra, te da tranquilidad y eso te beneficia a la hora de torear. Pero hay que huir de la mujer que te pueda distraer, porque el toro, que es un animal muy celoso, en seguida se da cuenta de la vida que haces. Recuerdo que un día hablando de esto, Luis Miguel Dominguín me dijo: «Cada cornada que tengo en mi cuerpo lleva el nombre de una mujer».

— ¿Es tan buen chico como parece?, porque entre lo de la periodista francesa y lo de esa mujer que le señala como el padre de su hijo, una ya no sabe qué pensar.

— Yo no tengo por qué dar una imagen falsa, porque no me hace falta. Tengo mi vida prácticamente resuelta, y creo además que las personas deben ser como son, y que en la plaza me reflejo tal cual. En la vida me ha ido bien porque he andado por un camino recto. Por supuesto que he cometido errores, pero las personas allegadas a mí saben que he intentado no equivocarme..., lo del niño no es cierto; es sólo una jugada de intereses, el escándalo se montó por dinero nada más. Pero la

mentira tiene las patas muy cortas, a la vista está, porque las pruebas de paternidad a las que me sometí por iniciativa propia han demostrado que ese niño no es mío. De todos modos, aunque las cosas se solucionen, la marea tarda mucho tiempo en pasar... ¿Sabe qué es lo que más me duele de todo?, que haya gente que por este tipo de montajes crea que los toreros somos unos vivalavirgen cuando no es así. A mí, por ejemplo, me da mucho coraje que se sepa que salgo con una mujer, porque si la cosa se acaba la perjudico, pues las chicas que han salido con un torero famoso están como marcadas, como mal vistas.

Almudena Guzmán
Blanco y Negro, 20-5-90

EXPLOTACIÓN DEL TEXTO
(Sugerencias)

- ¿Qué opinas de las afirmaciones de Espartaco?
- ¿Hay profesiones que exigen una vida más disciplinada que otras?
- Torear, correr en carreras deportivas, pilotar aviones son actividades peligrosas. Las personas que se dedican a ello ¿tienen condiciones, características especiales? ¿Cuáles?
- Lee atentamente el texto otra vez y dinos por qué protesta exactamente Espartaco.

III. Y TÚ ¿QUÉ OPINAS?

LA MODA TAURINA

Parece que Julio Llamazares se equivoca al calificar de moda lo taurino, pues si por moda se entiende esas oscilaciones epidémicas del gusto, no sería el toreo lo que está de moda (que aquí siempre ha privado), sino su contrario.

Sin querer con esto justificar la lidia, la condena que Julio Llamazares hace de ella, echándose al ruedo de la disputa con vistoso traje ecologista y un regusto de viejo sentimentalismo burgués, me recuerda, como a él la lidia, ciertas prácticas brutales, esa otra moda que propugna el respeto y el amor a los animales como un sustituto asegurado del difícil, impredecible y a veces no recíproco amor entre los hombres. Así, se compadecen de los pobres animales calificando la equitación como vandálica; la experimentación animal, como salvaje; la lidia, como tortura, o la crianza y explotación de los animales, como intolerable, tranquilizando su buena conciencia por la pasividad e indiferencia que muestran de hecho ante la cotidiana crueldad del hombre contra el hombre.

Tal vez el toreo no tenga justificación; tal vez no sea más que un atavismo como el de cazar, domar a los animales, aprovecharnos de su fuerza o simplemente comerlos. Aunque tal vez en la lidia haya algo más que la muerte de un animal o un hombre. Pero posiblemente no todo el mundo pueda o quiera verlo; no todo el mundo sea capaz de disociar el color rojo de la sangre con la agresión y el crimen, o el juego del hombre y el toro con un brutal engaño. Como no todo el mundo puede o quiere ver la feliz violencia por la que llegamos a este mundo.

Jesús Pardo
El País, 23-6-88

- **¿Crees que los toros son un espectáculo cruel?**
- **En un país civilizado, ¿habría que prohibirlos?**
- **¿Cómo justificas su supervivencia?**
- **¿Te parecen peor, más criticables que otras matanzas de animales?**

UNIDAD 19

El carácter nacional

SER Y ESTAR. La pasiva

RECUERDA

Antes de empezar, vamos a hacer una aclaración: no queremos entrar en la discusión de si **ser + participio** y **estar + participio** se llaman o se consideran voz pasiva o no. El caso es que esta estructura presenta dificultades y con este trabajo pretendemos ayudar a aclarar la cuestión.

Ser + participio

Tomemos la frase: **Mi profesora admira mucho a García Márquez.**
Hay un sujeto: mi profesora.
Hay un objeto: G. Márquez.
Y hay un verbo que expresa una «acción» imperfectiva: admira.

Volvamos pasiva esta frase: **G. Márquez es muy admirado por mi profesora.**
Fijémonos en el verbo: expresa la misma «acción» imperfectiva, pero hemos tenido que transformarlo al cambiar el *sujeto* por *complemento agente* y el *objeto* por *sujeto pasivo (paciente,* como lo llama la tradición).

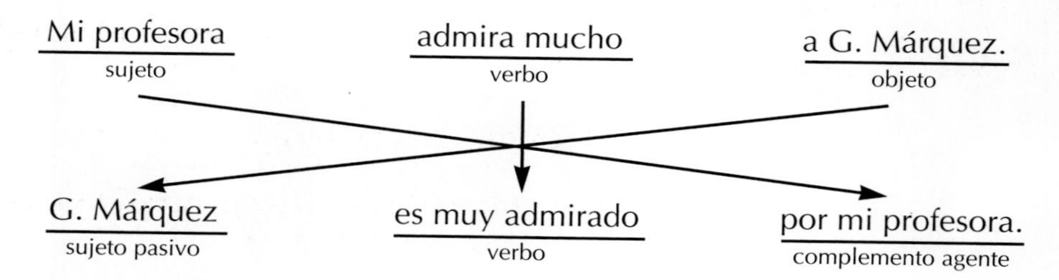

En realidad, la «acción» no ha cambiado, sólo el enfoque de la frase.

Por eso podemos decir que:

Las frases de **ser+ participio** expresan la **pasiva de acción**, lo cual parece contradictorio. Pero lo entenderemos mejor si pensamos que lo verdaderamente pasivo es el sujeto, el verbo sólo tiene una apariencia diferente.

USOS

1. **Ser + participio:** Se usa en **todos los tiempos de los verbos imperfectivos:** creer, admirar, saber, amar, respetar, etc.
   Ejemplo: *Nadie* ***es más respetado*** *que él entre sus subordinados.*

2. **Con verbos perfectivos:** cerrar, abrir, escribir, inaugurar, etc.
   Se usan preferentemente: **el pretérito perfecto, el indefinido, el pluscuamperfecto, el futuro y el condicional.**
   Los presentes e imperfectos se usan poco y con un significado muy concreto:
   a) **costumbre**
      Ejemplos: *Las plantas* ***son abonadas*** *en primavera y otoño.*
      Los exámenes ***eran preparados*** *en equipo.*
   b) **descripción momentánea de la acción**
      Ejemplos: *En este momento* ***es inaugurado*** *el nuevo palacio de congresos.*
      Y así con una fuerte ovación, ***es clausurado*** *el certamen de patinaje artístico.*

Estar + participio

- Se usa preferentemente con verbos **perfectivos y reflexivos**.

- **No se usa en formas compuestas** ni **en indefinido**.

- **A las formas simples de *estar* les corresponde una forma compuesta de *ser*.**
  Ejemplo: *está = ha sido; estaba = había sido; estará = habrá estado, etc.*

¿Por qué esta equivalencia?

- Hemos dicho más arriba que **ser expresa la «pasiva de acción»**.

- **Estar + participio expresa la pasiva de resultado.**
  Por lo tanto: a una acción pasada puede corresponderle un resultado presente.
  Y aquí estamos ante el significado fundamental de esta construcción: **resultado presente de acción pasada, unido a un valor durativo del resultado.**
  Ejemplos: ***Está encerrado*** *hace tres meses.*
  Significa que, en el momento en que el hablante se sitúa, todavía está privado de libertad. (Se hace referencia al resultado + la duración.)
  Fue encerrado hace tres meses.
  La acción de encerrar es pasada. Con esta frase no sabemos si sigue encerrado o ya lo han puesto en libertad. (Se hace referencia a la acción).

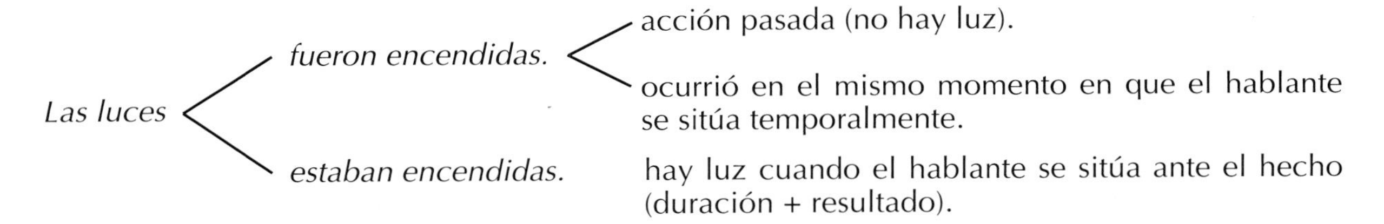

EJERCICIOS

a) **Completa las frases usando *ser* o *estar* de acuerdo con el sentido.**
A veces hay más de una posibilidad; explica las diferencias.

1. Todas sus experiencias ________ recogidas en este libro.
2. Los niños ________ recogidos por una tía rica que se ocupa de ellos.
3. ________ destrozados porque han perdido todo lo que tenían.
4. Volví a casa y las ventanas ________ abiertas y todo ________ mojado porque había llovido.
5. La nariz de Michael Jackson ________ operada.
6. El veneno ________ disuelto en el café y la víctima no lo notó.
7. El martes será el último entrenamiento y luego habrá vacaciones hasta el día en que ________ reclamados por el entrenador, uno a uno para hablar con vosotros.
8. Los boletos ganadores no ________ debidamente formalizados, por ello ________ anulados.
9. Los sospechosos ________ seguidos durante días hasta que la policía les dio caza.
10. Los presuntos asesinos ________ detenidos con posterioridad, cuando ________ a punto de cruzar la frontera.
11. ________ detenidos desde anoche, hasta que se fije la fianza.
12. Que la tierra se mueve ________ demostrado hace mucho tiempo.
13. Los extranjeros ilegales ________ conducidos a la frontera.
14. La emisión de bonos ________ avalada por uno de los bancos más importantes del país.
15. En el «Manual de derechos y deberes del usuario del Metro» ________ recogidos los aspectos más relevantes del reglamento de los viajeros.
16. La declaración sobre las negociaciones no ________ firmada por razones técnicas.
17. Los documentos que me presentaron ayer ________ firmados y listos para su envío.
18. Ángela Molina ________ galardonada con varios premios, pero ella afirma que no se le han subido a la cabeza.
19. La venta de ese solar ________ apalabrada, por lo menos, desde hace seis meses.
20. Sigue insistiendo, ya ________ convencido aunque no lo parezca.
21. La tele ________ encendida desde hace rato, si no, ¿por qué ________ tan caliente?
22. De todos ________ sabido que la pereza ________ la madre de todos los vicios.

23. En este momento ________ investido presidente de la nación peruana Alberto Fujimori.

24. Los médicos han convocado una huelga y sólo ________ atendidas las urgencias.

25. La reunión ________ convocada para mañana, ¿no lo has leído en la circular?

26. Lo siento, no puedo venderle ese collar porque ya ________ vendido.

27. Algunos de los cuadros de Velázquez ________ expuestos por el mundo en una exposición itinerante.

28. La antigua sede del festival ________ derribada para construir un complejo hotelero.

29. Los cuadros más famosos de Velázquez ________ expuestos en el Museo del Prado.

30. No puedo leer el letrero, la mitad de la inscripción ________ borrada.

31. ________ demostrado que «Quien da primero, da dos veces».

32. Ha sufrido un lavado de cerebro, cualquier recuerdo inconveniente ________ borrado de su memoria.

b) **Sustituye las construcciones con *ser* por otras con *estar* donde sea posible.**

1. Su novela *había sido llevada* al cine con gran éxito.
2. Mis padres también *han sido invitados,* pero no han querido venir.
3. Los divorcios de los famosos *son dramatizados* por la prensa del corazón.
4. *Fue casada* por sus padres contra su voluntad.
5. Ella sabía que esa serenidad no *había sido conseguida* fácilmente.
6. *Han sido sometidos* a causa de las privaciones que han padecido.
7. Las tiendas *son abiertas* a las nueve y media.
8. Aquellos muebles *habían sido restaurados* con mucha delicadeza y por una mano experta.
9. *Ha sido muy criticada* por su rebeldía e inconformismo.
10. *Es vigilada* por las amenazas que ha recibido.

c) **Convierte las frases activas en construcciones con *ser* o *estar.***

1. Lo *eliminaron* del equipo porque no rendía.
2. *Preparan* la comida como si fuera fiesta todos los días.
3. La *rodeaban* sus maletas como admiradores incondicionales.
4. *Han despedido* a Mario.
5. Me *habían pintado* el coche hacía poco, cuando me dieron un golpe.
6. *Atenderemos* sus peticiones con cuidado e interés.
7. *Han cortado* las comunicaciones telefónicas con el exterior.
8. *Has estropeado* la comida con tanto invento y cosa rara.
9. Ya *he solicitado* el ascenso, ahora a ver si me lo *conceden.*
10. Las zonas afectadas por la catástrofe las *cubriremos* con un servicio informativo especial.

AMPLÍA VOCABULARIO

a. Restituye a cada definición la palabra que le corresponde: úsalas en frases.

1. Persona despreocupada e informal.
2. Persona que pretende saber mucho y presume de ello.
3. Persona con habilidad especial para ponerse en situaciones comprometidas.
4. Atrevido, sinvergüenza.
5. Pelotillero, adulón.
6. Médico.
7. Algo de poco valor o calidad, que atrae a la gente.

a. Caradura b. Vivalavirgen c. Matasanos d. Metepatas
e. Tiralevitas f. Sabelotodo g. Engañabobos

b. 1. Cuando dices que alguien / algo **es chulo**, significa ....
2. ¿Y si dices que **es un ligón?**
3. Si te dicen que **estás en la inopia,** estás:
   a. • en una región de África.
   b. • en las nubes.
   c. • necesitado de gafas.
   d. • en el séptimo cielo.
4. Si te dicen que **estás a la que salta,** significa:
   a. • que estás dispuesto a hacer notar sus errores a los demás.
   b. • que has elegido la yegua más rápida.
   c. • que estás enfadado por la impuntualidad de los demás.
   d. • que tu deporte favorito es el salto de altura.
5. Cuando dices que **no es para menos,** significa:
   a. • que vale menos de lo que te han pedido.
   b. • que no es una película para niños.
   c. • que hay motivos para enfadarse.
   d. • que no hay que exagerar.

I. SITUACIÓN

El carácter nacional

Son las tres de la madrugada y llueve a cántaros. Vuelves a casa con 20 duros en el bolsillo y con una copa de más. Al querer abrir la puerta, te das cuenta de que no tienes llaves, y Francisco, tu compañero de piso, está durmiendo como un ceporro. Además de llorar amargamente, ¿qué puedes hacer?

- Echar la puerta abajo.
- Aporrear la puerta.
- Quedarte pegado al timbre.
- Tirar piedras contra la ventana.
- Acordarte de la familia de alguien.
- Gritar a voz en cuello.
- Llamar a voces.
- Descerrajar la cerradura.
- Escalar hasta el balcón.
- Armar un escándalo.
- Despertar a los vecinos.
- Pedir prestado: una escalera,
  un destornillador,
  un paraguas,
  un despertador.
- Otros,...

- **Reacciona**

A MALAS COSTUMBRES

Curiosamente, por otro lado, cuando, los extranjeros —sean ejecutivos de multinacionales, profesores, diplomáticos, futbolistas o delegados comerciales— vienen a residir aquí, acaban adaptándose felizmente a nuestra filosofía vital. Les va la marcha española. Como ya apuntara el sociólogo chileno Pablo Huneeus, en su país, heredero también de atributos hispanos, el proceso de aclimatación se produce —si bien aquí con diferentes matices— en tres etapas:

FASCINACIÓN: Al llegar a España sienten un gran alivio al comprobar que los españoles no llevamos al cinto la espada de matar toros. Las gentes, el clima y las costumbres les atraen poderosamente. Todo es diferente a su país. La vida parece fácil. Se hacen amigos como churros. Se come y se bebe a placer. Se aparca el coche donde uno quiere. Las multas no se pagan. Tampoco se declara todo lo que se gana. Los cheques sin fondos no son un delito, sino un «trámite». Los médicos atienden por teléfono y recetan lo que a uno le gusta. Los horarios no importan. Les fascina nuestro ingenio. Desde las mil y una formas en que burlamos la ley, hasta el arte que nos damos para rellenar las botellas con tapón irrellenable. Descubren no sólo que en este país todo es posible, sino que es ¡el auténtico paraíso terrenal!

DESESPERACIÓN: Al poco tiempo empiezan a detectar extraños comportamientos. El apartamento que iban a alquilar no está listo en la fecha prometida y el precio es muy superior al pactado. El certificado de residencia se demora más de lo previsto (como puntualiza Robert Moran, el concepto hispano del «mañana» significa *un indefinido futuro*). Se sorprenden de que un trámite burocrático lo tenga que resolver el electricista. Pero en seguida descubren que el «enchufe» es otra cosa muy distinta a lo que dice el diccionario. Que es algo imprescindible para que le instalen el teléfono, le entreguen el automóvil o le concedan la dichosa autorización.

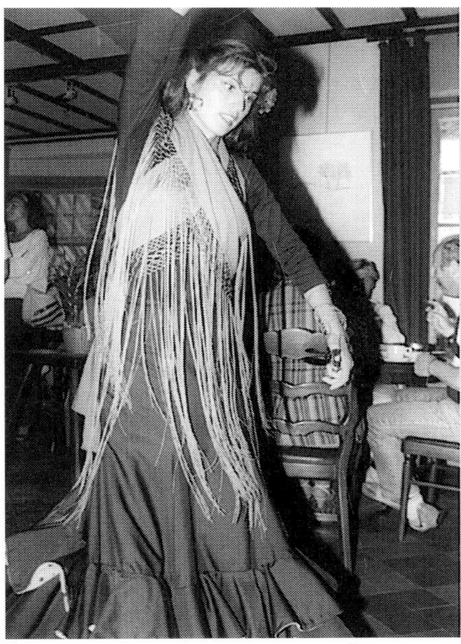

Las normas no se cumplen o se reinventan cada día. Y nadie es responsable de nada.

HISPANIZACIÓN: Esta etapa la desarrollan cuando regresan a su país de origen. Allí han de enfrentarse con la racionalidad, la puntualidad y la seriedad. Pero ya no la soportan. La esclavitud del reloj y el trabajar sin interrupción siete horas seguidas es realmente agotador. No hay espacio para tomarse un vino y unas tapas en el bar de la esquina o charlar mientras se redacta el informe. En su país no hay lugar para la sorpresa (el diario *Le Monde* afirmaba recientemente en un reportaje sobre España, que aquí «entre la sensualidad morisca y la Inquisición, la aventura continúa») y echan en falta ¡la ineficiencia! Lo serio es aburrido y «lo español» divertido.

Ciertamente, los españoles tenemos un sentido innato de la desfachatez, que la practicamos como un deporte. Y la vida, para nosotros, diríase que es un espectáculo intenso y alegre que cautiva al extranjero. Nos congratula enormemente observar cómo éste, al grito de ¡hispanícese!, se integra plenamente a nuestras buenas y malas costumbres.

Creo, efectivamente, que, en muchos aspectos, los españoles poseemos el secreto del gran milagro de vivir. Sin embargo, en otros, debiéramos cambiar —un «poco» o un «mucho», según los casos— si realmente tenemos vocación de seres civilizados. Porque el cambio hacia la modernidad no consiste sólo en sustituir los horarios de las misas por los anuncios eróticos de las masajistas en las páginas de los periódicos. Ni el «usted» por el «tú». Ni el bolígrafo por el ordenador personal. Se trata de algo más, si ustedes me lo permiten...

Francisco Gavilán
Guía de malas costumbres españolas.
Mondadori España

EXPLOTACIÓN DEL TEXTO
(Sugerencias)

- ¿Has estado en España alguna vez?
- ¿Cuáles han sido tus impresiones?
- ¿Te ha ocurrido lo mismo que cuenta F. Gavilán?
- ¿Qué te ha fascinado/deseperado de España?
- Gavilán habla del secreto del milagro de vivir, ¿en qué consiste?

B LOS ESPAÑOLES

La vida buena de los españoles transcurre fuera de casa. Así ha sido tradicionalmente, por lo general con una casi musulmana separación entre sexos. Los varones iban al casino, a los toros, al café; las mujeres se sentaban en sillas bajas en la calle, en un portal, si hacía buen tiempo o si no, iban a la iglesia. Ésas son formas de vida pretérita, pero todavía vigentes en su fondo. La tradición mediterránea del ágora subsiste. La vida más apetecible sigue siendo la de la calle, o por lo menos, negativamente, la que se hace fuera del hogar. (...)

«Salir» significa realmente que los españoles se relacionan menos con la familia y más, cada uno de sus miembros del hogar, con sus pares, las personas de parecida edad y con mucha frecuencia del mismo sexo. Esta constancia se extiende a los jóvenes e incluso a los adolescentes, quienes reciben mucha influencia de ese grupo de pares y relativamente escasa de los padres y no digamos de los demás parientes. Este hecho se traduce en otro de mayor hondura: muchas familias se mantienen artificialmente unidas, pero no cohesionadas, por razones económicas o de tradición. No sólo los jóvenes no abandonan el hogar paterno, a pesar de que puedan llevarse mal con los padres, sino que los cónyuges pueden no llevarse bien entre sí y no recurren al divorcio. La ley de divorcio en España es sumamente liberal, pero la tasa es bajísima. En definitiva, el hogar se ve más como una unidad de organización económica que de administración de afectos, siempre en valores relativos respecto a lo que ocurre en los países europeos con los que gustamos compararnos.

Amando de Miguel
Los españoles
Ediciones Temas de Hoy

EXPLOTACIÓN DEL TEXTO
(Sugerencias)

- ¿Qué opinas de las afirmaciones de Amando de Miguel?
- ¿Cuáles son los estereotipos que conoces sobre España?
- ¿Es para ti importante la vida fuera de casa?

- La mayoría de los encuestados manifiestan un gran orgullo nacional

Madrid

III. Y TÚ ¿QUÉ OPINAS?

SIETE DE CADA DIEZ ESPAÑOLES ASEGURAN QUE ESTÁN SATISFECHOS CON LA VIDA QUE LLEVAN

Siete de cada diez españoles se sienten satisfechos con la vida que llevan, según datos de una encuesta realizada por el Centro de Investigaciones Sociológicas (CIS). El retrato-robot de este hombre feliz reúne los siguientes requisitos: estudios medios o superiores, no asalariado, votante de partidos de derechas y domicilio en Galicia. No obstante, este español manifiesta un nivel de satisfacción inferior a la media de los ciudadanos de la CEE.

Según el estudio sociológico, un 12 por 100 de los españoles dicen sentirse muy contentos con su vida, y un 60 por 100 están bastante satisfechos. Los pocos dichosos representan un 22 por 100. Los estudiantes, cuadros medios, vendedores y no asalariados son los que disfrutan, según sus afirmaciones, de una cota de alegría y felicidad superior a la media nacional. «Los hombres con suerte», en general, gozan de unos estudios medios o superiores y son votantes de partidos de derechas. Por el contrario, los más insatisfechos son los parados, las amas de casa, los trabajadores no cualificados y los que votaron en 1986 a partidos de la izquierda del PSOE.

Por lo que respecta a las Comunidades autónomas, por encima del 72 por 100 de la media nacional de satisfacción se sitúan Galicia (82 por 100), Cataluña y Baleares (78 por 100), Castilla-La Mancha y Extremadura (76 por 100) y Aragón, Navarra y La Rioja (75 por 100). Por debajo están Castilla y León, Asturias, Cantabria, País Vasco, Valencia y Murcia (70 por 100), Madrid (67 por 100) y, por último, Andalucía y Canarias (60 por 100). En el contexto de la CEE, el índice medio de satisfacción de los españoles es algo más bajo que el manifestado por el conjunto de la Comunidad. Daneses, luxemburgueses, holandeses, británicos, alemanes, irlandeses y belgas están más satisfechos que los españoles con la vida que llevan, mientras que franceses, griegos, italianos, y sobre todo portugueses, se muestran menos satisfechos.

Otra de las cuestiones planteadas a los encuestados fue el sentimiento de orgullo nacional. El resultado de la encuesta señala que ese sentimiento es en España muy fuerte: nueve de cada diez encuestados se muestran orgullosos de ser españoles, índice que supera al que se da en los países de la CEE, con excepción de Grecia y Luxemburgo. Este sentimiento, según los resultados de la encuesta, está muy arraigado en todos los segmentos de la población española, y es más acusado en personas de más de sesenta y un años, en votantes de extrema derecha, derecha y centro, y en quienes poseen menos estudios. Este sentimiento desciende notablemente en el País Vasco, donde frente al 91 por 100 de media nacional de quienes se sienten muy orgullosos o bastante orgullosos de ser españoles, se registra un 53 por 100. Por encima de la media, se encuentran la mayoría de las Comunidades autónomas, especialmente Asturias y Cantabria, con un 98 por 100, y por debajo, Aragón, Navarra y La Rioja, con un 86 por 100, y Cataluña y Baleares, con un 87 por 100.

ABC, 14-5-88

- Las amas de casa y los votantes de izquierdas, entre los menos felices

- **Contrasta la afirmación de la cantante española Alaska con lo que dice el artículo del *ABC*.**
- **¿Compartes esas opiniones?**
- **¿Cómo ves tú a los españoles?**
- **¿Has experimentado lo que dice Gavilán en el texto anterior?**
- **¿Crees que se puede hablar de carácter nacional?**

UNIDAD 20

Las mujeres

LOS PRONOMBRES I. El complemento directo

RECUERDA

1. • **LO: complemento directo** masculino singular de persona y cosa.
   Ejemplos: *Ayer vi varias veces a Christian pero hoy no **lo** he visto.*
   *El libro que me regalaste ya **lo** he leído.*

   • **LOS: complemento directo** masculino plural de persona y cosa.
   Ejemplos: *¿Has visto a mis amigos? — No, no **los** he visto.*
   *¿Dónde están los libros que te presté? — **los** he dejado en tu mesa.*

   Está aceptado también el uso de **LE/LES** como complemento directo de persona.

   • **LO: neutro.**
   Se refiere a frases, ideas, hechos abstractos.
   Ejemplos: *Hoy voy a llegar temprano. — **lo** dudo.*
   *Le han concedido un premio y no **lo** apruebo.*

   • **LA: complemento directo** femenino singular de persona y cosa.
   Ejemplos: *¿Ves a esa chica? — No, no **la** veo.*
   *¿Te gusta esa revista? — No **la** conozco.*

   • **LAS: complemento directo** femenino plural de persona y cosa.
   Ejemplos: *Las plantas me encantan pero no **las** aguanto, me dan alergia.*
   *Esas mujeres son muy competentes, yo **las** contrataría ahora mismo.*

2. • **Cuando el complemento directo está colocado delante del verbo, hay que repetirlo con un pronombre:**
   Ejemplos: *A mi mejor amiga* (C.D.) ***la*** *conocí* (VB.) *en clase.*

   — Cocina de maravilla.
   — Sí, el arroz (C.D.) *sobre todo,* ***lo*** *prepara* (VB.) *como nadie.*

*Esa ley **la** aprobaron en el 86.*
*Eso **lo** dices porque no te compromete.*

El complemento directo se antepone con la intención de:

- Enfatizar algo que me interesa destacar.
- Seleccionar entre varios.
- Aclarar o matizar algo.
- Evitar el uso de la pasiva.

Si el complemento directo está *detrás* no debe repetirse.

3. • **Hay verbos de significado transitivo que alternan en su estructura o un complemento directo nominal / pronominal o una construcción reflexiva.**

Ejemplos: ***Levanto** la cabeza / **la** levanto. // **Me** levanto.*
***Mueve** las caderas cuando baila / **las** mueve. // **Se** mueve cuando baila.*
***Dirigió** la mirada hacia el horizonte / **la** dirigió. // **Se** dirigió hacia...*
*No **asomó** la nariz por aquí / no **la** asomes. // No **se** asomó...*
***Peina** a su perro con cariño / **lo** peina. // **Se** peina...*

4. • **Si el complemento directo está representado por el sintagma *a + pronombre tónico* hay que repetirlo con un pronombre *átono*.**

Ejemplos: * *He visto a ella.* (C.D.) — Hay que decir: ***La** he visto a ella.*
* *Han mirado **a mí**.* (C.D.) — Hay que decir: ***Me** han mirado a mí.*

a) La presencia de los dos pronombres es necesaria en casos de **precisión** o **aclaración**.

Ejemplos: *¿Has visto a Martín o a su mujer? — **La** he visto **a ella**.*
*Oye, ¿**Me** ha mirado **a mí** o a ésa?*
En cambio:
*Oye, ¿verdad que **me** ha mirado?*

b) Si no aparece el verbo explícitamente en la frase, podemos encontrar el citado sintagma.

Ejemplos: *¿Has visto a Martín o a su mujer? — La he visto a ella, no **a él**.*
*Te ha mirado a ti, no **a mí**.*
*¿A quién han convocado? — **A nosotros**.*

5. • **El contexto situacional puede hacer innecesaria la presencia del pronombre complemento directo.**

Ejemplos: (Jugando al ajedrez): *Te toca **mover** (la ficha).*
(Por teléfono): ***¡Dígame!** (lo que sea).*
— Pepe, quiero hablar contigo.
*— Venga, **di** (lo que sea).*

EJERCICIOS

a) **Completa con el pronombre adecuado donde sea necesario.**

1. El niño ________ levanta sólo el domingo para ir a ver el partido.
2. Al abuelo ________ han ingresado en el clínico.
3. Yofrei ________ considera incapaz de hacer este trabajo. Es un inútil.
4. ________ hubiera reunido con los guerrilleros si fuera un hombre de valor.
5. ________ han ingresado 100.000 pesetas a cada uno de sus nietos.
6. Llegó de Madrid una noche y ________ invitó solo. ¡Qué cara!
7. Los niños no ________ comen el coco con esos problemas.
8. ________ peina Llongueras*. ¿A que se nota?

   * Llongueras, peluquero español algo excéntrico.
9. Al cazador ________ levantó una liebre su perro más fiel.
10. ¡Pero si ________ lo han comido todo! ¡Qué mayores!
11. ________ he invitado a cenar porque me ayudaron a pintar la casa.
12. ¡Cómo tienes el pelo! ¡Peina ________ un poco mejor!
13. Pepe ________ ha casado y nadie ________ ha enterado.
14. ________ reunieron a todos los vecinos y ________ distribuyeron su cargo respectivo.
15. En algunos países, a los jóvenes ________ casan todavía por compromiso entre los padres.
16. El médico ________ consideró apto para el servicio.
17. A mi madre ________ he traído un ramo de flores secas. ¡ ________ encantan!
18. ________ he regalado un par de binoculares para que ________ lleve al campo.
19. Deberíamos provocar un encuentro para que ________ reconciliaran de una vez por todas.
20. Es difícil que ________ reconcilien la teoría y la práctica.
21. No hay quien ________ levante estas maletas tuyas. ¿Qué ________ has metido dentro? ¿Plomo?
22. Me gustaría comer ________ bogavante. Nunca ________ he comido.

23. Con una sola mirada que ________ dirigió a la habitación, ________ dio cuenta de que faltaban cosas.

24. ¿Quién ________ ha movido de sitio mis papeles?

25. ________ has movido; ________ he notado por la sombra.

26. ¿Todavía no ________ has movido? ________ van a dar las uvas con esta partida.

27. ¿Qué ________ habrá movido a actuar como ________ ha hecho?

b) **Sustituye *le-s* por *lo-s* donde sea posible, sin cometer un error.**

1. *Le* saludé en cuanto *le* vi entrar por la puerta.
2. *Le* devolví el libro que me había prestado.
3. A los niños no *les* gusta andar.
4. *Le* mandaron a casa de su hermana, quien *le* recibió con cariño.
5. *Le* llevé el recado inmediatamente.
6. A tu marido *le* he visto ayer en la discoteca con una amiga.
7. A los vecinos *les* tengo manía.
8. No me cuentes cuentos. A tu hermano no puedes haber*le* visto hoy. Está de viaje.
9. A mi hijo *le* tengo con fiebre.
10. A mi padre *le* llevé al médico para que *le* reconocieran.
11. *Les* gustaba el trabajo que *les* había proporcionado mi tío.
12. No *les* he dicho la verdad y me arrepiento de haber*les* causado tantos problemas.
13. *Les* conocía sin siquiera haber*les* visto nunca.
14. *Le* mandaron su carta de despido por certificado.
15. *Les* llamé por teléfono varias veces pero no pude hablar con ellos.

c) **Transforma el infinitivo en el tiempo y modo adecuados. Añade los pronombres donde sea necesario:**

(Ser) ________ de noche y *(estar,* yo*)* ________ con mi prima Ángeles en la habitación de un hotel de Burgos. Nunca *(dormir,* yo*)* ________ con una amiga; *(cuchichear)* ________ las dos muy excitadas, *(parecer)* ________ maravilloso el lujo del cuarto. (...)

Mi padre y mi tío Vicente *(alojar)* ________ en la habitación de al lado. *(Deber)* ________ de seguir hablando del asunto del coche; *(pasar,* ellos*)* ________ todo el viaje con la cara larga y todo el rato a vueltas con lo mismo; hasta cuando *(callar)* ________, *(leer)* ________ en el entrecejo la preocupación. Días antes, papá *(recibir)* ________ un comunicado oficial donde *(decir)* ________ que su coche, que *(servir)* ________ gloriosamente a la Cruzada *(estar)* ________ destrozado en Burgos pero que si *(acudir)* ________ a identificarlo *(indemnizar)* ________ en algo. *(Pedir,* él*)* ________ a mi tío que *(acompañar)* ________ y *(decidir)* ________ llevarnos con ellos, ¡qué ilusión! *(Hacer)* ________ todo el viaje bastante calladas, con cara de circunstancias, atentas a disimular una alegría que *(desbordar)* ________ cuando *(dejar)* ________ solas. *(Ser)* ________ una alegría loca, inconveniente y egoísta, que *(basar)* ________ en que *(dejar)* ________ solas, en que *(desentender)* ________ de si *(apagar)* ________ la luz o no, de si *(cerrar)* ________ la ventana o no, en que no *(amenazar)* ________ con volver porque *(estar)* ________ pensando en otra cosa, una alegría que *(alimentar)* ________ a expensas de su disgusto.

«No *(oír)* ________ hablar. ¿Tú crees que *(dormir)* ________ ?». «Seguro, *(venir)* ________ muy cansados. «¿No *(estar)* ________ cansada tú?». «¿Yo? ¡Qué va! No tengo ni gota de sueño». Por la ventana *(llegar)* ________ un eco de risas y un himno lejano. *(Asomar)* ________ , *(ver)* ________ ventanas encendidas, a un militar que *(despedir)* ________ de una rubia; *(detener)* ________ un coche oficial delante del hotel, *(salir)* ________ dos señores, el chófer *(abrir)* ________ la portezuela. Luego *(saber,* yo) ________ que, en ese tiempo *(andar)* ________ por Burgos Dionisio Ridruejo; *(leer)* ________ en un libro que, con motivo de su muerte, *(editar)* ________ el año pasado. A lo mejor *(alojar)* ________ en el mismo hotel. *(Proponer,* yo) ________ a mi prima que *(salir)* ________ un poquito a la calle. Al principio no *(entender)* ________ , *(resistir)* ________ a creer que *(ser)* ________ posible, luego *(decir)* ________ que *(dar)* ________ miedo. *(Convencer)* ________ ;*(arreglar)* ________ sigilosamente, *(salir)* ________ al pasillo, debajo de la puerta de ellos no *(ver)* ________ luz, *(bajar)* ________ la escalera de puntillas, casi sin atrevernos a respirar, *(dejar)* ________ la llave al conserje; en el comedor *(haber)* ________ gente desconocida, puede que *(estar)* ________ Dionisio Ridruejo, puede que a algunos *(conocer)* ________ más tarde.

«¿Tú crees que el conserje *(decir)* ________ algo mañana?». «Seguro que no, no *(ser)* ________ tonta, si no *(mirar)* ________ siquiera». *(Pintar)* ________ un poco los labios para parecer mayores, no *(notar)* ________ pero *(parecer)* ________ que toda la gente *(mirar)* ________ . «Yo, por mí, no *(acostar)* ________ en toda la noche, *(asegurar)* ________ ».

Carmen Martín Gaite
El cuarto de atrás

EXPLOTACIÓN DEL TEXTO
(Sugerencias)

2. • Explícanos cuál es la diferencia entre **cuchichear**, murmurar, susurrar, refunfuñar.
• Si alguien te dice: **¡Deja de rezar!** ¿Te está pidiendo que dejes la oración?
• **Cotillas y chismosas** son personas a las que les gusta traer y llevar detalles de la vida de los demás. ¿Tienen algo que ver estas palabras con los verbos de más arriba?

6. • Tener **la cara larga**, ¿significa que la tienen alargada o que están preocupados?
• **A vueltas con** lo mismo. ¿Estás haciendo rodar algo?

7. El **entrecejo** revela preocupación.
¿Qué revelan los siguientes gestos?:
– Fruncir el ceño.
– Arrugar la nariz.
– Encogerse de hombros.
– Sonreír de oreja a oreja.
– Alzar las cejas.

18. ¿Es lo mismo **a expensas de** que *a costa de*?

39. Bajaron la escalera **de puntillas.** ¿Cómo lo hicieron? ¿Es lo mismo que ir / andar *con pies de plomo*?

- ¿Quién habla? ¿Qué está contando?
- ¿Quiénes son las niñas?
- Imagina lo que pasa cuando salen solas, adónde van, por qué...
- ¿Recuerdas una experiencia similar?
- Carmen Martín Gaite consigue hacernos ver a las niñas. ¿Por qué medios estilísticos?

Las mujeres

A

Yo estoy muerta. Muerta y enterrada entre las cuatro paredes de mi casa. Yo no tengo nunca horario de trabajo, únicamente sé cuándo comienzo. Durante veinte horas del día debo acordarme de las necesidades de Luis y de la casa y atenderlas a todas, en cualquier momento, porque si además de que no me dedico más que a la casa no cumpliera con mi deber, entonces merecería que me metieran en la cárcel... Aunque quizá sería mejor que esto...

Y si se me olvida cualquier detalle en la realización de una tarea concreta, he de repetir de nuevo los mismos movimientos como si no hubiera hecho nada. Entiéndeme... Sirvo el café, por ejemplo. Pues si después de haber llevado a la mesa la cafetera, el azucarero, las tazas, la leche, me olvido de una cucharilla, tengo que levantarme inmediatamente a buscarla, y cuando me acabo de sentar pensando que podré estar allí tranquilamente unos minutos, falta el cenicero, o un plato, o el azúcar, porque el azucarero está vacío y se me ha olvidado llenarlo. Y cuando he reunido ya todos los utensilios de la mesa, Luis ha sorbido el café, se ha fumado el cigarrillo y se levanta para irse a la oficina. Me da un beso y sale por la puerta. Y lo único que tengo que hacer es volver a llevarme el servicio, ahora sucio, para fregarlo, secarlo y guardarlo, durante unas horas, porque a la noche tendré que repetir el mismo trabajo, con idéntico resultado.

Mira, Lidia, en las tardes vacías, o cuando Luis está de viaje por asuntos de la empresa, me he entretenido en pensar las veces que he puesto la mesa en estos diez años y me ha salido la cifra de DIEZ MIL NOVECIENTAS CINCUENTA... Si calculas que en cada operación debo poner y quitar un promedio de seis platos, dos cazuelas, dos fuentes, seis piezas de cubiertos, cuatro vasos, dos servilletas, el mantel, el salvamantel, dos botellas de bebida, el frutero, dos cucharas para servir, el pan y su cuchillo —y todo esto en un día ordinario, sin invitados ni comida especial—, resulta que por lo menos he de hacer siete viajes de ida y otros siete de vuelta del aparador y la cocina a la mesa. Estos movimientos tres veces al día —aunque el desayuno no es tan completo en cambio no he contado el servicio del café por la tarde y por la noche— suman veintiuno cada día, por trescientos sesenta y cinco días al año, son siete mil seiscientos sesenta y cinco, por diez años, setenta y seis mil seiscientos cincuenta. Si fuese albañil, y hubiese puesto el mismo número de ladrillos tendría construidas unas cuantas casas... Yo, en cambio, no he hecho nada..., como si hubiera arado en el agua. Esta noche tengo que volver a empezar y mañana y pasado y siempre... Calculando que tengo treinta años, y que el término normal de una vida en la actualidad se puede cifrar en setenta, me quedan cuarenta años haciendo lo mismo. Cuarenta años por delante y diez que llevo ya vividos... ¿Puedes decirme cuántas casas, cuántos trajes, cuántas mesas, cuántos libros, podía haber construido, cosido, fabricado, escrito...?

¿Podrías calcular los movimientos que preciso para quitar el polvo, hacer la cama, barrer, pasar la aspiradora, meter y sacar los platos de la máquina, poner a lavar la ropa, tenderla, doblarla, coserla, plancharla, doblarla otra vez y guardarla en los cajones? Pues multiplícalos por cada semana de cada mes, de cada año, durante cincuenta y piensa todo lo que podría haber pintado, en metros cuadrados de paredes o de telas, o la cantidad de tornillos o plástico que estarían fabricados por mis manos... pero yo no habré hecho nada...

— Mujer, lo mismo pasa en una fábrica, en una empresa, en un despacho profesional...

— Pero esa persona, ¿cuántos televisores o metros de tela habrá fabricado o vendido? ¿Cuántos enfermos habrá curado, cuántos juicios habrá resuelto, cuántos puentes construido, cuántos tornillos fabricado o cuántas revistas publicado...? O sea, ¿a cuánta gente habrá servido? ¿Cuántos seres humanos están relacionados con ese hombre que es empresario, industrial o tornero y dependen de que él fabrique o venda o saque de la máquina los tornillos...?

Pues en cincuenta años, YO NO HABRÉ SERVIDO MÁS QUE A UN SOLO HOMBRE...

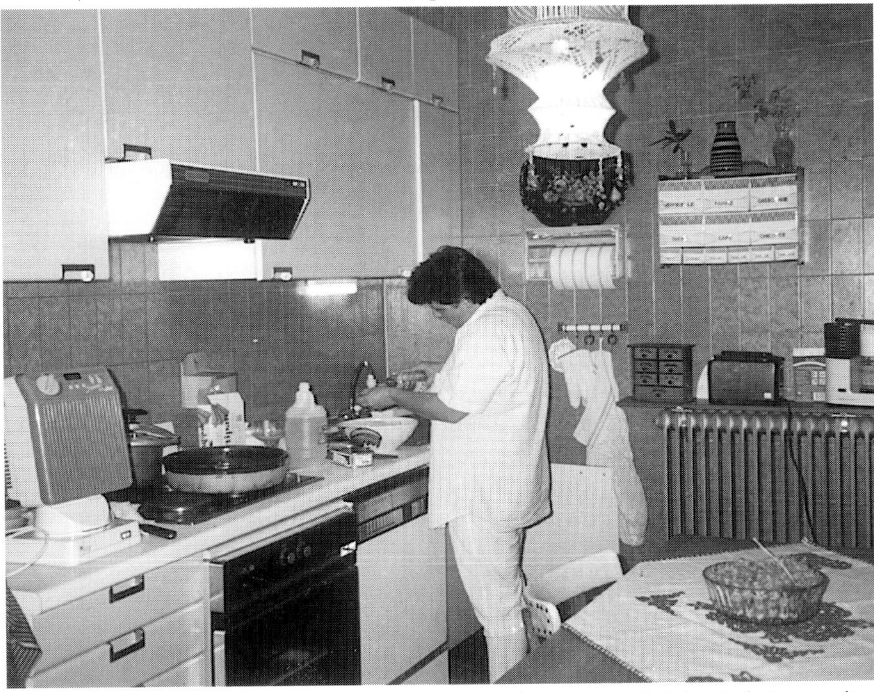

Lidia Falcón
Hogar dulce hogar
«Cartas a una idiota española»

Amas de casa

Hay una soledad que me inspira un especial respeto. Es la de unos seres humanos que apenas si se manifiesta como tal soledad, y que, cuando surge, surge encubierta, disfrazada y confusa entre otros muchos sentimientos, como el pobre vergonzante siempre a punto de retirar la mano cuando se le va a dar una limosna. Es una soledad que —como algún tipo de amor, y tan injustamente como él— no osa decir su nombre. Me refiero a la soledad de las más tradicionales amas de casa. De esas mujeres que no se atreven a reclamar compañía, porque a sus ojos sería un tirar de la manta demasiado duro; porque ni siquiera tienen la clara conciencia de que se encuentran solas, e ignoran la verdadera razón de sus desalentadoras tristezas. Para ellas proclamar tal soledad sería la confesión de un fracaso que no están dispuestas a reconocer, y les parece que cuanto les sucede es una sensación pasajera, o una consecuencia de la edad, o del cansancio, o una equivocación. ¿Cómo van a estar solas, si están hasta tal punto acompañadas que no tienen ni un minuto para ellas mismas? Se trata de un sentimiento incoado, intuido, una amenaza por el aire, como esas décimas de fiebre que no llegan a constituir una enfermedad, pero que enturbian la salud y desaniman el trabajo y los días.

Al principio se quejaron de lo contrario: de la continua ocupación, del azacaneo que les impedía cuidarse, distraerse, mirarse de pasada en un espejo, quedarse a solas para reflexionar. Su vida era una inercia de la acción: las horas contadas siempre eran escasas; los días, atiborrados e iguales, pasaban muy deprisa y parecían el mismo. Siempre había un niño pequeño del que estar pendiente, que impedía lo que ellas añoraban: su realización, el encuentro con el esposo fuera del exigente dominio del hogar. De amas de casa se habían transformado en sirvientas de quienes la habitaban. A través de las etapas sucesivas de un largo viaje irremediable. Desde la ilusión primera de la boda —el casado casa quiere— al vivir desviviéndose. Niños crecientes y maridos menguantes, ocupados más y más fuera de la casa, con una vida personal no compartida por ellas, y sin el derecho a quejarse porque todo se hacía para ellas y sus hijos.

Su trabajo es permanentemente efímero. Sus mitos, Sísifo y Penélope. Hacer, deshacer y rehacer, su tarea inagotable. Cocinan, sirven, friegan, vuelven a cocinar y a servir y a fregar; limpian y vuelven a limpiar. Nada luce. Nada es hermoso y duradero; ni agradecido, ni pagado. Nada, definitivo: todo hay que retornar a hacerlo cada tres o cuatro horas. ¿Dónde está el mérito de un trabajo así? ¿Quién las admirará? Lo suyo es sencillo, natural y obligado: como si hubiesen nacido para hacer sólo eso y no supiesen hacer nada más. Y se van ajando y marchitando sin una palabra de aliento o de entusiasmo, porque ¿qué elogios merece tanto afán, ni qué gracia tiene, si eso lo puede hacer cualquiera? Y sienten cada semana, cada mes más el cansancio y la pereza y la tentación de abandonarlo todo, de tirarlo por la borda, de no levantarse de la cama con tal de no repetir lo que vienen repitiendo años y años, o de tomar una pastilla al atardecer que les ayude a arrastrarse hasta el borde de la noche. «Ojalá no me levantara más. Ojalá cuando quisiese despertarme estuviera ya muerta...».

Pero los hijos crecen, y el marido se ausenta. Aquella inercia un día se rompió. No

era necesario en adelante tanto esfuerzo. La casa funcionaba casi sola. (Casi solas funcionan ellas también.) La vida que soñaron un día no era ésta, ni nunca sería posible ya. 125 Han pasado el tiempo, el encanto y los suaves deseos. En las revistas, o a su alrededor, transcurren otras vidas, y todas les parecen más afortunadas que las suyas: más intensas, más protegidas, más brillantes... Y empiezan a so- 130

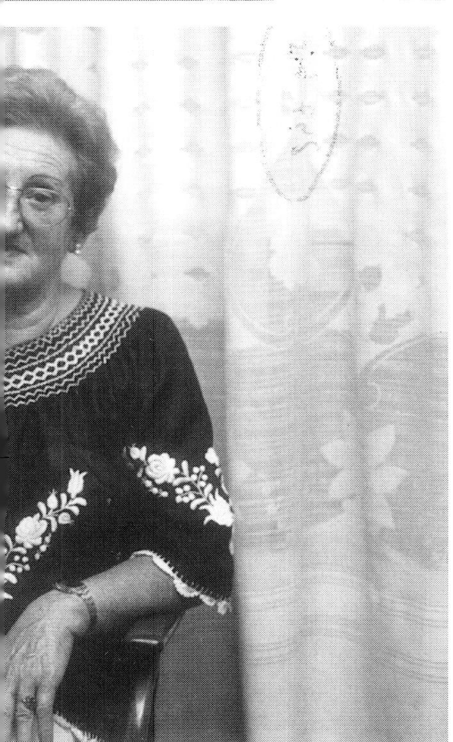

ñar otra vez un ensueño de 135 vuelta; pero por delegación ya, sabiendo que jamás será el futuro lo que iba a ser... Prefieren contentarse con ver ilustraciones de las vidas ajenas, y 140 descansar pensando que alguien será feliz. Pero, a pesar de ello —se dicen—, la suya no se perdió del todo, ni pasó en vano: ahí están sus hijos, su 145 marido, su casa... Y ni siquiera les queda el recurso de desgarrarse a gritos. «Sería una contradicción. Mucha otra gente tiene menos aún...» 150

Porque ellas son las indudables. A las que se les exige un sacrificio de la vida entera, de una vez, de repente, sino algo mucho más costoso: el de la 155 vida gota a gota, segundo por segundo: la abnegación más alta. Una abnegación en favor de otros seres, suyos hasta cierto punto nada más. Porque 160 eso está bien claro: su marido, sus hijos, son de ellos mismos como salta a la vista, no de ellas. Ellas les dieron lo mejor que tenían. Se han quedado 165 poco a poco sin nada. Hasta sin vida, suplantada por la de ellos. Ahora caen en la cuenta de que su oficio ha sido dar de vivir a los demás, y se han 170 quedado, como quien da pan a perro ajeno, sin pan y sin perro («Ajeno, no, Dios mío, ¿qué es lo que estoy diciendo?»). No han conseguido —o, 175 por lo menos, no del todo, no en todos sus minutos vacíos— olvidarse de sí: aún les duele la desesperanza, los ideales naufragados, las ilusiones más 180 amarillentas que sus fotografías de recién casadas...

Y llega un día en que no sienten, no el acompañamiento, sino ni la proximidad de 185 los hijos, que entran y salen cada cual a lo suyo; del marido, que se alejó definitivamente, aburrido de sus reproches, de sus quehaceres y 190 renuncias; de las amigas, que lleva cada cual su cruz a cuestas; del servicio, que no les sabe ayudar del modo que ellas quieren... Y en ese día 195 ignoran de quién será la culpa, y en dónde se han equivocado: en la educación de sus hijos; en haberlos preferido al

EXPLOTACIÓN DEL TEXTO
(Sugerencias)

6. Si te acusan de **encubrir** a alguien ¿qué has hecho?
¿Te pueden acusar de *disfrazarte*? ¿Para qué se disfraza uno?
¿Son sinónimos estos verbos de *enmascarar, tapar, esconder, escamotear*?

20. Si el ama de casa **tira de la manta**, ¿qué va a quedar al descubierto? ¿Es lo mismo que *liarse la manta a la cabeza*?

39. Aquí **se incoa** un sentimiento, pero ¿qué suele incoarse con más frecuencia?

49. **Azacaneo** = trabajo, afán, trajín.

54. ¿Es lo mismo **inercia de la acción** que pasividad?

56. ¿Cómo es un día **atiborrado**?
¿Puede una persona atiborrarse de algo? ¿Es lo mismo que *ponerse morado* o *ponerse las botas*?

72. **Desvivirse** ¿es lo mismo que morirse?

87. Nada **luce**. ¿Tiene que ver algo con el brillo?
Expresa de otra manera las siguientes frases:
1. No *te luce* lo que haces, así que déjalo.
2. Le gusta *lucir* sus joyas y se las pone siempre que puede.
3. ¡Cómo *te has lucido* delante de todo el mundo! ¡Enhorabuena!
4. *¡Se han lucido!* ¡Vaya birria de fiesta!
5. Estudia porque *luce* mucho tener un título colgado en la pared.

99. **Ajarse** como...

99. Una palabra de **aliento** = de ánimo.
Sentía el calor de *su aliento* en mi cuello. ¿Qué significa aquí?

106. ¿Es lo mismo **pereza** que vagancia?

108. Si **lo tiran todo por la borda** es que:
- — malgastan el dinero
- — pierden su vida
- — tiran algo al mar

135. ¿Qué diferencia hay entre sueño y **ensueño**?

167. **Suplantar** y sustituir ¿son equivalentes?

168. **Caen en la cuenta**, ¿tiene algo que ver con caer en la trampa? ¿Cuándo usas: *¡Ahora caigo!*?

171. ¿Qué significa el refrán: «Quien da pan a perro ajeno, pierde pan y pierde perro»?

211. ¿Qué quiere decir A. Gala con: «los vuelos de las águilas no consuelan a las gallinas cluecas»?

221. Los perros **aúllan** a la luna. ¿También lo hacen normalmente? ¿Conoces otros animales que aúllen?

marido; en haberse casado 200
hace ya tanto; en tener todavía una curiosidad, alguna expectativa, alguna ambición pobre (porque ya no es a ser a lo que aspiran, sino sólo a te- 205
ner)... Y ese día no les consuelan de su soledad ni los éxitos de quienes las rodean, pero no las amparan, ni las calientan, ni las acarician: porque 210
los vuelos de las águilas no consuelan a las gallinas cluecas, y porque ya no pueden —aunque se resistan a pregonarlo, aunque se lo nieguen a 215
sí mismas— evitar sentirse infinitamente solas...

Y ese día, tan lleno de peligro, todavía alguien se asombrará de que se asomen a una 220
ventana y aúllen como perros a la luna. O se dejen caer desde la ventana a la calle. O se enamoren locamente del primero que pase, no para recu- 225
perar lo irrecuperable, sino para empezar otra vez —a tientas y a ciegas— el amargo proceso de la desilusión.

Antonio Gala, 19-3-89
(Del libro *La soledad sonora)*

- ¿Cuál es el punto de vista de A. Gala con respecto a las amas de casa?
- Haz un resumen del texto que no tenga más de cien palabras.

- Después de leer los dos textos, el de Lidia Falcón y el de Antonio Gala, ¿querrías ser ama de casa? ¿Crees que exageran? Si es así, dinos en qué.
- ¿Conocéis algún chico al que le gustaría ser amo de casa?
- El trabajo de casa bien organizado ¿dejaría más libertad a las/os amas/os de casa?

¿Qué opinas de estos refranes?

«La mujer y la sartén
en la cocina
están bien»

Maridos en la sombra 

Algunos son famosos de rebote, otros eligieron en tiempos vivir lejos de la celebridad, pero la noticia se les quedó en casa con forma y nombre de mujer. Son consortes. Ex cantantes, ex boxeadores, periodistas, *managers*, fotógrafos o felices maridos de profesión *sus labores*. Se les acusa a menudo de disfrutar de una *dolce vita* regalada y un renombre indirecto que ellas alimentan día a día y ellos de alguna manera nos explican por qué, en ocasiones, los caballeros las prefieren importantes.

Ni una sola queja, sino todo lo contrario, sale de la boca de Alberto Berco, el marido de Mayra Gómez Kemp. Tiene 58 años, casi 20 más que su mujer. Es un cocinero excelente y domina la gastronomía rusa y la india. «Ahí esta Mayra, que compite conmigo.» Es un hombre feliz, porque puede ir en el *metro* sin que le asedien. «La popularidad no es ingrata, pero cansa mucho. Con Mayra es terrible, y a mí alguna vez me reconocen como su esposo, quizá por las revistas. Mi mujer no pasa demasiado tiempo fuera, como podría parecer. Ahora no hace galas, y mientras está en la radio, yo... pues hago de *señora de la casa,* y me gusta. También llevo sus asuntos, pero eso ni es un gran trabajo ni es difícil. A Mayra le sobran ofertas, y yo decido muchas veces por ella, lo mismo que ella cada vez me consulta menos cosas a mí. Creo que eso es bueno. Supongo que la pareja funciona porque cada uno no ha pensado en su propio triunfo. A Mayra la radio le entusiasma. A mí me gusta ser un poco como la *madre de la Pantoja»,* explica divertido.

Confiesa que la radio no le interesa nada. «Yo soy un hombre de imagen. Mira», señala a su alrededor, «mis vídeos, mis televisores... He colaborado durante muchos años con Chicho Ibáñez Serrador como jefe de producción y ahora me considero un actor retirado. Mayra está ahora a tope de trabajo. El retirado soy yo, aunque a veces haga cosas fuera por matar el gusanillo». Cualquier día lo verán guardando cola en el mercado. Por favor, no le asedien.

El País Semanal, 19-6-88

Cuando las importantes son ellas

- ¿Son declaraciones para la prensa o te parecen sinceros?
- Los maridos de mujeres importantes ¿son unos aprovechados?
- ¿Por qué no son más frecuentes estas parejas?
- En parejas: hablad con vuestra pareja de cómo se van a repartir los papeles.

D

MUJERES CON PODER

Alfonso Sobrado Palomares, periodista y presidente de la agencia estatal Efe, comparte su vida desde hace más de 20 años con Ana de Vicente Tutor, hoy gobernadora de la Comunidad de Madrid. Ambos han prescindido de su primer apellido por exigencias públicas. A él le es más fácil firmar con un escueto Palomares, a ella resulta más rotundo llamarla *la Tutor*. Un apelativo que utiliza incluso el propio consorte cuando, en acontecimientos públicos de la agencia, se le oye decir a un periodista: «Mira, ésta es la hija mayor de *la Tutor*». ¿Se imaginan lo atractivo del tándem poder-información? Pues el duplo se produjo de forma simultánea el 24 de octubre de 1986, cuando la pareja recibía al unísono la noticia de los dos nombramientos. Sin duda, las paredes de su casa esconden los secretos más arcanos del Madrid más retorcido: terrorismo, redadas, manifestaciones, secuestros...

«Conocí a Ana estudiando ambos Ciencias Políticas. Ella tenía 17 años, y tres después nos casamos. Al principio la creía una estudiante algo flojilla, hasta que un día vi sus notas. ¡Qué sorpresa! ¡Eran todas excelentes! Su trayectoria es conocida como técnica del Ayuntamiento de Madrid en tiempos de Enrique Tierno Galván, hasta llegar a ser gobernadora y delegada del Gobierno en Madrid, «las dos cosas», puntualiza Palomares. «Mi mujer conoce perfectamente esta ciudad, tiene las ideas claras. Es trabajadora y muy tenaz. Cuando me comentó que le habían ofrecido el cargo y tenía que decidirse pronto, sólo dije: haz lo que quieras. Sabe que sus decisiones me parecen siempre correctas. ¿Retirarla? ¡Si ella quiere! pero es un problema de Ana, nunca mío».

Alfonso Palomares no se siente encerrado en el papel de gobernador consorte. Ana Tutor ha declarado a menudo que nunca vio a su esposo en el papel de marido de la Thatcher. «Sé que su trabajo conlleva una imagen pública, y que a veces», explica Palomares, «cuando vamos juntos, yo soy *el marido de la Tutor*, pero no creas que marca tener a la gobernadora en casa. Vivimos como antes, nuestros amigos son los mismos, procuramos pasar casi todo el tiempo libre junto a nuestros hijos. Es lógico que en casa los asuntos del Gobierno Civil se dejen notar más, porque raro es el día que no suena el teléfono, y no precisamente para decir que Madrid está tranquilo».

Ana Tutor y Alfonso Palomares separan con firmeza su trabajo de la vida conyugal. Son conscientes de que así ha de ser entre el presidente de la primera agencia de noticias de España y la mujer que hace de Poncio en Madrid y otros 177 municipios. La mujer a cuyas órdenes trabajan 5.536 policías y dos comandancias de la Guardia Civil. La noche en que detuvieron al *comando Madrid,* Efe no tuvo la primicia. Alfonso Palomares sabe de las críticas a la gestión de su esposa y declara impasible: «Yo a mi mujer no la juzgo, a mi mujer la amo». «Sí, eso fue exactamente lo que dije en cierta ocasión», comenta riendo Palomares. «No, Ana no me consulta absolutamente nada referente a su trabajo, aunque es normal que comentemos la actualidad. Nuestros cargos son puramente coyunturales. No me sorprende en absoluto que una señora sea gobernadora. Muy al contrario, debería haber más mujeres como ella. Ni es una cuestión de feminismo ni pienso que el futuro sea femenino. Creo en su participación al mismo nivel que el hombre. Lo que ocurre es que el marco de la historia se ha masculinizado: el guerrero, el sacerdote, el sabio, el anciano... Lo que no me gusta es la clásica afirmación de que tras un hombre importante siempre hubo una gran mujer, o viceversa. Detesto la idea de la teledirección».

Ana Tutor y Alfonso Palomares posan en el despacho del Gobierno Civil. «Alfonso, péinate que estás muy feo. ¡A ver si te cortas el pelo!».

Milagrosamente, ninguno de los cuatro teléfonos interrumpe la sesión. Palomares no cree en recetas mágicas para vivir con una gobernadora que, en su opinión, «es poco deportista y nunca juega al tenis. Bueno, tenemos un pacto, o mejor, dos. Nunca viviremos separados a causa del trabajo y jamás aceptamos una cena si no podemos compartirla».

El País Semanal, 19-6-88

La mujer y su papel

MATILDE FERNÁNDEZ

Su abuelo y su madre, socialistas; su padre, portero en una casa del barrio de Salamanca; Matilde, estudiante becada en un colegio de pago donde otras niñas vestían un bonito uniforme mientras ella llevaba babi... Una infancia feliz, pero con conciencia de pertenecer a una clase olvidada, aunque «fetén». Feminista combativa y socialista convencida, ha luchado por la presencia de la mujer en los cargos dirigentes del partido. En la actualidad es Ministra de Asuntos Sociales en el gobierno que preside Felipe González.

CARMEN LLERA

El mito de la Carmen apasionada, fuerte, huidiza y fiel únicamente a sí misma se ha encarnado en Italia en la figura de esta mujer, Carmen Llera, que ha sabido explotarlo desde su privilegiada posición como esposa del escritor Alberto Moravia. La publicación de un libro sobre su relación amorosa con el líder druso Walid Jumblatt ha provocado las críticas más feroces por su interesado exhibicionismo y el aplauso de quienes creen que la suya es una malévola e inteligente provocación.

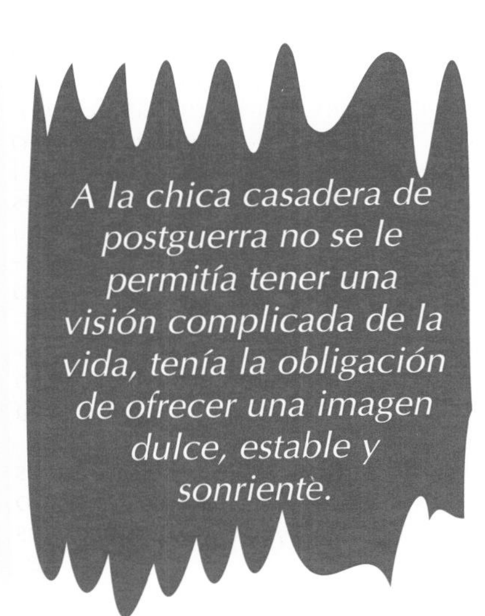

SONRISA

Sonrisa es benevolencia, dulzura, optimismo, bondad. Nada más desagradable que una mujer con la cara áspera, agria, malhumorada, que parece siempre reprocharos algo. El hombre puede tener aspecto severo; dirán de él que es austero, viril, enérgico. La mujer debe tener aspecto dulce, suave, amable. En fin, debe sonreír lo más posible. «La sonrisa de la mujer». (Citado por la autora).

Carmen Martín Gaite
Los usos amorosos de la postguerra española

- **¿Con cuál de las mujeres os gustaría tomar una copa / un zumo (los/as abstemios/as)? ¿Por qué?**
- **¿Qué comentario te merece la cita de Carmen Martín Gaite? ¿Tiene algún fondo de verdad?**

UNIDAD 21

La muerte-la enfermedad

LOS PRONOMBRES II. El complemento indirecto

RECUERDA

A. **El complemento indirecto**

1. **LE:** Complemento indirecto masculino y femenino singular de persona y cosa.

   Ejemplos: ***Le*** *he dicho mil veces a tu hermana que no se lleve mis cosas.*
   Le *ordené (a Carlos) que se fuera de mi casa.*
   No ***le*** *has puesto sal (a la comida).*
   La situación es muy desagradable, pero qué ***le*** *vas a hacer.*

2. **LES:** Complemento indirecto masculino y femenino plural de persona y cosa.

   Ejemplos: ***Les*** *he dicho (a los niños) que pueden ir al cine.*
   Les *compré (a mis primas) unos bombones.*
   ¿Qué ***les*** *has echado (a los garbanzos)? Hoy tienen un sabor raro.*

3. Cuando el complemento indirecto **le / les** se encuentra en la misma frase con el complemento directo **lo / la / los / las / lo,** se transforma en **se**.

   Ejemplos: *Dale al niño su pelota. Te he dicho que* ***se*** *la des.*
   No me gusta que le cuentes a todo el mundo nuestros problemas.
   Dime ¿por qué ***se*** *los cuentas?*

IMPORTANTE: No caigáis en el error de creer que todo complemento representado por **a + sustantivo** o **a + pronombre** es un **complemento indirecto**. No olvidéis que el complemento directo de persona también puede llevar **a**.

Ejemplos: *He visto a tus compañeros.* ***Los*** *he visto.*
C.D.

He dado una buena nota a tus compañeros. ***Les*** *he dado una buena nota.*
(*una buena nota*: C.D.; *a tus compañeros*: C.I.)

4. Cuando el **complemento indirecto** está colocado **delante** del verbo, **hay que repetirlo con un pronombre**. (Comparad con complemento directo.)
   Ejemplos: *A tus amigos* ***les*** *perdonas cualquier cosa.* (*A tus amigos*: C.I.; *perdonas*: VB.)
   A ese imbécil no ***le*** *aguanto su falta de educación.* (*A ese imbécil*: C.I.; *aguanto*: VB.)

5. Si el **complemento indirecto** está colocado **detrás** del verbo la repetición es voluntaria.
   Ejemplos: ***(Le)*** *he devuelto el dinero a Elisa.* (*a Elisa*: C.I.)
   (Les) *he enviado el certificado a los alumnos que tuvieron que marcharse antes.* (*a los alumnos*: C. I.)

6. Si el **complemento indirecto** está representado por el sintagma **a + pronombre tónico es obligatoria su repetición**, tanto si está colocado delante como si está colocado detrás del verbo.
   Ejemplos: ***A mí me*** *molesta mucho el ruido.*
   A vosotros *nunca* ***os*** *apetece ir al campo.*
   Eso que tienes en la mano ***nos*** *lo han regalado* ***a nosotros****.*

- Lo mismo que con el complemento directo, si usamos el pronombre átono no necesitamos el tónico, aunque aparece por énfasis.
- Si al sintagma **a + pronombre tónico** no le sigue un verbo no aparece el átono.
  Ejemplo: *¿A quién le toca la frase siguiente?* ***—A mí.***

7. Con algunas construcciones reflexivas, sobre todo de movimiento, aparece el citado sintagma sin necesidad de repetición.
   Ejemplos: *Me acerco* ***a ti****.*
   Se dirigió ***a ellos****.*
   Se agarraron ***a mí****.*

B. Valores del complemento indirecto

1. El que hemos estudiado hasta aquí, es decir, simple **dativo**.
   Ejemplos: ***Te*** *lo he contado ya veinte veces.*

2. **Valor posesivo.**
   Ejemplos: *No* ***me*** *manches el vestido (el mío).*
   Se ***nos*** *ha estropeado el teléfono (el nuestro).*
   Le *tomó la temperatura (la de él / ella).*

3. **Valor de interés.**
   Ejemplos: *Doctor, el niño no* ***me*** *come nada.*
   No ***me*** *llores.*
   Gatito lindo, no te ***me*** *escapes.*

Este complemento indirecto aparece, sobre todo, en la lengua hablada y en relación con los dos miembros del discurso: tú / yo.

4. **Valor de relación.**
Ejemplos: *Se* ***te*** *abrirán todas las puertas.*
Se ***le*** *reían en sus narices.* (En alternancia con: *se reían* ***de él****.*)
Le *pareció magnífico.*

C. Funciones de SE

Este pronombre podemos encontrarlo como:

1. **SE: complemento indirecto**, procedente del encuentro de *le* con *lo, la, los, las.*
Ejemplo: ***Se*** *lo advertí.* ***Se*** *las compré.* ***Se*** *la devolví, etc.*

2. **SE: reflexivo.** (Ved la lección siguiente.)

3. **SE: recíproco.** (Ved la lección siguiente.)

4. **SE: pasiva impersonal:**
SE + verbo en 3.ª persona de singular
Ejemplos: *Aquí no* ***se*** *fuma.*
No ***se*** *vive mal aquí.*
¿Qué? ¿Se trabaja? —Hombre, ***se*** *intenta.*

5. **SE: pasiva refleja:**

SE + verbo en 3.ª persona de < singular / plural > + grupo nominal concertado

Ejemplos: *Se alquila****n*** *habitacione****s****.*
Se necesita piso en alquiler.

- La pasiva refleja se usa para expresar **involuntariedad**.
A menudo entre el **se** y el verbo, se intercala **un pronombre indirecto** que explica quién es el verdadero sujeto, o tiene valor posesivo, etc.
Ejemplos: *El cristal* ***se*** *ha roto.*
La camisa ***se*** *ha manchado de pintura.*
La tortilla ***se te*** *ha quemado.*
La pistola ***se le*** *disparó.*

D. Dificultades en la concordancia

1. **Concordancia en singular:**

a) Si el sujeto paciente va precedido de preposición.
Ejemplos: *Se castigará* ***a los culpables****.*
Se ha perdonado ***a los acusados****.*

b) verbo + infinitivo

Si el verbo no es de los auxiliares de las perífrasis.
Ejemplos: *No se **permite** fijar carteles.*
*Se **prohíbe** arrojar objetos a la vía pública.*

c) verbo de percepción + infinitivo + complemento directo del infinitivo.
Ejemplos: *Se **oye** serrar las vigas.*
*Se **ve** talar **los árboles**.*

2. **Concordancia en plural:**
verbo + infinitivo.

a) Si el verbo es de los auxiliares de las perífrasis.
Ejemplos: *Se **pueden** fundar esperanzas.*
*Se **acaban** de recibir estos paquetes.*

b) Verbo de percepción + infinitivo + sujeto del infinitivo.
Ejemplos: *Se **oyen** crujir las vigas.*
*Se **ven** arder los árboles.*

EJERCICIOS

a) **Completa usando los pronombres que sean necesarios.**

1. ________ bebió de un trago lo que ________ quedaba en el vaso y ________ sintió enfermo. Normalmente ________ bebía poco alcohol.

2. Seguramente ________ había olvidado algo en esta casa, de cuando ________ quedaba a dormir.

3. ________ acercó lentamente mientras el corazón ________ traqueteaba en el pecho.

4. Sólo ________ sabía que el aire ________ espesaba por momentos y que ________ tenía la sensación de que ________ caía en un cráter.

5. De repente ________ descubría solo, rezagado, descolgado de los demás.

6. Cuando ________ sentía angustiado, la tensión ________ hinchaba las cuerdas vocales como si ________ tuviera un ataque de amigdalitis.

7. Estábamos uno al lado del otro y casi no ________ rozábamos. ________ miré las manos que tanto y tan bien ________ acariciaban.

8. Era una noche de tempestad y los rayos ________ herían el cielo y la tierra ________ desgarraba, ________ parecía que ________ iba a abrir un abismo bajo nuestros pies.

9. Cuando ________ hablamos de viajes, ________ vienen a la memoria las imágenes que ________ grabaron en Portugal.

10. Esta mariposa ________ da en África, ________ encuentra en el Mediterráneo; aquí ________ adapta bien.

11. ________ besé en la frente que ________ recordó la cáscara de un huevo.

12. Esa costumbre ________ viene de cuando ________ vivía con mi abuela.

13. Con aquellas historias ________ contagió su miedo, ella que ________ contagiaba siempre su risa.

14. ________ apoyó la cabeza en su hombro y ________ durmió.

15. Cuando Carlos ________ entra en un lugar lleno de humo ________ empañan las gafas y ________ lloran los ojos.

16. Hace frío pero si ________ mueves no ________ nota.

17. No ________ sé si es porque no ________ descansas o ________ trabajas mucho o ________ sales demasiado, pero ________ notan unas ojeras enormes.

18. ________ he engordado, no ________ digas que no, yo ________ noto.

19. ________ mataron el conejito que ________ tenía y desde entonces no ________ come conejo de ninguna manera.

20. ________ he roto las gafas pero no ________ preocupes, ________ compraré otras en cuanto ________ cobre.

21. ________ agarró a él porque ________ habían quitado todo lo que ________ había constituido su vida.

22. ________ cantó la canción que tantas veces ________ había servido de fondo en momentos inolvidables.

23. ¡Ya ________ son las seis! ________ tengo que ir, Raúl ________ espera a las seis y media y ________ morirá si no ________ doy las fricciones.

24. Yo no ________ he sabido si mi padre ________ era de verdad una mala persona, porque no ________ han dejado averiguar, ________ han dado todo hecho.

25. Y es que de toda la gente que ________ rodeaba yo ________ era la única que aceptaba el mundo tal como es, no ________ inventaba, porque todo ________ encajaba.

26. Vale, ________ presto los apuntes pero no ________ pierdas ni ________ subrayes nada porque ________ quiero tener impecables.

27. A mí ________ dejas en paz de todas esas historias, yo no ________ trago.

28. A mí ________ acercas cuando no ________ tienes más remedio, así que ahora tus problemas ________ son indiferentes.

29. A mi tía sí ________ he contado lo que ________ pasa. ________ sé que a ella sí ________ importan mis cosas, a los demás ¡que ________ den morcillas!

30. Eso ________ cuentas a otro. ¿Por quién ________ has tomado?; ¿es que ________ ve cara de imbécil?

b) **Coloca la partícula *se* donde sea necesaria.**

1. La bombona de butano ________ ha gastado muy pronto porque estos días de frío ________ ha encendido más tiempo la estufa.

2. ________ lo dije sin mala intención y ________ lo tomó por la tremenda.

3. Tiene no sé qué enfermedad y ________ le caen los párpados.

4. ________ me estremece todo el cuerpo cuando oigo esa música, hasta ________ me ponen los pelos de punta.

5. Me estremece la música de Bach, a veces ________ me pone nostálgica.

6. ________ le ha caído encima toda la familia durante las vacaciones, me contó que ________ creía que ________ volvía loco.

7. ¡Fíjate qué coincidencia! El libro ________ ha abierto solito por la página que quería que leyeras.

8. Mamá, a Cristina ________ le mueve un diente. ¿ ________ lo arranco o dejo que ________ le caiga?

9. Los libros que mejor ________ venden no son los que mejor ________ leen después.

10. ________ han visto cosas tan raras por aquí que ya uno no ________ sorprende de nada.

11. No han visto lo que ________ les preparaba, si no, ________ habrían asustado.

12. Otra vez ________ me ha despegado el tacón, ________ lo llevaré al zapatero.

c) **Grupos de verbos que se prestan a confusión: ensayar, entrenar(se); practicar; ejercer; probar(se); intentar; tratar (de). Completa las frases usándolas de acuerdo con el sentido:**

1. Para llegar a ser un campeón hay que ________ mucho.

2. ________ ponerte en mi lugar alguna vez, así todo sería más fácil.

3. Si quieres ________ tu autoridad, empieza por tomarte tú mismo en serio.

4. Me asombra la cantidad de deportes que ________ en su tiempo libre.

5. Es imposible ________ hacerte entrar en razón, eres más tozudo que una mula.

6. ________ la comida, a mí con el catarro, me sabe todo igual.

7. Dicen los dependientes que les molesta la gente que ________ cosas sin intención de comprarlas.

8. El equipo ________ muy duramente para el partido del domingo.

9. Lo que necesito es ________ lo que he aprendido, si no, se me va a olvidar.

10. ________ varias veces esa misma escena, por eso nos sale tan bien.

11. ________ adivinar sus más pequeños deseos, pero ni así he logrado que esté contento.

12. ________ a ponerlo al revés, verás cómo te queda mejor.

13. Cuando el coro ________ , yo siempre me quedo por ahí, es una gozada escucharles.

14. ________ un montón de trajes de baño y ninguno me gusta, me compraré un biquini.

15. Tiene el título de abogado pero no ________ .

AMPLÍA VOCABULARIO

1. ¿Cómo le **tomarías el pelo** al jefe?
2. ¿Cuándo **se le hace a uno la boca agua**?
3. **Se le cae la baba** a alguien porque ________ .
4. **Se me ponen los pelos de punta** si ________ .
5. ¿Por qué **se te ha puesto la carne de gallina**?

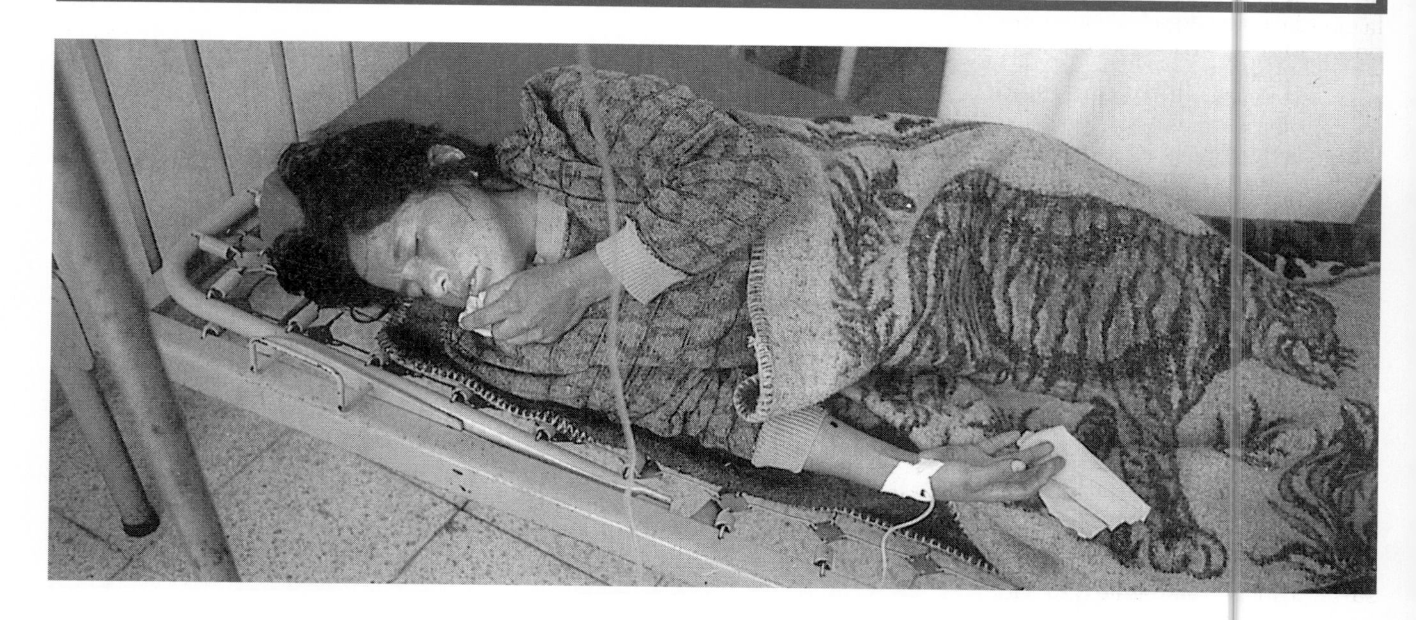

I. LEE

UN POCO DE CULTURA (A)

México y la muerte

La muerte es un espejo que refleja las vanas gesticulaciones de la vida. (...) Nuestra muerte ilumina nuestra vida. Si nuestra muerte carece de sentido, tampoco lo tuvo nuestra vida. Hay que morir como se vive. La muerte es intransferible, como la vida. Si no morimos como vivimos es porque realmente no fue nuestra la vida que vivimos: no nos pertenecía como no nos pertenece la mala suerte que nos mata.

Dime cómo mueres y te diré quién eres.

Para los antiguos mexicanos la oposición entre muerte y vida no era tan absoluta como para nosotros. La vida se prolongaba en la muerte, y a la inversa. La muerte no era el fin natural de la vida, sino fase de un ciclo infinito. La vida no tenía función más alta que desembocar en la muerte, su contrario y complemento; y la muerte, a su vez, no era un fin en sí; el hombre alimentaba con su muerte la voracidad de la vida, siempre insatisfecha. El sacrificio poseía un doble objeto: por una parte, el hombre accedía al proceso creador (pagando a los dioses, simultáneamente, la deuda contraída por la especie); por la otra, alimentaba la vida cósmica y la social, que se nutría de la primera.

Posiblemente el rasgo más característico de esta concepción es en sentido impersonal del sacrificio. Del mismo modo que su vida no les pertenecía, su mente carecía de todo propósito personal. Los muertos —incluso los guerreros caídos en el combate y las mujeres muertas en el parto, compañeros de Huitzilopochtli, el dios solar— desaparecían al cabo de algún tiempo, ya para volver al país indiferenciado de las sombras, ya para fundirse al aire, al fuego, a la tierra, a la sustancia animadora del universo. Nuestros antepasados indígenas no creían que su vida les perteneciera como jamás pensaron que su vida fuese realmente «su vida», en el sentido cristiano de la palabra.

(...) El azteca era tan poco responsable de sus actos como de su muerte.

(...) La muerte moderna no posee ninguna significación que la trascienda o refiera a otros valores. En casi todos los casos es, simplemente, el fin inevitable de un proceso natural. En un mundo de hechos, la muerte es un hecho más. Pero como es un hecho desagradable, un hecho que pone en tela de juicio todas nuestras concepciones y el sentido de nuestra vida, la filosofía del progreso pretende escamotearnos su presencia. En el mundo moderno todo funciona como si la muerte no existiera. Nadie cuenta con ella. (...) También para el mexicano moderno la muerte carece de significación. Ha dejado de ser tránsito, acceso a otra vida más vida que la nuestra. Pero la intrascendencia de la muerte, no nos lleva a eliminarla de nuestra vida diaria. Para el habitante de Nueva York, París o Londres, la muerte es la palabra que jamás se pronuncia porque quema los labios. El mexicano, en cambio, la frecuenta, la burla, la acaricia, duerme con ella, la festeja, es uno de sus juguetes favoritos y su amor más permanente. Cierto, en su actitud hay quizá tanto miedo como en la de los otros; mas, al menos no la esconde; la contempla cara a cara con impaciencia, desdén o ironía: «si me han de matar mañana, que me maten de una vez».

(...) El desprecio a la muerte no está reñido con el culto que le profesamos. Ella está presente en nuestras fiestas, en nuestros juegos, en nuestros amores y en nuestros pensamientos. Morir y matar son ideas que pocas veces nos abandonan. La muerte nos seduce. (...) Adornamos nuestras casas con cráneos, comemos el día de difuntos panes que fingen huesos (en España se llaman «huesos de santo») y nos divierten canciones y chascarrillos en los que ríe la muerte pelona, pero toda esa familiaridad no nos dispensa de la pregunta que todos nos hacemos: ¿qué es la muerte?

Octavio Paz
Todos los santos, día de muertos

EXPLOTACIÓN DEL TEXTO
(Sugerencias)

- Amplía, si puedes, esta información sobre México.
- Comenta los puntos que más te hayan llamado la atención en el texto de Octavio Paz.
- Resultan exageradas las canciones de la página siguiente, ¿verdad? ¿Por qué chocan tanto? Si tienes ocasión escucha alguna y opina después.

En Todos Santos Cuchumatanes, aldea primitiva de Guatemala, los indios celebran con júbilo la fiesta de sus antepasados. Amor y música en un valle de América Central

MARIMBA Y AGUARDIENTE

B

«Cuando llega la fiesta, el pueblo entero vibra por la memoria de los que se han ido. Los muertos esperan en el cementerio la ceremonia de amor que cada noviembre preparan los vivos. Patas de pollo, tabaco, *chicha* y ron; las ofrendas se depositan sobre las tumbas para que ellos también disfruten de los placeres que un día tuvieron que abandonar.

»Durante su homenaje, los muertos escucharán el eco vegetal de la marimba, una especie de xilofón artesanal hecho de madera y calabaza. Los indios la llevan al cementerio y allí tocan y bailan para que la música rasgue la tierra y el cielo y ellos sean felices. Es un espectáculo sobrecogedor. Hay ofrendas, velas y flores sobre las tumbas y el cementerio entero se adorna con guirnaldas de colores muy vivos; no hay sitio para el negro entre los miles de tonos que encienden el camposanto. Al día siguiente, la tradicional carrera de caballos que celebran los bebedores de *chicha* (un aguardiente de fruta fermentada) rendirá una vez más homenaje a los antepasados del pueblo maya. Según recoge la leyenda, los antiguos corredores no podían abandonar la carrera, que consistía, igual que hoy, en galopar un kilómetro, pararse a beber y volver a galopar en sentido contrario. Después de este frenético viaje a ninguna parte, jinetes y caballos terminaban reventados de fatiga mientras que el alcohol iba enturbiando el juicio de los hombres. Al cabo de mucho tiempo, la fertilidad de la tierra esperaba a las víctimas porque el caballo o el jinete moría».

Ana Álvarez Ribalaygua
Revista *Greca*

La muerte, la enfermedad

C

Ricardo sabía lo del tumor desde hace tiempo. Eso sí no supo la rapidez del desenlace hasta hace poco. La rapidez. Ricardo aconsejó que me dijeran todo. A veces llego a aceptar su decisión como acertada, pero casi siempre le maldigo. (...) Supongo que prefiero haber conocido la verdad, tener la oportunidad así de aprender a bien morir. Mentira, eso jamás se aprende. La muerte es una aberración, una injusticia. Ricardo permaneció días enteros a mi lado, estuvimos en silencio durante horas, agarrados de la mano, y tan sólo la intensidad de mi apretón podía darle la clave de mis anteriores vaivenes de terror. Después recuperé el habla y el vivir: somos mucho más fuertes de lo que pensamos. Ricardo viene todos los días, se sienta a mi lado, me cuenta anécdotas y chismes, me embarulla las entendederas con su charla. (...) A veces sus palabras me alivian, me consuelan, me hacen intuir algo que debe parecerse a la resignación. Pero en otras ocasiones todo lo que me dice me resulta absurdo e inútil. A veces lo miro y pienso: él habla así porque no lo tiene. No tiene el tumor en su cabeza. No en la suya.

Rosa Montero
La función delta

EXPLOTACIÓN DEL TEXTO
(Sugerencias)

- ¿Qué opinas de la frase: «La muerte es una aberración, una injusticia».
- Si tienes una enfermedad incurable, ¿qué prefieres?: ¿que te digan la verdad o que te la oculten?; ¿por qué?
- ¿Qué harías si supieras que te queda poco tiempo de vida?

ESTROFAS DE ALGUNAS CANCIONES MEXICANAS

Porque la quise y la quiero
y no la puedo olvidar,
su marido anda diciendo
que a traición me ha de matar.
Vente prieta consentida,
recelos no tengas ya,
que si yo he de perder la vida,
dispuesto Dios lo tendrá.

Nací en una tierra que sabe de [guerras
más libre que el aire que corre en [el cielo
no acepto que nadie me llame cobarde
y a aquel que lo diga, con balas de plata
le doy su consuelo.

Canta: Pedro Infante
Soy fronterizo

Quisiera abrir lentamente mis venas,
mi sangre toda verterla a tus pies
para poderte demostrar
que más no puedo amar
y entonces, morir después.

Canta: Javier Solís

II. Y TÚ ¿QUÉ OPINAS?

QUIEREN LEGALIZAR LA MUERTE POR COMPASIÓN

- **Los contrarios a la eutanasia dicen que no se puede convertir al médico en un verdugo.**
- **Los partidarios responsabilizan al médico de suavizar las penas y los dolores.**

Fue a principios de este mismo año cuando la palabra eutanasia asaltó periódicos del país encabezando un proyecto de ley que pretende regular una muerte digna para los enfermos condenados irremisiblemente.

- ¿Con cuál de las dos posturas te identificas?
- ¿Debe existir una ley para regular «La muerte digna»?

- **¿En qué consiste una muerte digna?**
- **El progreso prolonga la vida, cura enfermedades, etc. ¿es la eutanasia una prueba de barbarie?**

Condiciones para que exista eutanasia

- ¿Cuáles son esas condiciones?
- ¿Se puede obligar a alguien a vivir?

La muerte natural no puede confundirse con la eutanasia

- ¿Cuál es la diferencia?
- ¿Por qué hay que alargar la vida?

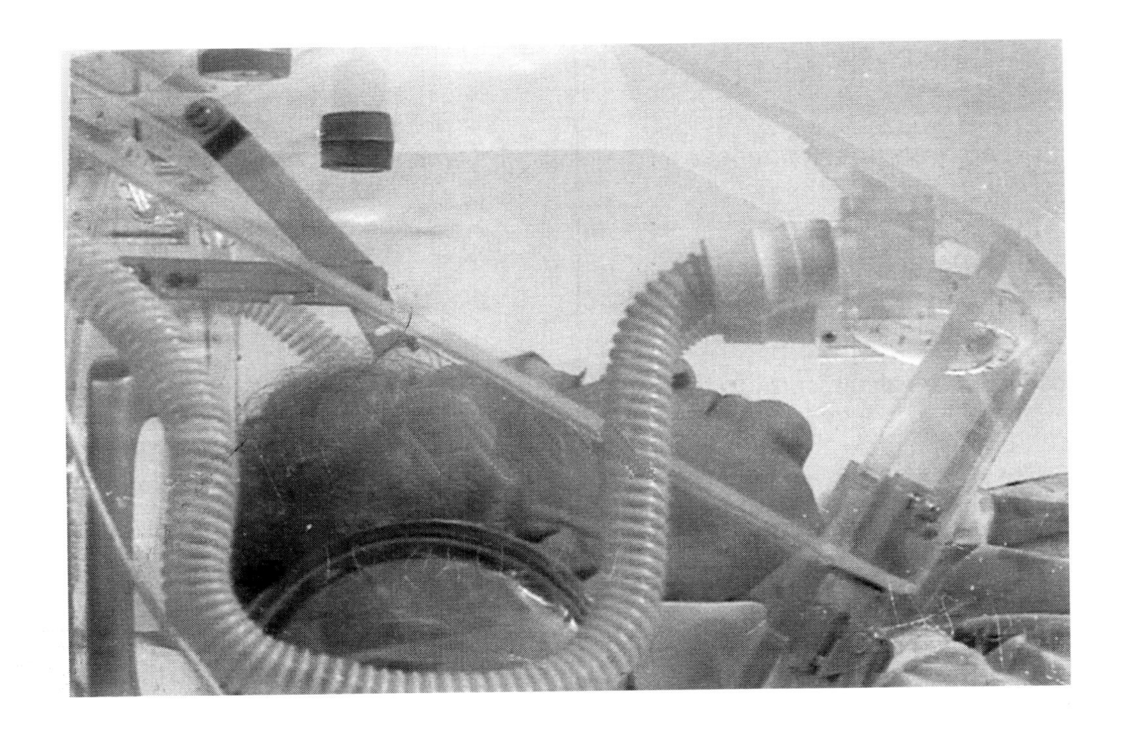

UNIDAD 22

El arte. La política

LOS PRONOMBRES III. Construcciones reflexivas

RECUERDA

Intentar clasificar los pronombres de una forma coherente y sistemática es tarea ardua y, hasta ahora, no parece haber una clasificación que englobe todas las variantes, todas las posibilidades que nos encontramos, fundamentalmente, en los actos de habla.

Lo que hacemos aquí es agrupar verbos y pronombres, tratando de ayudar a los estudiantes de español que se preguntan cómo y por qué.

Construcciones reflexivas

Para nosotros, una construcción reflexiva es aquella en la que coinciden:

1.º:	pronombre sujeto:	***tú***	***yo***
2.º:	pronombre objeto:	***te***	***me***
3.º:	persona del verbo:	***quedas***	***peino***

Según esta idea preliminar encontramos:

1. **Verbos que sólo existen como reflexivos:**
   quejarse, jactarse, inmutarse, fugarse, atreverse, esmerarse, arriesgarse, atenerse, etc.

2. **Verbos de significado transitivo que alternan en su estructura un complemento directo nominal / pronominal con una construcción reflexiva** (ved la Unidad 20).
   a) *afeitar a alguien / afeitarse; peinar a alguien / peinarse; bañar a alguien / bañarse; duchar a alguien/ ducharse; etc.*

   b) *levantar algo - a alguien / levantarse: mover algo - a alguien / moverse; acercar algo / acercarse; aproximar algo / aproximarse; etc.*

c) *animar a alguien / animarse; encontrar algo - a alguien / encontrarse; despertar algo - a alguien / despertarse;* etc.

3. **Construcciones reflexivas con valor causativo:**
Podíamos decir que son «falsos reflexivos».
Por ejemplo, si decimos **«voy a ponerme una inyección»**, la frase significa que voy a que me pongan una inyección. Claro, puede ocurrir que yo mismo/a tenga que ponérmela porque soy diabético/a.

Otras construcciones del mismo tipo son:
- *Para la boda de mi hermano* ***me estoy haciendo*** *un traje nuevo.*
- *Tengo que* ***sacarme*** *una muela.*
- *Oye, puesto que has cobrado, ¿por qué no* ***te pagas*** *unos cubatas?*

(Esta frase no significa que vas a beber tú solo/a, sino que tú vas a pagar para que bebamos todos).

4. **Verbos que cambian de significado o matiz según aparezcan con pronombre o sin pronombre:**

acordar
Ejemplos: *Hemos acordado hacer la fiesta en su casa (**decidir**).*

acordarse de
- *Me acuerdo perfectamente de su nombre (**recordar**).*

prestar
Ejemplos: *No recuerdo a quién he prestado ese libro (**dejar por un tiempo**).*

prestarse a
- *No me pidas ayuda para hacer negocios sucios, yo no me presto a eso (**contribuir a**).*

resolver
Ejemplos: *Tenemos que resolver estos problemas cuanto antes (**encontrar una solución**).*

resolverse a
- *Me han presentado varias posibilidades, pero todavía no me he resuelto a aceptar ninguna (**decidirse**).*

limitar
Ejemplos: *El Senado limitaba el poder de los césares romanos (**poner freno, barreras**).*

limitarse a
- *Como su trabajo no le entusiasma, se limita a hacer lo mínimo (**no hacer más que**).*

Otros: *reducir / reducirse a; aprovechar / aprovecharse de; ocupar / ocuparse de; admirar / admirarse de;* etc.

Hay verbos cuyo significado no cambia básicamente, pero la presencia o ausencia de pronombre da matices distintos al significado de la frase.

Ejemplos: *Ese periódico* ***sale*** *cada semana.*
El agua ***sale*** *muy fría.*
Salimos *de clase a la una.*

1. *Era cura pero* ***se ha salido*** *= ha colgado los hábitos.*
2. *La cazuela azul* ***se sale*** *= está rota.*
3. ***Me he salido*** *del cine porque la película era aburrida = no he esperado hasta el final.*

*(**Me**)* ***ha ocurrido*** *algo increíble = ha sucedido.*

Se me ha ocurrido *una idea estupenda = he tenido...*

Voy a *tu casa a las cinco.*

Como tengo que estudiar ***me voy****.*

He quedado *con mis amigos a la siete y media para ir al cine = tengo una cita.*

La habitación ***ha quedado*** *muy agradable.*

*El pescado (****te****)* ***ha quedado*** *muy bueno.*

Has quedado *como una señora al reaccionar así ante ellos = tu actitud ha sido la de...*

Quedan *pocos días para la Navidad.*

*No (****me****)* ***queda*** *tabaco.*

Salamanca ***queda*** *al noroeste.*

Me he quedado *con mis amigos para ayudarles un rato.*

Siempre que presto algo a alguien, ***se quedan*** *con ello = no me lo devuelven.*

*¡****Quédese*** *con la vuelta! = no me dé lo que sobra.*

¡No ***te quedes*** *conmigo! Ya soy mayorcito para creerme esas cosas = no me tomes el pelo.*

Entre el vino y la cerveza ***me quedo*** *con el vino = prefiero, elijo.*

Sí, ***me quedo*** *con la falda de vuelo.*

Otros: *decidir / decidirse a - por; llevar / llevarse; volver / volverse; marchar / marcharse; caer / caerse; morir / morirse;* etc.

5. **Verbos en los que el pronombre tiene un valor enfático:**

   Comer: ***Me he comido*** *dos bocadillos.*
   Beber: ***Se han bebido*** *todo el vino que quedaba.*
   Fumar: ***Me fumo*** *un paquete al día.*
   Aprender: *Ya* ***se han aprendido*** *el truco para abrir la puerta sin la llave.*
   Conocer: ***Se conoce*** *la ciudad de cabo a rabo.*
   Creer: *¡Es más tonto...!* ***Se cree*** *cualquier cosa que le digas.*
   Etcétera.

6. **Construcciones en las que la presencia o ausencia del pronombre no cambia el significado.** Quizás obliga a un cambio de régimen.

   Ejemplo: *Olvidar / olvidarse de; reír / reírse de; vengar / vengarse de; compadecer / compadecerse de;* etc.

7. **Construcciones recíprocas.** Sólo se dan en plural, naturalmente.

   Ejemplos: ***Se odian****.* ***Se aman*** *con locura.* ***Se escriben*** *con regularidad.*
   Los españoles ***se besan*** *para* ***saludarse****.*

EJERCICIOS

a) **Completa las frases usando los pronombres donde sea necesario:**

1. Ahora ________ acabo de acordar ________ de que tenía que pasar ________ por su casa para pedir ________ unos apuntes.

2. Nunca ________ olvido ________ que ________ dicen.

aquel fuego, y luego la ciencia y la técnica habrá ido cavando cada día más el abismo que los separa de su raza originaria y de su felicidad zoológica. Y la ciudad será finalmente la última etapa de su loca carrera, la expresión máxima de su orgullo y la máxima forma de su alienación. Y entonces seres descontentos, un poco ciegos y un poco como enloquecidos, intentan recuperar a tientas aquella armonía con el misterio y la sangre, pintando o escribiendo una realidad distinta a la que desdichadamente los rodea, una realidad a menudo de apariencia fantástica y demencial, pero que, cosa curiosa, resulta ser finalmente más profunda y verdadera que la cotidiana. Y así, soñando un poco por todos, esos seres frágiles logran levantarse sobre su desventura individual y se convierten en intérpretes y hasta en salvadores (dolorosos) del destino colectivo.

Ernesto Sábato
Sobre héroes y tumbas

EXPLOTACIÓN DEL TEXTO
(Sugerencias)

- Lee el texto y resume los principios del arte para Sábato.
- ¿En qué radica la tragedia del ser humano?
- ¿Cómo consigue superarla?
- El hombre es materia y espíritu y, por lo tanto, necesita de igual manera a los filósofos, los poetas, los pintores que a los albañiles, fontaneros o panaderos. ¿Estás de acuerdo?
- Los que no son sensibles al Arte ¿llevan una vida más zoológica y, por tanto, más feliz?
- ¿Son los artistas los salvadores del destino colectivo?
- ¿Es la realidad que ellos crean más profunda y verdadera que la cotidiana?

CONVERSACIONES EN ESPAÑA

Los intelectuales y el poder

JUAN MARICHAL

— ¿Ha notado a su vuelta del exilio un cierto vacío de pensamiento en España?

— Debo decir que yo no he sentido propiamente que estaba en el exilio, sino en lo que podría llamarse el «Ultramar» de la cultura española, porque he vivido durante años en el enclave español de la Biblioteca de Harvard, rodeado de miles de libros españoles antiguos y modernos. He podido así seguir la actividad intelectual de España, con mucha atención hacia todo lo que era nuevo. No creo que haya un «vacío» español en el pensamiento actual. Se trata de algo que sucede en casi todo el mundo y particularmente en la Europa occidental, y es que el intelectual no está cumpliendo sus funciones tradicionales.

— ¿Cuáles son éstas? ¿Cuál debería ser hoy el comportamiento del intelectual en España?

— Mi paradigma del intelectual es don Miguel de Unamuno, a quien se ha visto como un caprichoso y arbitrario pensador. Pero don Miguel veía la función del intelectual como una voz total y absolutamente independiente. No debe imitarse a don Miguel en muchos aspectos y no se podría de todos modos; pero en lo esencial, sí, en tener una actitud espiritual que eleve la cultura y el vivir de los españoles.

— ¿Y en relación con el poder?

— Un gran periodista norteamericano, James Reston, del «New York Times», no acepta nunca las invitaciones del presidente a almorzar o cenar en la Casa Blanca para así preservar su independencia. A los intelectuales siempre les hala-

EXPLOTACIÓN DEL TEXTO
(Sugerencias)

- ¿Estás de acuerdo con las opiniones de Juan Marichal?
- Contesta tú a la pregunta final del periodista.

gan las atenciones del poder, cosa que han sabido explotar los comunistas de todas las latitudes. Y se ha visto qué efectos devastadores tienen para la cultura esas adulaciones. Aquí ahora convendría que hubiera periodistas como Reston e intelectuales que se mantuvieran lejos de «todo» poder, no sólo el del Gobierno.

— *Tampoco le gusta a usted, me parece, el refrán que dice «zapatero a tus zapatos»...*

— Desde luego que no. Es el refrán más peligroso para un intelectual y para la democracia. Benjamín Constant, uno de los padres fundadores del liberalismo, decía con razón que ese refrán es el favorito de los dictadores. Hoy en día es también el favorito de algunos expertos o politólogos que creen que nada más que ellos saben lo que conviene al pueblo. Pero el pueblo (es decir, Sancho) sabe mucho mejor que los expertos lo que es bueno para él.

— *¿El pueblo —o sea, Sancho— tiene siempre razón?*

Diario 16, 2-4-89

SI SE CALLA EL CANTOR

Si se calla el cantor, calla la vida
porque la vida misma es toda un canto.
Si se calla el cantor mueren de espanto
la esperanza, la luz y la alegría.
Si se calla el cantor se quedan solos
los humildes gorriones de los diarios,
los obreros del puerto se persignan
¿quién habrá de luchar por su salario?
¿Qué ha de ser de la vida si el que canta
no levanta su voz en las tribunas
por el que sufre, por el que no hay ninguna razón
que lo condene a andar sin manta?
Si se calla el cantor muere la rosa
¿de qué sirve la rosa sin el canto?
Debe el canto ser luz sobre los campos
iluminando siempre a los de abajo.
Que no calle el cantor porque el silencio
cobarde amaña la maldad que oprime,
lo saben los cantores de agachada,
no callarán jamás de frente al crimen.
Que se levanten todas las banderas
cuando el cantor se plante con su grito,
que mil guitarras desangren en la noche
una inmortal canción al infinito.
Si se calla el cantor calla la vida.

Horacio Guaraní

EXPLOTACIÓN DEL TEXTO

(Sugerencias)

- ¿Quién es el cantor?
- ¿Qué es eso de iluminar a los de abajo y de luchar por el salario de los obreros? ¿Por qué tiene que hacerlo el cantor y no los sindicatos?
- ¿Sabes quién fue Víctor Jara y qué hizo? Infórmate y opina después.

II. Y TÚ ¿QUÉ OPINAS?

- **¿Qué crees que quiere decir Julio Cortázar en el cuento? ¿Verdad que en realidad sí hay una moraleja? ¿Cuál es la tuya? Compárala con la de tus compañeros.**
- **¿Cuál es el simbolismo de esos gritos y palabras? ¿Se refiere al arte, a la política?**
- **¿Cómo interpretas «las palabras y los gritos son cosas que, en rigor, se pueden vender pero no comprar»?**

- ¿Cuál es para ti el papel de un artista?
- ¿Tiene algún tipo de obligación con la sociedad?
- ¿Qué esperas tú del Arte, de los artistas?
- ¿Recuerdas a artistas no comprometidos? ¿Cuál es el valor del arte si no está puesto al servicio de la sociedad?

- ¿Cuál es el papel de los mecenas? Para expresar su talento, un artista debe sentirse liberado de las contingencias materiales. ¿Estás de acuerdo? ¿Aunque el artista se «venda» a quien le mantiene?

Entre las distintas posibilidades que te ofrecemos, elige las que más corresponden a tu definición del arte:

Técnica - oficio - medio - método - sistema - recurso - instrumento - ingenio - maestría - sabiduría - realidad - fantasía - mensaje.

- «El arte es la expresión de la belleza.»
- «El arte es un trabajo de ingenio sin excluir ni exigir un trabajo material.» (José March)

Pablo Ruiz Picasso (1881-1973).
Guernica, 1937.
Museo del Prado.
Casón del Buen Retiro.

- ¿Conoces la historia de este cuadro?
- ¿Crees que además de artístico tiene un valor político?
- ¿Puedes explicar lo que inspira este cuadro?

UNIDAD 23

El miedo

LOS RELATIVOS

RECUERDA

Que

- Se construye con antecedente.
- Puede ser **sujeto** de frases especificadas y explicativas.
  Ejemplos: *Los excursionistas **que** estaban cansados se quedaron en el hotel* (sólo los que estaban cansados).
  *Los excursionistas, **que** estaban cansados, se quedaron en el hotel* (todos los excursionistas).
- Puede sustituir a **quien** como complemento directo de persona sin preposición.
  Ejemplos: *Ha venido alguien **que** conozco (*a quien).
  *La persona **que** más quiero está aquí ahora* (a quien).
- Admite preposiciones delante, pero es difícil determinar cuáles.
  Sin ninguna duda admite **en**, también **con**; **de**; **a**, pero no con el sentido de dirección.
  Ejemplos: *Los puntos **en que** no estamos de acuerdo no son importantes.*
  *La pluma **con que** escribo, me la regaló una compañera.*
- Puede aparecer sin antecedentes, precediendo a un infinitivo.
  Ejemplos: *Dar **que** decir, **que** pensar, **que** hablar.*
  *Buscar **que** hacer.*

El que

- Puede funcionar sin antecedente en frases de tipo general.

Alterna con **quien** para personas.
Ejemplos: ***El que*** *sostenga algo así, se equivoca* (quien).
Los que *no moderan sus palabras, son víctimas de ellas* (quienes).

- Puede aparecer también con valor especificativo.
Ejemplos: *Ese chico,* ***el que*** *está junto a la ventana, toca muy bien la guitarra.*
Vosotros, ***los que*** *no estáis de acuerdo, levantad la mano.*
(Es como si entre «ese chico» y «vosotros», alguien hubiera preguntado ¿cuál? o ¿quiénes?)

- Puede ser atributo de **ser**. Alterna con **quien**.
Ejemplos: *Este libro es* ***el que*** *estaba buscando.*
Ha sido ella ***la que*** *me lo ha contado.* (quien).
Esto es ***lo que*** *ha pasado.*

- Admite preposiciones delante.
Ejemplos: *Esto es* ***de lo que*** *queríamos hablar.*
La gente ***con la que*** *andas no me gusta.*
Si esto es ***para lo que*** *me has llamado, me voy.*

- A veces se produce este fenómeno:
* *Este libro es* ***el*** *de que te hablé.*
* *Esta casa es* ***la*** *a que vengo a menudo.*

Son frases inviables. Habría que sustituir **el**, **la** por **aquel**, **aquella**, pero resultaría afectado en la lengua hablada, no en la literaria.

La solución, pues, consiste en trasladar la preposición delante del artículo:
Este libro es ***del que*** *te hablé.*
Esta casa es ***a la que*** *vengo.*

- **Lo que** a veces equivale a **cuanto**.
Ejemplos: *No sé* ***lo que*** *vale.*
Dime ***lo que*** *sepas.*

- A veces tiene valor ponderativo.
Ejemplos: *¡No imaginas* ***lo que*** *me ha costado!*
¡Fíjate ***lo que*** *trabaja!*

Quien

- Puede funcionar sin antecedente, en frases de tipo general.

Alterna con **el que**. Se refiere a personas o cosas sustantivadas.
Ejemplos: ***«Quien*** *mucho abarca, poco aprieta»* (el que).
Quienes *no estén conformes, pueden marcharse* (los que).

- Puede ser **sujeto** de frases explicativas, alternando con **que** y **el cual**
Ejemplos: *Los alumnos,* ***quienes*** *estudiaron mucho, aprobaron con buenas notas.*
Hemos entrevistado a algunos miembros de distintos partidos políticos, ***quienes*** *manifestaron su repulsa ante la violencia.*

- Puede ser **atributo** de ser, alternando con **el que**.
  Ejemplos: *Son sólo ellos **quienes** tienen la culpa* (los que).
  *Con **quienes** más salgo es con Angelina y Montse* (las que).

- Admite preposiciones delante.
  Ejemplos: *No han venido los amigos **con quienes** quedé el otro día.*
  *Llega **hasta quien** pueda ayudarte de verdad, no hables con cualquiera.*

El cual

- Necesita antecedente. Puede ser **sujeto** de frase explicativa, alternando con **que**, **quien**.
  Ejemplos: *Han estado aquí tus primos, **los cuales** no han dicho nada del viaje* (que, quienes).
  *Me han regalado su último libro, **el cual** ha sido un éxito fulminante* (que).

- Se prefiere **el cual** cuando la preposición que va delante es de más de una sílaba, o si aparece adverbio + preposición:
  Ejemplos: *En su pasillo hay una enorme ventana **desde la cual** se divisa toda la ciudad.*
  *Decidió suicidarse, **antes de lo cual** puso en orden sus papeles.*

- Es obligatorio el uso de **el cual**, cuando el relativo forma parte de una frase en la que no hay un verbo conjugado.
  Ejemplos: *Empezó a llover, en vista de **lo cual**, nos quedamos en casa.*
  *Hay una curva en la carretera, pasada **la cual**, se ve el pueblo.*

- Se prefiere **el cual** cuando la frase de relativo está interrumpida por un inciso.
  Ejemplos: *Hemos tenido un profesor, **el cual**, aunque era muy simpático, no era muy competente.*

Cuyo

- Tiene valor posesivo.
  Poseedor + **cuyo** + cosa poseída.

- Concierta con la palabra que le sigue, es decir con la cosa poseída, la cual nunca lleva artículo.
  Ejemplos: *Es imprescindible leer «El Quijote», **cuya** influencia aparece en casi todos los escritores.*
  *Me he comprado todas las obras de ese autor, **cuyas** opiniones comparto.*

- Admite preposiciones delante.
  Ejemplos: *Me encanta hablar con ella **de cuya** inteligencia todos tenemos pruebas.*
  *Quiero rendir homenaje a mi abuela **sin cuya** exigencia no estaría donde estoy.*

- Equivale a: **sustantivo + el cual.**
  Ejemplos: *Ya encontrarás a alguien **cuya** amistad sea auténtica.*
  La amistad de la cual *sea auténtica.*

Cuando

- Se usa con antecedentes de tiempo.
  Ejemplos: *Fue hace cuatro años **cuando** empezó todo.*
  *Por aquellas fechas **cuando** aún vivíamos en la casa vieja, nos tocó la lotería.*

Donde

- Se usa con antecedente de lugar.
  Ejemplos: *Esa es la casa **donde** me gustaría vivir.*
  *Los lugares **donde** guardas las cosas son inverosímiles.*

- A veces aparece sin antecedente.
  Ejemplos: ***Donde** pones el ojo, pones la bala.*
  ***Donde** tú estás, reina la armonía.*

Como

- Se usa con antecedente de modo.
  Ejemplos: *No es llorando **como** vas a cambiar las cosas.*
  *Y así fue **como** consiguieron sus propósitos.*

EJERCICIOS

a) **Completa las frases usando un relativo apropiado: Busca «la historia» que hay detrás de cada frase.**

1. En tiempos de la abuela, el amor se concebía como una batalla ________ ofensiva correspondía a las tropas masculinas.

2. La balanza tiende a inclinarse hacia el platillo conformista, especialmente si se trata de una decisión mediante ________ el esfuerzo resulta mayor de lo previsto.

3. Incluso para las personas ________ soñaran con salir de aquella situación, la realidad era muy dura.

4. Quieren comprar una casa. El primer paso es pedir un crédito. Paso ________ no resulta fácil de dar cuando no hay ingresos regulares.

5. Una limitación la constituye el hecho de que sea siempre la misma persona ________ aconseja, con ________ se nos escamotea el imprescindible contraste de opiniones.

6. «Ya aprenderás, ya aprenderás», eran frases dichas, formuladas en el tono de ________ prescribe una medicina.

7. Y de las nubes de un paraíso ficticio cayó en los raíles de un noviazgo con un muchacho, a ________ no convenía dar confianza, pero a ________ había que querer mucho.

8. Y cuando llegó aquel hombre lo miró con una mirada inquisitiva, ________ demostraba desconcierto y temor.

9. Dado su poder de convicción, no debió resultarle difícil demostrarle que aquél era el único medio de lucha; no obstante ________ terminó apartándose, asqueado de ellos.

10. Se limitaba a mirar ________ quedaba de la casa ________ había conocido el éxtasis y la desesperación, un esqueleto ennegrecido por las llamas ________ sólo cabía proyectar la anterior felicidad.

11. No fueron sus palabras ________ me explicaron ________ Georgina era en aquel momento; fueron sus cuadros.

12. Miró al campo por la ventana, vio el patio por ________ había entrado.

13. Las aspiraciones de los pequeños burgueses y de sus hijos, de ________ había de hacerse cómplice la publicidad, se orientaban a conseguir pequeños placeres materiales.

14. Peter, ________ ha hablado sólo con algunas personas de las interesadas, tiene una opinión parcial.

15. Entonces fue ________ me di cuenta de que no andaba tan lejos de la verdad ________ tanto había buscado.

16. Se había iniciado para ellas una nueva etapa, sin más sorpresas que ________ pudiera depararles su propia imaginación.

17. Se sentía admirada por aquella gente con ________ compartía pequeñas cosas de cada día, y a ________ , cada vez, era más difícil satisfacer sin hacer enormes esfuerzos, ________ , por otra parte, no estaba segura de querer hacer.

18. ________ no te he dicho es que tu presencia me resulta insoportable.

19. Aquella situación suponía un desaire bastante hiriente por ________ él había tenido que pasar y ________ resultados había que esperar con paciencia.

20. Quería trabajar frente a una ventana desde ________ se viera el mar o el bosque.

21. A ________ no me acostumbro es a la brusquedad ________ se emplea aquí para tratar a la gente.

22. Tengo unas ganas enormes de hacer algo ________ no tenga que explicar ni justificar, y menos ante ________ no tienen derecho a meterse en mi vida.

23. Sacar adelante este proyecto ha sido un gran esfuerzo, ________ se ve recompensado por el éxito ________ estamos viviendo en este momento.

b) **Sustituye los relativos por otros donde sea posible:**

1. *Los que* nunca han luchado por conseguir las cosas, sólo han vivido media vida.
2. No, no ha sido de eso de *lo que* hemos hablado.
3. Esta es la razón por *la que* me he quedado en casa.
4. La opinión de ese autor ha sido *la que* me ha hecho reaccionar ante la situación *que* estaba viviendo.
5. La persona *que* amé me ha abandonado.
6. La persona *que* más me ayudó fue ella.
7. Tengo un gran sueño, *que* a fuerza de pensarlo, se me va a cumplir.
8. Se firmó un convenio económico entre dos grandes empresas, gracias a *cuyo* pacto se superaron las penurias por *las que* habían pasado en el último período.
9. Estaban esperando que se salvara la distancia a través de *la cual* se habían encontrado sus ilusiones.
10. Vamos a intentarlo una vez más, *lo cual* no debe ser obstáculo para que cada uno busque *lo que* más le convenga.
11. Ha sido hace poco *cuando* se ha producido ese malestar.
12. Será trabajando *como* conseguirás hacer realidad tus proyectos.

c) **Completa los textos con las palabras —verbos, adjetivos, sustantivos— que le den el mejor sentido.**

I. (...) Siempre ________ el problema del mal, cuando desde chico ________ al lado de un hormiguero armado de un martillo y ________ a matar bichos sin ton ni son. El pánico ________ de los supervivientes, que ________ en cualquier sentido. Luego ________ agua con una manguera: inundación. Ya me ________ las escenas dentro, las obras de emergencia, las corridas, las órdenes y contraórdenes para salvar los depósitos de alimentos, huevos, seguridad de reinas, etc. Finalmente con una pala ________ todo, ________ grandes boquetes, ________ las cuevas y destruía frenéticamente: catástrofe general. Después ________ a cavilar sobre el sentido general de la existencia, y a pensar sobre nuestras propias inundaciones y terremotos.

E. Sábato
Sobre héroes y tumbas

II. ________ el timbre como si fuera la primera vez, como si hubiera existido antes esta oscura instancia en que ________ y nadie respondió. Mi llamada ________ larga, como el lamento de una quena (Recuerdo, en este instante, que nuestra melodía favorita es «El lamento de amor indio»: con esa música nos hemos amado en otoño, en primavera, en invierno, en verano, a la mañana, a la tarde, a la noche, en los amaneceres rojos incendiados de luz). Me ________ esperando, a la puerta, vagamente nervioso. Nadie contesta. Al fin, cansado, ________ :

— ¡Aída, ábreme soy yo!
Aída no________ .
Desesperado,________ la puerta con las manos.

Entonces, __________ la voz de Aída, desde el otro lado:
— No quiero verte, dice.

Escucho las palabras, pero tengo dificultad de comprender el sentido. Al fin, lentamente, el sentido, duro, metálico, brutal, __________ paso hasta mi cerebro. __________ que no quiere verme. __________ como un autómata la frase temida: «No-quie-ro-ver-te». Debo __________ un instante, para que cuaje en mí, para que cunda, como un cáncer que __________ sus células malignas en el organismo.

__________ en suspenso, como un globo hinchado en el aire que __________ lentamente en un espacio que no conoce. Me __________ gran oso herido por un disparo que viene de la frontera lejana y que lo __________ en sus partes vitales. Voy a la cabina telefónica próxima, __________ el número de Aída. Cuando escucha mi voz, Aída responde:

— No quiero oírte —y __________ rápidamente.

Regreso a la casa de Aída. La puerta está __________ y yo me siento __________, a la intemperie, niño __________ en una feria.

Súbitamente recuerdo una vez que mi madre me dejó fuera, en __________ a una falta, y en el __________ de la noche que caía, yo tuve frío, hambre, necesidad de cariño y de estar __________ en casa.

— ¡Aída! — imploro.

— ¡Aída! — suplico.

— ¡Aída! — reclamo.

— ¡Aída! ¡Aída! ¡Aída! ¡Aída!

Aída no contesta.

Ha cerrado la puerta, __________ para mí.

Ahora soy el exiliado de Aída, el __________ Su casa, como una tierra prohibida, me está __________ No tengo patria, no tengo suelo, no tengo techo. Soy un náufrago que en la inmensidad hace señales __________ Soy un desterrado, un apátriada, un huérfano.

La ausencia de Aída, su ira, me desencaja, como un trueno que hubiera arrancado mi raíz. Balbuceo y me desestructuro. En la calle, me echo a llorar como un niño __________ Si tuviera un bazuca, __________ contra la puerta cerrada y la __________, para encontrarme con Aída. Con Aída, que, iracunda, me __________ con la torva decisión de los toros agraviados.

— No quiero oírte —ha gritado Aída.

Ahora, Aída es una mujer harta. Vuelve la cabeza, me rechaza, ahíta, como quien ha __________ demasiado dulce y repugna ya del azúcar.

Me encierro en mi casa, al lado del teléfono, a esperar una llamada que no llega, que en un momento de lucidez, Aída, más serena, vuelva sobre sus pasos y me llame. Que Aída retroceda y, con su voz de siempre, me invite a verla. Pero amanece (he pasado la noche en __________) y la llamada no se produce.

Cristina Peri-Rossi
Solitario de amor

EXPLOTACIÓN DE LOS TEXTOS (Sugerencias)

- Después de completar los textos, busca las palabras que expresen:
  - dolor
  - destrucción
  - sensación de abandono
- ¿De dónde se desprende más la sensación de crueldad, de las palabras o del contenido?
- ¿Tiene miedo alguien? ¿Quién?

I. SITUACIÓN

El miedo

1. ¿Qué te produce más miedo la violencia, el más allá, la brujería, la enfermedad o la magia negra?

2. «Les tengo miedo a las mujeres. Soy un hombre maternizado por mi difunta madre; fuera de ese ámbito no he encontrado nada satisfactorio». ¿Por qué este hombre tiene miedo a las mujeres? ¿Existe un miedo equivalente a los hombres?

3. ¿Qué te da más miedo la guerra o que la hagan los niños?

4. «Miedo a estar de moda». Trata de explicar esta frase.

5. ¿Qué es peor?

   - Miedo a la amenaza de bomba.
   - Miedo a equivocarme en el juicio.
   - Miedo a ser condenado siendo inocente.

II. OTRAS ACTIVIDADES

Interviú. Febrero 1987

- Los tres tienen miedo, ¿no?, ¿de qué?
- ¿Cómo saldrías de una situación semejante?
- ¿Te sentirías más seguro/a con un arma en la mano?

Fragmento de una viñeta publicada en *Interviú* Febrero 1987

- ¿Puedes describir sus gestos?
- ¿Qué están viendo?

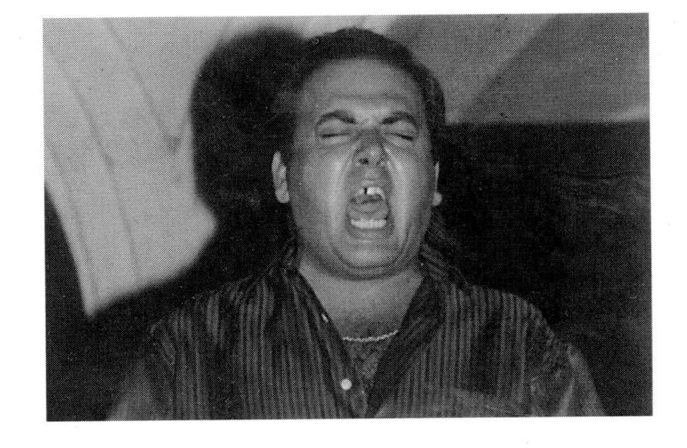

- ¿Qué expresa la cara de este hombre?
- ¿Qué te produce?
- Si te estuviera persiguiendo, ¿qué harías?

AMPLÍA VOCABULARIO

Sopa de letras

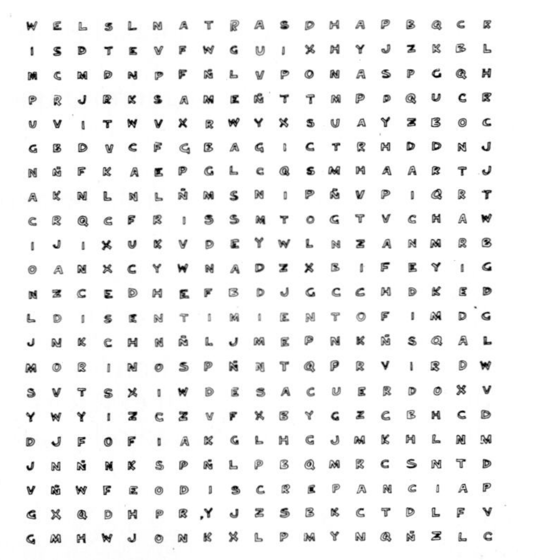

Puede ser la sopa de la discordia, ya que en su composición intervienen 15 sinónimos de discusión y enfrentamiento.

(La solución está al final de la Unidad.)

- Contrariedad
- Divergencia
- Impugnación
- Ruptura
- Disidencia
- Oposición
- Disentimiento
- Cisma
- Desacuerdo
- Escisión
- Enemistad
- Discrepancia
- Rivalidad
- Separación

- **Después de encontrar todas estas palabras, explica la diferencia que hay entre ellas.**

- **¿En qué consiste este miedo?**

Sustituye la palabra *miedo* por otra más apropiada al sentido:

1. Los tanques circulaban por la ciudad. *El miedo* amordazaba a la población.
2. Se creía sola en la casa y al oír pasos sintió *un miedo* enorme.
3. En nuestra educación nos inculcaron *el miedo* a Dios.
4. Al ver todos aquellos instrumentos de tortura sintió tal *miedo* que se quedó paralizado y sin poder articular una sola palabra.
5. De la decisión de ese jurado depende mi futuro. Eso me produce *un miedo* que no me deja comer ni dormir.
6. No quiere beber ni comer nada que no esté envasado porque siente *miedo.*
7. Todos estábamos tan tranquilos cuando vimos un resplandor inquietante. ¡Qué *miedo* sentimos!
8. ¿Qué te da más *miedo* la ceguera o la invalidez?

Aquí tienes la lista de palabras que puedes usar: *terror, horror, temor, pánico, zozobra, aprensión.* No olvides que con *susto* y *sobresalto* hay que usar otros verbos.

LA DAMA DEL MIEDO

Diez años de *ordeno y mando,* de pasear el traje de chaqueta por los fotos internacionales, tomándole la medida a los *números uno* de las grandes potencias. Una década al frente del Gobierno británico que ha reforzado la principal convicción de Margaret Thatcher: no se transige con las cosas importantes.

El País Semanal, 30-4-89

- **¿Es así como mejor se gobierna?**

- **¿Puedes explicar en qué consiste?**

DEDICADO A TOBÍAS

El miedo

Tú sabes que la Historia es distinta según el que la escribe: según su sentimiento y su distancia. No es la misma, por ejemplo, contada por América del Norte que por la del Sur. Pero también varía de acuerdo con el eje alrededor del cual se la observe girar. Ese eje no es siempre —aunque quizá debiera— el hombre, ni los pueblos. A veces es la guerra, o la opresión de unos por otros; otras, muy pocas, el amor. Pero siempre hay un ala oscura que planea por encima de todas las versiones; siempre hay un enlutado protagonista: el miedo. Esquivarlo o protegerse de él es el origen y la última finalidad de cualquier civilización. Aún no se ha conseguido. Por el contrario, dando la vuelta a su propio destino, parece que hoy es la civilización precisamente quien nos da más miedo: un miedo provocado por sus beneficiarios.

Con el miedo comienza, en efecto, la historia de la Humanidad: al dolor, a las fieras, a la soledad, a la noche que se lleva la luz irreversible, al infinito frío, a la enigmática destrucción por la muerte. Pero el hombre comprueba a tientas, poco a poco, que sólo es inmenso lo que no abarca él; sólo tenebroso, lo que no conoce; sólo temible, lo que no comprende. Y echa a andar contra el miedo... E igual que a la Humanidad entera le sucede a cada hombre. Sufre el niño los mismos terrores que la Humanidad sufrió en su infancia, y va sanando de ellos. Y más tarde rechaza, con superioridad y suficiencia, los fantasmas nocturnos infantiles, las momias que se desvendaban a sí mismas, los gorilas gigantescos, las heladas manos de los secuestradores, las carcajadas de los asesinos. El niño acompañado sabe que es inmortal e invulnerable; pero sabe también que el peligro y la muerte lo acechan en cada esquina de la soledad... He oído con frecuencia hablar de un niño que, a los dos o tres años, descendía de su cuna, sonambulillo, aterrado e iba hasta la cama de sus padres, en un cuarto no próximo. En medio de los dos lo recibían; pero una noche decidieron no hacerlo más. El niño entonces se tumbaba, descalzo y en su pequeño pijama celeste, sobre la alfombrilla. Decidieron cerrar, por dentro el dormitorio matrimonial. Y el niño permanecía hecho un ovillo ante la puerta.

Decidieron cerrar, cada noche, por fuera, el dormitorio del niño. Por la cerradura veían cómo, durante mucho tiempo, durmió tendido ante la puerta, esperando que alguien, iluminado y salvador, la abriese. Ese niño —ya te lo he contado, Tobías— padeció luego el pavor de atravesar despierto —y tan despierto— toda la casa, noche por noche, en busca de una arqueta de tabaco. Ese niño fui yo. Los espantos me curaron de espantos. Nunca más tuve miedo.

EXPLOTACIÓN DEL TEXTO (Sugerencias)

- Observa la cantidad y variedad de relativos que aparecen en el texto.
- Observa también si aparecen con indicativo o subjuntivo. Repasa la Unidad 11.

14. y **135. Planear y plantear.** Relaciona estos dos verbos con las siguientes palabras: viajes, aviones, problemas, algunos pájaros, dificultades, el año nuevo, una invasión.

17. Esquivar. Eludir, evadir, evitar, rehuir. Son equivalentes, pero ¿los usarías en las mismas situaciones? Por ejemplo: ¿evades o esquivas impuestos? ¿Vas al cine para evadirte o para rehuir algo?...

34. A tientas. ¿Qué te falta cuando vas así? ¿La luz, el aire, el agua? ¿Y si vas **a ciegas**? ¿Por qué haces algo **a escondidas**? ¿Cuándo resulta necesario ir **de puntillas**? ¿Es lo mismo estar **a oscuras** que **a dos velas**?

35. Puedes abarcar con la vista, con los brazos. ¿Con qué más puedes abarcar? ¿Cómo interpretas el refrán: «El que mucho abarca, poco aprieta»?

46. Claro está que sabes lo que es una **momia**. En Egipto era una forma de preparar a los muertos antes de enterrarlos.
Pero si se lo llamas a alguien, ¿cómo lo interpretará? ¿Las momias tenían heridas para estar **vendadas**? ¿Cuándo se necesita una **venda**? ¿Qué pasa si la llevas en los ojos?
¡Ah! Si te dicen que has encontrado un momio, *no es que tengas un cadáver de hombre, es que has conseguido un trabajo o un negocio que da beneficio con poco esfuerzo.*

53. ¿Por qué prefiere A. Gala el verbo **acechar** para el peligro y la muerte? ¿Por qué no ha usado curiosear, vigilar o espiar? ¿Te has puesto alguna vez al **acecho**? ¿Te has sentido acechado? ¿Por qué o quién?

68. Un **ovillo** es una bola de lana. ¿Cómo «ves» al niño, entonces?
Si dijera: «el niño estaba desmadejado», pensaríamos en una **madeja** ¿es lo mismo que un ovillo? Y si al niño le **dieran carrete**, ¿le estarían entregando hilo para coser?

94. Los pinos tienen **llagas** por donde **sangra la resina**.
- ¿Qué tipo de heridas son las de los pinos y qué tipo de sangre es la resina? ¿Para qué sirve? ¿Es pegajosa o fluida, líquida o viscosa? **Torcaces** = un tipo de palomas.

104. ¿Cuáles de las palabras siguientes podrían ir indistintamente con **extraviar y perder**?
- la memoria, la mirada, un libro, el pasaporte, el control de uno mismo, la paciencia, una dirección, a uno mismo en una ciudad desconocida, un partido, la cartera...

111. ¿Cuándo se producen **crujidos** en el bosque? ¿Y en una casa vieja? Si te crujen los huesos, ¿estás muy enfermo? El pan cruje ¿cuando está reciente o cuando está atrasado? Se dice que la seda cruje ¿hay otros tejidos que «hagan ruido»?

114. La noche lo **arropó**, ¿lo cubrió de ropa? ¿Cuál es la diferencia entre arropar, tapar y abrigar(se)?

144-145. ¿Qué te hace una persona que te pone la **zancadilla**? ¿Es sólo algo físico? ¿Y si te hace un **desaire**? ¿Es lo mismo que si te hace una **faena**?

149. Imagina cómo le harías **chantaje** a tu jefe. ¿En qué consiste el chantaje emocional? ¿En qué terrenos es muy frecuente?

Recuerdo, adolescente, un atardecer castellano, en un pinar familiar e interminable. (Familiar por ser de la familia, no por acostumbrado.) Me perdí. Confundía los pinos idénticos y la tierra arenisca. Corregía una y otra vez las direcciones sin ver el fin de nada. Era la luz lo único que iba teniendo fin. Allí estaban los troncos silenciosos y las terrinas mudas, colgadas en sus llagas, donde sangraba la resina. Torcaces invisibles brotaban y cruzaban, entre las altas copas verdes, con un ruido de seda rasgada: igual que un desafío, o una intimidación, o una advertencia. Supe que debía sentir miedo. En la realidad se repetían los antiguos pavores; coincidían los antiguos visitantes; a cada momento tropezaba más, me extraviaba más; el pinar se desentendía de mí como de un forastero indeseable; me repetía con susurros que estorbaba... Supe que debía sentir miedo. Pero no lo sentí. Me abandoné, insignificante y confiado, al pinar, a las palomas, a los crujidos, a la arena, al mundo. Me senté, apoyado contra un tronco. Llegó la noche y —despacio, muy despacio— me arropó como a una cosa suya... Cuando llamé al portón de la casa de Cuéllar era media mañana.

Tienes, Tobías, la edad en que yo empecé a triunfar del miedo. Del miedo a todo, piénsalo bien. Miedo al padre, que descubre lo que no deseamos; al profesor, que puede estropear tantos proyectos; al fracaso o al éxito; al castigo justo o injusto; a la verdad y a la mentira; a la humillación o al desprecio de los demás. Miedo a la decepción de la amistad, y al enemigo real o imaginario. Miedo al miedo, que es capaz de transformarnos en cómplices de cuanto malo hay en el mundo. Miedo a proclamar nuestra verdad frente a las monótonas medias verdades de los otros... Planteátelo desde ahora mismo, Tobías, como me lo planteó a mí quien me amó más que nadie: con rigidez y raciocinio. Aparte de las fuerzas sobrehumanas, nadie más que tú, en tu interior, puede dañarte. Quien quiera *hacerlo sin tu consentimiento,* es que se *beneficia.* Escúpele a la cara. *Frente a las amenazas, las zancadillas, los falsos juicios, los desaires de los poderosos, siente tristeza y asco:* miedo no. Frente a las agresiones, las violencias, los chantajes, siente desprecio o ira: miedo no. Miedo no tengas tú. Exorcízate de él. Hasta que seas, por dentro y por fuera, todo lo independiente que puede ser un hombre, hazte fuerte. Y apoya a los más débiles: ésa es una gimnasia que te fortalecerá el hombro. Cuando llegue la hora de arrimarlo, resistirá un miedo mucho más pesado de lo que creíste nunca resistir.

No sé si serás, más adelante, un triunfador; no sé si serás un gran hombre, del que todos —quienes vivan— se muestren satisfechos y orgullosos. Si es así, no se te ocurra olvidar tus terrores de niño, que coincidieron con los de aquella Humanidad, valiente y frágil, que empezaba. Y no llegues al extremo desdén que ella ha llegado. Para eso, recuerda que si no hay quien te dé miedo, no has de tenerlo; y que si no hay quien te lo quite, ¿para que tenerlo? Y recuerda también que *los cobardes son siempre mentirosos,* porque nunca se atreven a afrontar la verdad. Si no logras convencerlos de que lo hagan, apártalos de ti. Apártalos con el mismo gesto con que apartes a quienes sacan ventaja del ajeno temblor. Te sentirás más solo, pero también más ágil y más limpio.

Antonio Gala
(Del libro *Dedicado a Tobías*)

157. Arrimar el hombro = ayudar, colaborar, apoyar a quien lo necesita. ¿Podrías imaginar de dónde viene esa imagen?

- También podrías **echar una mano**, pero ¿sería lo mismo que **echar mano**?
- Cuéntanos cuándo **has metido la pata**. ¿Has empezado algo **con buen pie**? ¿Has puesto alguna vez **los pies en polvorosa**?
- ¿Te gusta que digan de ti que tienes la **cabeza sobre los hombros** y **los pies en la tierra**? ¿Por qué?

IV. Y TÚ ¿QUÉ OPINAS?

- ¿De qué clases de miedos habla A. Gala? ¿Cuál de ellos te ha afectado alguna vez? ¿Has conseguido librarte de esos miedos?
- ¿Crees que la actitud de los padres con el miedo del niño es apropiada? ¿Tú eres partidario/a de lanzar a la piscina al que tiene miedo al agua?
- «Tienes la edad en que yo empecé a triunfar del miedo». ¿Hay una edad en que uno deja de tener miedo? La ausencia del miedo ¿nos vuelve superiores, indiferentes, invulnerables, inalcanzables?
- Hay una canción popular española que dice: «Cuando de veras se quiere, el miedo es tu carcelero». ¿Qué opinas de esa frase?
  «El miedo es capaz de transformarnos en cómplices de cuanto malo hay en el mundo». ¿Qué quiere decir con esto Gala?

Algunas expresiones útiles para hablar del tema:

- Se me ponen los pelos de punta.
- Se me pone la carne de gallina.
- Se me encoge el ombligo.
- Estoy que no me llega la camisa al cuerpo.
- Helarse la sangre en las venas.
- Amilanarse.
- Atemorizarse.
- Valiente, lanzado.
- Cobarde, gallina.

¿Puedes enumerar lo que uno siente cuando tiene miedo?

Por ejemplo: se me seca la garganta...

Situación:

- Reuníos alrededor del fuego (real o imaginario) y contad «historias de miedo» como cuando éramos pequeños. ¿Te acuerdas de aquella vez en que...?

Solución a la sopa de letras.

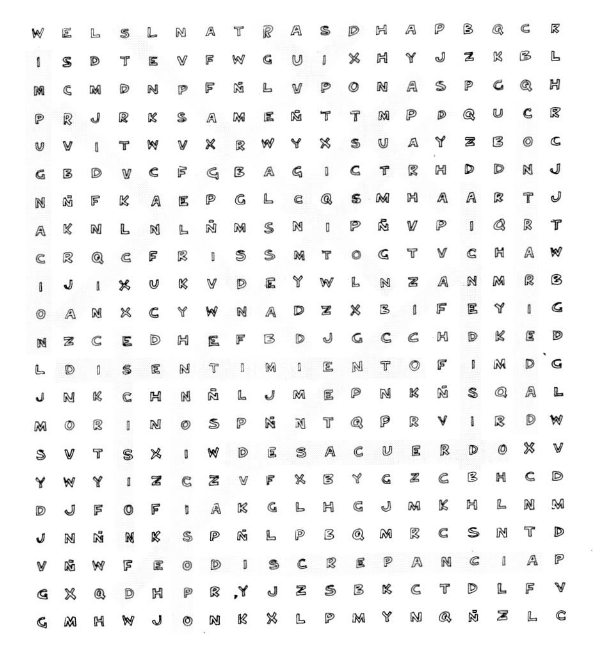

UNIDAD 24

Los niños

LAS PERÍFRASIS I. Perífrasis incoativas

RECUERDA

Las perífrasis incoativas

Expresan el principio de la acción y, en general, no suelen construirse con verbos de significación perfectiva.

Empezar (Comenzar) **a + infinitivo**

Son equivalentes, pero es más generalizadora «empezar a».
Ejemplos: *Tienes que* ***empezar a*** *pensar en tu futuro de manera más seria.*
Todo ***empezó a*** *cambiar inesperadamente.*

Ponerse a + infinitivo

- **Principio de acción + voluntariedad**, esfuerzo del sujeto.
- También puede ir con verbos unipersonales: *llover, nevar, helar...* pero no se construyen con verbos como *amanecer, salir el sol, anochecer...*
  Ejemplos: ***Se puso*** *a estudiar derecho a los cuarenta años.*
  Se puso *a llover como si fuera el día del diluvio.*

  Ved que hay construcciones imposibles del tipo: *Me di un golpe muy fuerte y* ****me puse a sentir dolor después*** (no hay voluntariedad).
  Hay que decir: ... y *empecé a sentir dolor...*

Echar(se) a + infinitivo

- **Principio de acción** + **brusquedad**.
- Número limitado de infinitivos.
  Echar a + andar, correr, volar.
  Echarse a + reír, llorar, correr, volar, temblar, llover.

Modismo: echar(se) a perder = estropear(se) cualquier cosa o persona.

Ejemplos: *Cuando **echamos a andar**, los demás nos siguieron.*
*Me acerqué al pájaro y **echó a volar**.*
*Tira esa comida, es de hace tres días y, claro, **se ha echado a perder**.*

A veces *echar a* no forma perífrasis.
Ejemplo: ***Me eché a dormir, a nadar.***

En esas frases, el verbo echar conserva su sentido original.

Romper a + infinitivo

- **Principio de acción que rompe, desborda algo contenido, frenado.**
- Número limitado de infinitivos:
  Romper a reír, llorar, hablar, gritar, chillar.
  A veces también: cantar.
  Ejemplo: *No pudo contenerse más y **rompió a** reír a carcajadas.*

Liarse a + infinitivo

- **Principio de acción + idea de embarullamiento, no saber cuándo va a terminar lo empezado.**
- No pierde del todo su sentido original.
  Ejemplos: *Estaba distraída, **me lié** a echar sal a la comida y ahora está incomible.*
  *Voy a **liarme a** limpiar la casa de arriba abajo.*

Meterse a + infinitivo

- **Empezar a + idea de no preparación**, de no estar preparado para llevar a cabo algo.
- Implica reproche, sarcasmo.
  Ejemplos: *Si ni siquiera has cogido un coche en tu vida ¿por qué **te metes a** dar consejos a los demás?*
  *No **os metáis** a explicar lo que no sabéis.*

Ir a + infinitivo

- **Expresa futuro inmediato.**

Ejemplos: ***Voy a comprarme*** *una casa en el campo.*
Van a cambiar *la programación de la «tele».*
Vamos a irnos *de vacaciones.*

- **Principio de acción.**
  Ejemplos: ***Va a*** *salir el sol.*
  Van a *ser las dos.*
  Ya ***voy a*** *servir la comida.*

- **Intencionalidad o disposición del sujeto.**
  Ejemplos: ***Voy a dejar*** *de estudiar (quiero, me dispongo a).*
  Iba a decirte *lo que pensaba, pero me cortaste (pensaba).*
  Ahora ***van a enseñarnos*** *su colección de joyas antiguas (se disponen).*

- **Actuación sobre el interlocutor.**
  Ejemplos: *¡No* ***vas a decírselo*** *así, de golpe! (No se lo digas...).*
  *¿**Vas a permitirle** una cosa así? (No se lo permitas).*
  ¿Es que ***vamos a quedarnos*** *cruzados de brazos. (No podemos quedarnos de...).*

- **Necedad o evidencia de algo.**
  Ejemplos: *¿Es ésta la casa? — Claro, ¿cuál* ***va a ser****?*
  ¿Estáis contentos? — Por supuesto, ¿no ***vamos a estarlo****?*

- **Valor de negación en frases interrogativas y exclamativas.**
  Ejemplos: *¡Quién lo* ***iba a decir****! (= Nadie lo hubiera dicho).*
  ¡Qué ***va a saber*** *ese chico latín! (= No lo sabe).*
  ¡A ti te lo ***voy a contar****! (= No te lo contaré).*
  ¿Cómo ***voy a decir*** *yo una cosa así? (= Yo nunca diría una cosa así).*

Algunos modismos:

- **¡Dónde va a parar!** = No hay punto de comparación entre dos cosas o personas.
- **¡Vete tú / Vaya usted a saber!** = ¡Quién puede saberlo!
- **¡Qué le vamos a hacer!** = No hay remedio. Expresa resignación.
- **Vamos a ver** / **A ver (si)** = advertencia, llamada de atención.
- **No vaya a ser que** / **No fuera a ser que** = frases conjuntivas próximas a *para que.*

Ejemplos: *Mi hermano dibuja mejor que el tuyo, ¡**dónde va a parar**!*
Vete tú a saber *por qué no ha venido, ¡es tan raro!*
A ver *cómo te portas.*
A ver si *te portas bien.*
Le dejé toda la información preparada ***no fuera a ser que*** *se equivocara.*
No digas lo que no debes, ***no vaya a ser que*** *tengamos problemas.*

OTRAS CONSTRUCCIONES CON VALOR INCOATIVO

Ir + gerundio

- Valor incoativo – progresivo.
  Ejemplos: *Se* ***va haciendo*** *de noche (= Empieza a hacerse...).*
  Id andando *que ahora os alcanzo (= Echad a andar...).*
  Ve pensando *en tu regalo de Navidad (= Empieza a pensar...).*

Estar + gerundio

- Valor incoativo – progresivo.
  Ejemplos: *Me* ***estoy hartando****, así que déjame en paz (= Empiezo a hartarme...).*
  Parece que ***está mejorando*** *la situación (= Empieza a mejorar...).*

Soltarse a + infinitivo

- Principio de acción + desenvoltura.
  Ejemplos: *Después de este verano, los niños* ***se han soltado a nadar****.*
  Los mandaremos a Estados Unidos para que ***se suelten a hablar*** *inglés.*

Dar en + infinitivo

- Se construye normalmente con los verbos *pensar, decir, creer.*
- Principio de acción + obstinación injustificada o molesta.
  Ejemplos: *Cuando* ***doy en pensar*** *todo esto, me pongo furiosa.*
  Han dado en decir *que somos uno de los países más ricos del mundo.*

EJERCICIOS

a) **Completa las frases siguientes usando las perífrasis estudiadas. En algunas hay varias posibilidades, explica los matices diferentes.**

1. Desde niño aprendí a reconocer la bondad donde se encuentra. Y si me consideran, considero. Si me dan, agradezco. Y si el que me otorgó bondades sufre, yo __________ *(sufrir).*

2. Esa música que oí en un piano en mi infancia, vuelve ahora a mi memoria. Llega como la escuché entonces y luego __________ *(transformarse)* en un ruido atroz.

3. Esa noche mientras Martín deambulaba por la ribera, __________ *(llover),* __________ *(caer)* algunas gotas que bastaron para enviar a mucha gente a su casa.

4. En una subasta se han pagado millones por un cuadro de Van Gogh. ¡Quién se lo ________ *(decir)* a él que murió en la miseria!

5. Faltan pocos minutos para la hora, así que, por favor, ________ *(terminar)* sus exámenes.

6. La gente ________ *(decir)* que este hombre está loco.

7. Llegué reventada después de trabajar a destajo en una fábrica para sacar dinero. Me metí en la cama, ________ *(dormir)* y estuve durmiendo tres días.

8. Si te acercas demasiado a los pájaros, ________ *(volar)*.

9. ¿Cómo ________ *(hacer)* yo una cosa semejante? ¿Por quién me tomas?

10. (Vosotros) ________ *(subir)*, ahora os alcanzo.

11. Cuando uno no sabe de qué va el tema del que se trata, lo mejor que puede hacer es no ________ *(opinar)*.

12. La semana pasada ________ *(clasificar)* mis libros y todavía no he terminado.

13. Cuando la boda de mi hijo, viéndolo tan mayor, tan cambiado, ________ *(pensar)* que no era mío, que mi mujer me había engañado.

14. Había mantenido la calma delante de los demás, pero al quedarse solo ________ *(llorar)* como un niño.

15. Cualquiera ________ *(estudiar)* ¡Con este sol!

16. Aunque no lo había hecho nunca, ________ *(arreglar)* la lavadora y al final consiguió que funcionara. ¡Fíjate!

17. Cuando por fin la tenga delante de mí, ________ *(decirle)* todo lo que pienso y no habrá quien me pare.

18. La impaciencia eternizaba la espera y todos ________ *(perder)* la calma.

19. Cada vez que regañaban, la señora Pepa se consideraba ofendida, se iba a su habitación y ________ *(hacer)* las maletas.

20. ________ *(hacer)* los deberes y así tendrás el fin de semana libre.

21. ¿Es que ________ *(dejar)* que esos ineptos pasen por encima de ti?

22. Cuando ____________ *(pensar)* en mi situación, me entra o una rabia incontenible o me ________ *(llorar)*.

23. Ha tardado mucho tiempo pero al fin el niño ________ *(andar)*.

24. ________ *(llegar)* de un momento a otro.

Trató de quitarse la idea de la cabeza, pero no fue capaz. Se sentía incomprendido y, lo que es peor, condenado de por vida a cargar con una responsabilidad que, aunque había tomado libremente, cualquier juez medianamente sensato no dudaría en calificar como inmadura. No lo pensaría más. Esa mañana, mientras su mujer iniciaba el repertorio y la emprendía con el mayor, contándole nuevamente lo de «eres un desastre y abusas de mí porque tu padre anda muy liado y no se ocupa de ti», tomó la decisión. Camino de la oficina, en el coche, acabó de perfilar el plan. Todo cuadraba. Al llegar preguntó por su jefe, y cuando entró en el despacho lo soltó todo de golpe: «Tenemos muchísimos problemas con la nueva gente. Los de la central se creen que cualquier novato sirve y luego resulta que nadie sabe hacer nada. Aunque ya lo tenía montado todo para agosto, ahora mismo anulo mis vacaciones. Me tendré que ir en octubre».

Se tragó el anzuelo y le dio el pésame. Verdaderamente era un fastidio tenerse que perder las vacaciones con su familia, después de estarlas esperando todo el año. No sabía si la empresa podía pedirle tanto. Él insistió en que no quedaba más remedio, y se enzarzaron en un cortés forcejeo que al final acabó en tablas. Su jefe aceptaba que cambiara sus vacaciones, pero no consentiría en dejarle solo ante tanta tarea. Pasarían los dos un cálido agosto trabajando. Sin familia.

Alberto Anaut
El País Estilo, 24-7-90

- ¿Compartes los problemas de este «pobre» padre?
- ¿Crees que exagera?

Esos locos bajitos

B

A menudo los hijos se nos parecen.
Así nos dan la primera satisfacción.
Esos que se menean con nuestros gestos,
echando mano a cuanto hay a su alrededor.
Esos locos bajitos que se incorporan
con los ojos abiertos de par en par,
sin respeto al horario ni a las costumbres,
y a los que, por su bien, hay que domesticar.
— ¡Niño, deja ya de joder con la pelota!
— ¡Niño, que eso no se dice, eso no se hace, eso no se toca!
Cargan con nuestros dioses y nuestro idioma,
con nuestros rencores y nuestro porvenir.
Por eso nos parece que son de goma
y que les bastan nuestros cuentos para dormir.
Nos empeñamos en dirigir sus vidas
sin saber el oficio y sin vocación
y les vamos transmitiendo nuestras frustraciones
con la leche templada y en cada canción.
— ¡Niño...!
Nada ni nadie puede impedir que sufran,
que las agujas avancen en el reloj,
que decidan por ellos,
que se equivoquen,
que crezcan y que un día
nos digan adiós.

Canta: Joan Manuel Serrat

EXPLOTACIÓN DEL TEXTO
(Sugerencias)

- ¿Qué te sugiere esta canción de Serrat?
- ¿Cómo ve a los padres? ¿Y a los hijos?
- ¿Cuáles son las dificultades con las que se encuentran los padres?
- ¿Cómo pretenden tratar a sus hijos?
- Compara con el texto de «Niños».

C LA POBLACIÓN ESPAÑOLA, AMENAZADA POR EL BAJO ÍNDICE DE NATALIDAD

La población española alcanzará los 40 millones de habitantes en 1994 e, incluso, llegará a los 41,2 milones en el 2008, pero todo quedará en simple espejismo, producto de la entrada en edad fértil de la numerosa generación nacida en los «felices sesenta». El análisis de los datos que proporciona la proyección de la población española para el período 1980-2010, elaborada por el Instituto Nacional de Estadística (INE), arroja unas conclusiones poco esperanzadoras, puesto que el descenso de la tasa de natalidad ha llegado a un punto en que no se asegura el reemplazo generacional. Mientras se produce un envejecimiento de la población, la caída en picado del número de menores de dieciséis años se traducirá en un debilitamiento de la fuerza laboral española frente al cada vez mayor segmento improductivo.

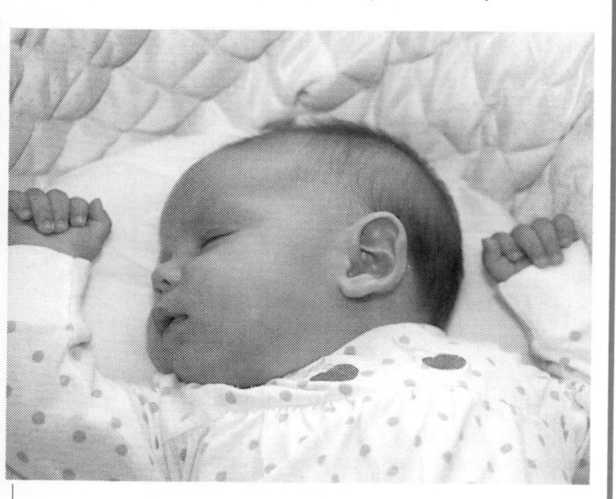

ESPAÑA, A LA COLA DE EUROPA EN LA PROTECCIÓN A LA FAMILIA

«Hay que favorecer una política más natalista». Esta frase, pronunciada por el ministro de Administraciones Públicas, Joaquín Almunia, hace apenas unos meses, fue el primer toque de atención al respecto del problema que nos ocupa, hecho por un miembro de un Gobierno, el socialista, que se ha olvidado de promocionar la protección a la natalidad y la familia.

El «Programa 2000» del PSOE también reflexiona sobre ello: «España se va a encontrar, a fines de siglo, con una población anciana bastante superior a la actual... Se evoluciona de manera decidida hacia una media de 1,5 hijos por mujer». Y es que las medidas de promoción de la natalidad desarrolladas por la Administración hasta el momento no son muy generosas: en España, el subsidio familiar mensual por hijo es de 250 pesetas.

Con esta cifra, nuestro país se pone a la cola de la Comunidad Europea en protección a la natalidad, como veremos en el breve análisis que sigue. Siempre refiriéndonos a subsidios mensuales, en Bélgica se pagan 9.000 pesetas por el primer hijo, aumentándose progresivamente la cuota según vayan llegando nuevos descendientes. En Alemania Federal también se pagan cantidades progresivas que van, por ejemplo, desde las 3.250 por el primero a las 14.080 por el tercero. En Italia por cada hijo se pagan 2.000 pesetas; en Dinamarca, 3.398; en Grecia —penúltima del grupo—, 378, 1.274 y 2.275 pesetas según se trate del primero, segundo o tercer hijo. En Irlanda, curiosamente, se premia con 50.000 pesetas a la madre que dé a luz trillizos.

Francia, por su parte, se ha tomado esta política de ayudas muy en serio. Allí se concede un premio de natalidad de unas 53.000 pesetas por el primero y segundo hijos, cantidad que se eleva a 66.000 por el tercero. Los franceses también pagan un «subsidio prenatal» de 6.000 pesetas al mes. Pero para controlar que ese posible nacimiento llega a término se pagan 12.000 pesetas extra cuando la madre lleva dos meses de embarazo; otras tantas en el segundo examen, es decir, a los cuatro meses de embarazo, y 18.000 en el tercer examen, cuando se cumplen los nueve meses. De modo que una mujer embarazada percibe una gratificación de 96.000 pesetas antes de que su hijo nazca. En Francia se ha aprobado recientemente el «estatuto de la madre de familia» para reconocer socialmente sus responsabilidades familiares.

Miguel Ángel Barroso
ABC, 12-3-89

EXPLOTACIÓN DE LOS TEXTOS
(Sugerencias)

- ¿Te gustaría tener muchos hijos?
- ¿Crees que los Gobiernos deben apoyar a la familia?
- ¿Qué es para ti una familia?
- «Tener hijos es una prueba de egoísmo». ¿Qué te parece?
- ¿Crees que es un problema real el descenso de la natalidad?
- Una pareja que conocéis no quiere tener niños, convencedlos de que sí los tengan.

III. Y TÚ ¿QUÉ OPINAS?

- *«Si la gente no tiene más hijos es por la propia hostilidad del medio en que vivimos.»*

(Juan Salcedo, catedrático de Demografía)

- *«El cambio de los valores sociales y los factores económicos y tecnológicos están en la raíz del problema.»*

(Miguel Ángel Barroso)

El niño lama español puede convertirse en el número dos de la religión tibetana

LA ASCENSIÓN DE OSEL

El niño lama español *Osel Hita Torres* puede convertirse en el número dos de la jerarquía tibetana, tras el reciente fallecimiento del monje *Panchen.* Los tutores y padres de *Osel,* declarado persona *«non grata»* por los Gobiernos de India y Nepal, en cuyos territorios ha vivido durante los últimos años, tienen previsto, a pesar de todo, su regreso a Nepal cuando el pequeño cumpla siete años. De fondo, el antiguo y difícilmente solucionable conflicto chino-tibetano.

Antena Semanal

El reciente fallecimiento del monje tibetano Panchen sitúa al pequeño como posible «lugarteniente» del gran Dalai Lama.

Cuando el pequeño cumpla siete años volverá a la India para comenzar su formación en los monasterios de Sera, Drepung y Gaden.

Osel puede convertirse en la bandera que reivindican los casi doscientos mil lamas actualmente en el exilio.

El lama Yeshe, antes de fallecer, aseguró a su discípulo Zopa que se reencarnaría en un país occidental.

Manuel Pollo, 5-3-89

- **¿Te gustaría tener un hijo / una hija «importantes»?**
- **¿Cómo suelen vivir los niños que tienen un padre / una madre importante?**
- **¿Cómo afecta a la educación de los niños el llevar una vida fuera de lo común?**
- **¿La fama hace daño a los niños?**
- **¿Preferirías un hijo / una hija «del montón» o que fuera superdotado/a? ¿Te parecen niños difíciles?**
- **¿Será fácil o difícil para los superdotados integrarse?**
- **¿Despertarán envidias o admiración?**

UNIDAD

25

Los animales

LAS PERÍFRASIS II. Perífrasis terminativas (1)

RECUERDA

Las perífrasis terminativas

Presentan la acción en su término o acercándose a él.

Dejar de + infinitivo

- **Expresa la interrupción de un proceso, su cesación.**
  Ejemplos: ***Dejaré de fumar*** *un día de éstos.*
  ¿Por qué ***dejaste de salir*** *con él?*

- **Cuando la perífrasis va encabezada por una negación adquiere un valor positivo de repetición o continuación.**
  Ejemplos: ***No dejo de cumplir*** *mis obligaciones aunque sean muy difíciles (= siempre cumplo).*
  Nunca ha dejado de felicitarme *el día de mi cumpleaños (= siempre me ha felicitado).*

- En algunos casos no es tan evidente el valor reiterativo: **no dejar de reconocer, no dejar de ser**.
  Ejemplos: ***No dejamos de reconocer*** *su esfuerzo pero tenemos que expulsarle (= reconocemos).*
  No deja de ser *curiosa esa actitud suya (= es curiosa).*

- **En la forma imperativa negativa equivale a una orden positiva enfatizada.**
  Ejemplos: ***No dejes de enviarme*** *ese presupuesto (= envíame).*
  No dejéis de venir *a visitarme si pasáis por aquí (= venid).*

- **También en imperativo es frecuente la aparición de pronombres enfáticos.**
  Ejemplos: ***Déjate*** *de decir bobadas (= no digas).*
  Dejaos *de hacer el tonto de una vez (= no hagáis).*

Acabar de + infinitivo

- Expresa **el final reciente** de una acción. **Para ello, el verbo *acabar* tiene que aparecer en *presente* e *imperfecto.***
  Ejemplos: ***Acaba de llegar*** *y ya controla la situación (= hace un momento, hace poco que ha llegado...).*
  Acababa de encender *la «tele» cuando dieron la noticia (= había encendido hacía un momento...).*

- **Si el auxiliar está en tiempos perfectivos o futuros pierde su valor de acción recientemente acabada.** Expresa sólo el final de la acción; en este caso es equivalente del verbo *terminar.* Nunca en su primer valor.
  Ejemplos: *Por fin* ***acabé / terminé*** *de leer este libro.*
  Pronto ***acabaré / terminaré*** *de pasar a máquina este trabajo.*

  En cambio es imposible: *Acabo / termino de llegar.*

- También son sinónimos acabar y terminar en *construcciones negativas* en las que se manifiesta que el proceso no se ha cumplido del todo con la consiguiente *impaciencia, molestia, preocupación* por parte del hablante.
  Ejemplos: ***No acabo de encontrar*** *la palabra exacta.*
  Aquel tipo no ***acababa de decidirse*** *y nos tenía a todos esperando.*

Llegar a + infinitivo

- **Expresa la *culminación* de un proceso en el que hemos puesto empeño.** Claro está que este valor se desprende del significado del verbo, por eso es equivalente de *conseguir, lograr, alcanzar.*
  Ejemplos: ***Ha llegado a tener*** *una gran fortuna (= ha logrado, conseguido...).*
  Llegaremos a ser *los más grandes (= conseguiremos, lograremos ser...).*

- **Si el final del proceso es negativo o no querido por el sujeto, la equivalencia no es posible.**
  Ejemplos: ***Ha llegado a desear*** *la muerte.*
  Llegó a jugarse *el sueldo en el bingo.*

- **En los ejemplos anteriores lo que destaca es el valor *intensificativo.*** Podíamos decir que **la perífrasis se podía sustituir por *incluso, hasta.***
  Ejemplos: *Se pelearon y* ***llegaron a amenazarse*** *de muerte (= incluso se amenazaron).*
  A pesar de su antipatía inicial ***llegó a ofrecerme*** *su casa (= incluso me ofreció).*

- **En la prótasis de las frases condicionales irreales de pasado, *puede sustituir al pluscuamperfecto de subjuntivo.* El verbo *llegar* tiene que estar en presente.**
  Ejemplos: ***Si llego a saberlo****, no me habría comprado el coche (= si lo hubiera sabido).*
  Si llegas a marcharte*, te lo habrías perdido (= si te hubieras marchado).*

Acabar por + infinitivo / acabar + gerundio

- **Ambas expresan *la culminación* de un proceso** más o menos largo. **Son equivalentes de *llegar a*, cuando expresan un proceso negativo o dificultades.**
  Ejemplos: ***Acabarás por comprender* / *acabarás comprendiendo*** *mis razones para actuar así.*
  Después de molestarme mucho ***acabó por dejarme*** *en paz.*

- La negación no puede ir delante de acabar, sino delante del infinitivo y a veces delante del gerundio.
  Ejemplos: *Acabé por* ***no saber*** *a quién pedir ayuda.*
  Acabarás ***no relacionándote*** *con nadie.*

Tener + participio

- **Expresa el resultado de la acción**, por lo que equivale al pretérito perfecto, al pretérito pluscuamperfecto y a los futuros perfectos.

- Suele usarse en los **tiempos imperfectivos**: presentes, imperfectos y futuros.

- **Los participios que admite tienen que ser de verbos transitivos.**
  Ejemplos: *Ya* ***tengo hechos*** *los deberes (= ya he hecho...).*
  Me ***tenía preparada*** *una sorpresa (= me había preparado...).*
  Lo ***tendré escrito*** *cuando llegues (= lo habré escrito...).*
  Ya lo ***tendría decidido*** *por eso aceptó tan rápido (= ya lo habría decidido...).*

  En estos ejemplos es imposible la alternancia con **llevar + participio**.

  Son imposibles: *Tengo sido profesora.*
  Tenemos ido a clase.
  Tienen vivido mucho.

- **Sus valores fundamentales son:**

  - **acumulativo:** ***Tengo colocada*** *la mayor parte de los libros.*
    Ya ***tenía leídas*** *doscientas páginas cuando me enteré de que ese no era el libro.*
  - **repetitivo:** *Te* ***tengo dicho*** *que no lo hagas.*
  - **durativo:** ***Tengo puesto*** *el traje azul.*
    Tienes manchada *la camisa.*
  - **de estado:** ***Tienes encendida*** *la calefacción aunque no hace frío.*
    El niño ***tiene desinflado*** *el balón.*

- **Con algunos participios el valor nunca es de pasado.**
  Ejemplos: *La situación me* ***tiene preocupada*** *(= me preocupa).*
  Su amabilidad nos ***tiene conmovidos*** *(= nos conmueve).*

- **Algunos casos en los que es imposible el uso del participio.**
  Ejemplos: *Los tenía **hartos** (no hartados) con su lloriqueo.*
  *Tengo toda la ropa **limpia** (no limpiada).*
  *Tenía el pelo **suelto** (no soltado).*

EJERCICIOS

a) **Completa las frases usando una perífrasis terminativa que les dé sentido:**

1. No busques más, ________ *(recordar)* dónde lo he dejado.
2. Cuando ________ *(percibir)* la prestación por desempleo, ¿qué otras salidas te quedan?
3. Mi padre ________ *(pensar)* que su linaje estaba condenado a desaparecer.
4. Me siento en otro mundo, y al ver a Luis caminar por el jardín, pienso en el cementerio que ________ *(abandonar).*
5. ¡Si ________ *(conocerle)* hace unos años...! Era una persona diferente, pero perder el trabajo y venirse abajo fue uno.
6. No manifestaba del todo sus verdaderos celos, aunque no por ello ________ *(quedar)* en ridículo.
7. Admiro a las personas que ________ *(jugarse)* la vida por lo que desean, porque sé muy bien que yo no me atrevería a tanto.
8. Tenía una nariz enorme y encorvada, llena de granitos y una gotita que no ________ *(caer).*
9. Los días se hacen largos, muy largos y, a menudo, me parece que ________ *(hablar)* con las paredes, tengo miedo de ________ *(chochear).*
10. Lo ________ *(pensar)* hace mucho tiempo: en cuanto me salga la ocasión, me largo al extranjero.
11. Si le escuchaba, ________ *(enternecerme),* por eso tenía miedo de que me contara su vida.
12. Menos mal que pudiste escapar de él. Si ________ *(alcanzarte),* te mata.
13. ________ *(prever)* la llegada del autobús a las cinco de la tarde, pero nos avisaron que no lo esperáramos hasta medianoche, por lo menos.
14. Dormida tenía un aspecto apacible, era más tierna de lo que jamás ________ *(ser)* despierta.
15. Más allá de su balcón ________ *(empezar)* un día brillante y cegador, una apoteosis de colores.

16. Te prometo que, si ________ *(desear)* cosas imposibles, te ayudaré a conseguir las que sí son posibles.

17. Lo peor de no ser ascendido es que todos aquellos imbéciles ________ *(ser)* jefes suyos.

18. Se la di para su cumpleaños, aunque la verdad es que la ________ *(comprar)* hacía algún tiempo.

19. ________ no *(poder)* hacer frente a todo lo que queréis abarcar, nunca ________ *(meteros)* en nuevos proyectos.

20. No te lo he entregado todavía porque no lo ________ *(terminar)*, ________ *(hacer)* las ilustraciones pero me falta rematarlas.

b) **Sustituye la construcción en cursiva por una perífrasis equivalente:**

1. *Si hubiera cogido* ese tren, ahora estaría muerto.
2. *Sigo pensando* en lo que nos propuso Carlos ayer, pronto *estaré obsesionada.*
3. Aunque lo he puesto todo patas arriba, *no recuerdo* dónde metí esos papeles.
4. Estaba en un rincón, era evidente que *hacía poco que había llegado.*
5. *No pienses más* en cosas desagradables o *al final te pondrás* triste.
6. *Ya he pensado* lo que pondré de menú el día de Navidad.
7. *Había preparado* las clases del día siguiente por eso acepté su invitación de salir por la noche.
8. *No comprendo muy bien* cómo pueden gustarte ese tipo de cosas, a mí me dan asco.
9. Es increíble que *ahora sean tan amigas,* antes no se aguantaban.
10. *He abandonado* mis estudios temporalmente para trabajar un poco y ganar algo de dinero.
11. *Ya he limpiado* los cristales de toda la casa.
12. *Si hubieras aceptado* ese trabajo, te habría retirado la palabra.

c) **Di qué valor tienen las siguientes construcciones:**

1. *Nunca ha dejado de ayudar* a sus amigos.

2. Este chico *no acaba de llegar* con el paquete de tabaco.

3. Para que se quedara, *llegó a prometerle* una participación en el negocio.

4. *Te tengo prohibido* que veas la televisión durante la semana.

5. Les *tiene asustados* tanta inesperada amabilidad.

lo, como antes, otra vez. Más solo que antes, porque ahora ya conoce el sabor misterioso de aquella menuda compañía que nadie le iba a disputar... Nadie más que la muerte, que se lleva a empellones cualquier posesión nuestra hacia su oscuro reino... Se acabó. ¿Y alguien pretenderá no comprender que ese amo solitario se esconda para llorar a solas, y que un luto real tapice su habitación, sus gestos, sus quehaceres inútiles de utensilio arrumbado?

Que qué tienen que hacer para consolarse, me preguntan a mí. El ser humano —todos los seres— es caedizo y efímero. Somos los prometidos de la muerte. Llevamos en la boca agridulces sabores. Estamos tan expuestos al invierno... De ahí que muchas naturalezas —en general, las más generosas— no cultiven sino lo provisional, en ello se demoren y queman lo demás. Nadie será capaz de amar al género humano, ni a indios, ni a chinos, si no ama antes a quien tiene junto a sí. Y la manera más sutil de otorgar compañía es demandarla. El perro bien lo sabe: nos erige en precisos, nos levanta y nos enorgullece, nos deifica, nos consagra. No hay, pues, más que una salida para quien ha enterrado al compañero: hacerse de otro. Porque la vida está llena de muerte, pero también la muerte está llena de vida, y es la muerte la que más nos impulsa a vivir. El desaparecido nos amaba; no querría vernos tristes y solos como en un homenaje masoquista. Canta la vida alrededor; continúa cantando. Una no sustituye nunca a otra, sino que la sucede. Hemos perdido nuestro brazo derecho: acostumbrémonos a comer, a acariciar, a escribir con el izquierdo. Nos costará trabajo; pero el esfuerzo por conseguirlo nos hará compañía. Es el desaparecido el que nos aconseja: el ancho caudal de la solidaridad debe hallar otros cauces. Hay multitud de Ikes, de Moros, de Curritos vagando por los campos (deprisa, muy deprisa, como si tuviesen que estar a una hora en punto en un lugar que todavía desconocen); débiles criaturas sin collar atropelladas en las carreteras, expulsadas por malos amos, arrojadas por las ventanillas de los coches. Hay demasiado abandono, demasiado desamor en la tierra; pero, en cambio, también demasiada compañía no recibida. Abrámosle las puertas. Sin pensarlo. Un nuevo Ike cerca, un nuevo Currito, un Moro nuevo. No admitirán comparaciones con quien los precedió, ni deberemos compararlos con él. Es nuestro turno de sembrar compañía, de tranquilizar un corazón que busca aposentarse, de contradecir el horror de los olvidos imposibles, de los inexplicables asesinatos, de las desalmadas agresiones. La misma sociedad que desprecia a los viejos es la que estrangula, envenena, arrolla, abomina a los perros. Que unos y otros se hagan espaldas a espaldas de ella es lo más natural: son aliados. La prenda de su alianza será la mutua compañía. Todo retorna a comenzar. La esperanza florece una vez más: para ella cada instante es una primavera, y no mira hacia atrás, sino para teñir de verde los recuerdos... La vida empieza ahora, ahora, ahora. Con otro Ike, con otro Curro, con otro nuevo Moro. Que un hombre viejo llore sobre el cadáver de su perro es tan natural como que se sonría al contemplar el desvalimiento tan torpe de un cachorro. Esa sonrisa lo prolonga. Lo prolonga y lo salva. A través de ella lo retiene aún la vida con sus insospechadas zarpas de oro.

Antonio Gala
(Del libro *La soledad sonora)*

¿En qué circunstancias necesitarías valerte de *empellones?*

121. Utensilio **arrumbado** = arrinconado, apartado. ¿Es lo mismo que **derrumbado**?

140. **«El perro nos erige en precisos, nos levanta y nos enorgullece, nos deifica, nos consagra».**
- ¿Puedes explicar con otras palabras lo que «hace» el perro?
- Parece ser un «trabajo» muy importante, ¿lo crees así?

163. El ancho **caudal...** = río principal y la cantidad de agua que lleva.
- Si aquí es el «ancho *caudal* de la solidaridad», ¿a qué lo aplicarías en otros casos?
- ¿Qué es una persona **acaudalada**? ¿Para qué sirve **una caja de caudales**?

164. Otros **cauces** = concavidad por donde corre un río. Deduce: ¿qué será **encauzar**? ¿Qué podemos *encauzar?*

166. **Vagar**, deambular, pulular, callejear.
- Son verbos relacionados con *andar*. ¿Cuáles son los matices que aporta cada uno? ¿Puedes hacer ejemplos?

192. **Estrangula**, **envenena**, **arrolla**, **abomina** a los perros.
- Es un poco macabro, pero ¿puedes explicar en qué consiste o cómo se hace cada una de esas «acciones»? Se pueden usar en sentido figurado. Por ejemplo: *envenenar la situación.* Busca otros ejemplos.

195. ¿Es lo mismo **a espaldas de** alguien que **bajo cuerda**? Haz ejemplos.

214. **Zarpas** de oro. ¿Cuáles son los animales que tienen zarpas? Otros nombres de las patas de los animales son: *pezuñas, garras, cascos.*
- Ahora explícanos: **echar la zarpa** a algo.
- Si algo **tiene garra**, ¿es bueno o malo?
- ¿Te enfadas si te dicen: **quita las pezuñas** de ahí?
- ¿Cómo es una persona **ligera de cascos**?

Lee la letra de esta canción

MILONGA PARA MI PERRO

B

Si el hombre se vuelve malo
al hombre lo llaman perro
y el perro es un río largo
de amistad y de recuerdo.
Si el hombre...
Cuando un lazo de tristeza
me viene envolviendo el alma,
mi perro se la hace suya
y en seguida me acompaña.
Si el hombre...
A veces una esperanza
alegra la vida mía
y en el cencerro de su cola
malambea la alegría.
Si tiene frío en la noche
tirita sin decir nada
y si el hambre lo persigue
hace del hambre la almohada
para acostarse sobre ella
aguardando madrugadas,
y se duerme entre hambre y frío
solito y sin decir nada.
Si el hombre se vuelve malo
al hombre lo llaman perro.
Qué ofensa para mi perro
compararlo a gente mala.
Si el hombre se vuelve malo
al hombre lo llaman perro.

Horacio Guarany

¿Justicia o exageración?

CUENTO DE NUNCA ACABAR

«Es una gran suerte caer en un sitio como éste, donde, en la medida de sus posibilidades, te dan comida, techo y cariño», le dijo un perro a un gato. *Retiro* y *Quasimodo,* los protagonistas de este cuento, coincidieron un buen día en la Sociedad Protectora de Animales, tras un abandono precipitado. El perro, curioso, le preguntó al gato qué era eso de la Sociedad Protectora de Animales. *Quasimodo,* gran metomentodo, le explicó: «La Sociedad Protectora de Animales lleva funcionando más de 50 años, y haciendo horas extraordinarias cuando se acercan las vacaciones. En esa época, la conciencia de los propietarios brilla por su ausencia, y los abandonos aumentan increíblemente».

«De los más de 1.000 perros y gatos a los que atienden, sólo se coloca en otros hogares un 2 por 100 anual. Su albergue, aunque está muy bien dotado (perreras espaciosas con agua y comederos individuales, patio y zona cubierta), acoge a más animales de los que podríamos vivir aquí cómodamente. Los gastos, casi dos millones al mes, se sufragan con las cuotas y el trabajo de los socios desinteresados, donativos y alguna que otra herencia. El Ayuntamiento de Madrid pone su granito de arena con 300.000 pesetas anuales. A esta ayuda hay que añadir el desinteresado aporte de una panificadora, el de una fábrica de pastas italianas y la de un par de fabricantes de piensos que les ayudan a soportar la carga. Los animales estamos bien atendidos; tenemos comida, aire, sol, personas que nos cuidan y un veterinario que nos visita».

Un conductor de la protectora recorre durante 12 horas diarias con su furgoneta Madrid y sus alrededores. «Un día recogió 13 perros de un cazador que se encontraban en un hoyo, entre Getafe y Leganés, y que llevaban sin comer más de 10 días para que tuvieran el olfato más fino durante la siguiente partida de caza», cuenta nuestro gato.

Así, en plácida conversación, quedaron nuestros amigos *Retiro* y el gato *Quasimodo,* protagonistas de esta historia que se repite con una cadencia alarmante y... colorín, colorado, este cuento no ha acabado.

Aurora Siguero

III. Y TÚ ¿QUÉ OPINAS?

- ¿Qué opinas de algunas frases de A. Gala?
  - «La importancia de alguien se mide por el grado de dependencia que otro tenga de él.»
  - «Y la manera más sutil de otorgar compañía es demandarla.»
- Gala propone a los animales como sustitutos de la compañía humana (hasta línea 20). ¿Qué opinas de eso?
- También justifica el dolor, la preocupación que sienten las personas que han perdido su animal de compañía. ¿Cómo lo hace? ¿Cuáles son sus argumentos? ¿Los compartes?
- ¿Cómo «actúan» los animales con sus amos? ¿Qué hacen?
- ¿Qué hay que hacer para combatir la soledad, según Gala? ¿Estás de acuerdo?
- Las sociedades de protección de los animales se pasan. Es más importante luchar por el bienestar de los humanos. Compara con lo que dice Gala (a partir de la línea 46 hasta 69. Líneas 112-115).
- «Cuanto más conozco a los animales menos me gustan los humanos.» ¿Qué opinas?
- ¿Cuáles son las virtudes de los animales que no tenemos los humanos?

UNIDAD 26

La amistad

LAS PERÍFRASIS III. Perífrasis terminativas (2) y obligativas

RECUERDA

Llevar + participio

- Por una parte expresa **acción acabada**, es decir, tiene valor perfectivo y alterna con **tener + participio**.
  Ejemplos: ***Llevo leídas / tengo leídas*** *cien páginas.*
  Llevaba estudiados / Tenía estudiados *muchos de los temas cuando se suspendió el examen.*

- Por otra, expresa **continuación**, **desarrollo**. Lleva implícita la idea de **hasta ahora**.

- No se usa en tiempos compuestos ni en indefinido.
  Ejemplo: *(Hasta ahora)* ***llevamos pagadas*** *cinco letras del piso.*

- Hay casos en los que la alternancia de **llevar** y **tener** no es posible.
  Ejemplos: *Te* ***tengo dicho*** *que no te subas a los árboles (imposible * te llevo dicho).*
  Tenía proyectado *ir a tu casa (imposible *llevaba proyectado).*

- En algunas frases equivale a **ir con**.
  Ejemplos: ***Llevas abierto*** *el abrigo (= vas con el abrigo abierto).*
  Llevaba *la blusa* ***arrugada*** *(= iba con la blusa arrugada).*

- **Llevar puesto** equivale al verbo *llevar prendas de vestir,* para insistir en que se tiene la prenda encima y no de la mano, por ejemplo.

Ir + participio

- Podemos decir que es **la forma pasiva de llevar + participio.** Es decir, no nos interesa el sujeto sino el objeto.
  Ejemplos: ***Van leídas*** *cien páginas.*
  Iban recogidas *mil firmas cuando el Gobierno aprobó la petición.*

- **Ir hecho** se aproxima al valor de locución.
  Ejemplo: ***Va hecho*** *un pincel (= va muy bien vestido).*

- En otros ejemplos el verbo **ir** conserva su significado.
  Ejemplos: *Siempre* ***va muy arreglada****.*
  Voy preparada *para cualquier cosa.*

Dejar, quedar + participio

- Pocas veces tienen valor perifrástico, pues los verbos **dejar** y **quedar** no pierden, ni siquiera en parte, su significado.
  Ejemplos: *Tus palabras me* ***dejan sorprendido****.* También podíamos decir: *alegre, nervioso,* etc.
  Dejé acostado *al niño.* Sería lo mismo: *lo dejé solo, triste,* etc.
  Me quedé abandonada *cuando todos se fueron = Me quedé sola...*

- En otros casos, estas sustituciones son imposibles, por lo que la construcción tiene este valor que llamamos perifrástico. **El participio tiene una función claramente verbal.**
  Ejemplos: ***He dejado dicho*** *que no me molesten.*
  La última vez ***dejamos reservada*** *la habitación.*
  Todo ***quedó resuelto****.*
  Después de esta reunión ***quedará decidido*** *quién será el presidente.*

- ***Dejar*** **tiene valor** ***activo*** **y** ***quedar*** **lo tiene** ***pasivo.***

Dar por + participio

- Está más cerca de la locución que de la perífrasis. Viene a significar: **considerar** (**se**).

- Normalmente se construye con verbos cuyo modo de acción ya es terminativo.
  Ejemplo: **Dar** *por + terminado / ganado / perdido / muerto / ...* } no admite la subordinada introducida por **que.**
  Dar *por + supuesto / sabido / hecho / sentado / ...* } + **que** + frase.

- También podríamos encontrar la construcción seguida de adjetivos.
  Ejemplo: ***Dar*** *por + seguro*
  bueno
  correcto

- ***Darse*** por + *aludido*
  ofendido
  enterado
  vencido
  bien / mal pagado

  y algunos adjetivos: **darse** *por + contento*
  satisfecho

- En imperativo es posible usar casi todos los participios.

Salir diciendo, ganando, perdiendo

- Estas construcciones están más próximas a la locución que a la perífrasis. Tienen valor **terminativo**; también de **énfasis**.
  Ejemplos: *Después de todo aquel esfuerzo, **salió diciendo** que no le gustaba.*
  ***Salisteis perdiendo** con el cambio, ¿verdad?*

PERÍFRASIS OBLIGATIVAS

Tener que + infinitívo

- Expresa **obligación** o **necesidad imperiosa**, mezclado todo, a veces, **con un tono de reproche** o **lamentación**. En este último coincide con *haber de.*
  Ejemplos: ***Tenemos que adelantarnos** a los demás si queremos conseguir ese mercado.*
  ***Tienes que cuidar** la imagen, hoy día es muy importante.*
  *¿Es que siempre **tienes que fastidiarme** los mejores momentos?*
  *¿Por qué **tengo que** ser siempre yo el que da la cara?*

- **En pasado** se borra en parte el sentido de obligación para dar paso al de **reconocimiento de impotencia** o de **«no hubo más remedio»**.
  Ejemplos: ***Tuve que echarlo** de mi casa porque descubrí que me robaba.*
  ***Tuvimos que concederle** a él el primer premio porque estaba enchufadísimo.*

- En algunos casos el valor de obligación desaparece y encontramos el de **probabilidad**.
  Ejemplos: *Por la luz que hay todavía **tienen que ser** casi las siete.*
  ***Tienen que haberle dicho** algo muy gordo a juzgar por la cara que trae.*
  (En ambos casos podríamos sustituir por **deber de**).

- **Valor desiderativo con infinitivos compuestos.**
  Ejemplos: ***¡Teníamos que haber escrito** antes de llegar! (= ¡ojalá hubiéramos escrito!...).*
  ***¡Tenía que haberme callado!** (= ¡ojalá me hubiera callado!).*

Modismos

- ***Qué tiene/n que ver.*** } **No hay relación alguna entre dos cosas.**
- ***No tiene (nada) que ver.*** }
- ***Ni que decir tiene* = algo es muy evidente.**

Ejemplos: *¡**Qué tiene que ver** lo que estamos diciendo con esa historia del periódico!*
***No lo mezcles todo, eso** no tiene nada que ver* con nuestros planteamientos.
***Ni que decir tiene** que iremos a ésa y a otras ferias.*
*Tú estarás entre los invitados, **ni que decir tiene**.*

Haber de + infinitívo

- Expresa **obligación**, **reproche**, **lamentación**, en lo que coincide con *tener que*. Sin embargo, es mucho más usual ésta porque resulta más imperiosa, más enérgica.

- También expresa **idea de futuro** en lo que coincide con *ir a*. En este caso gana *ir a* en el uso diario. Por lo tanto, en ambos casos queda relegada a la lengua culta.
  Ejemplos: ***Has de esforzarte** más si quieres remontar esas malas notas.* (tienes que)
  ***He de irme**, lo siento, me esperan en otra parte.* (tengo que)
  *Mi proyecto **ha de pareceros** (va a pareceros) estupendo.*
  *Con ese aspecto **has de impresionarle** (vas a impresionarle), lo sé.*

- Lo mismo que *ir a* + infinitivo esta perífrasis sirve para **negar o reforzar algo que nos parece muy evidente**, **en contextos exclamativos**.
  Ejemplos: *¿Eres tú, Francisco? —Pues claro, **¡quién ha de ser!***
  *Su padre me ha prometido pasarme una pensión. —¿Estás boba? **¡Qué ha de pasártela!***

- Las negaciones españolas **quiá** y **ca** proceden de esta construcción: ¡Qué ha de ser>quiá>ca!

  Ejemplos: *¿Te parece peligroso? **¡Quiá!***
  *Volverá para pagarnos lo que nos debe. **¡Ca,** hombre! ése no vuelve.*

Deber + infinitívo

- Expresa una **obligación**, **un deber**. Si intentamos establecer una diferencia con *tener que*, diremos que ésta es la obligación que viene impuesta desde fuera. Aquélla es la que nace de uno mismo.
  Ejemplos: *El profesor **tiene que venir a clase**.*
  *Los alumnos **deben venir** a clase.*

- Con algunos tiempos, esta construcción también expresa un valor **desiderativo**.
  Ejemplos: ***Deberías** haberme avisado (¡ojalá me hubieras avisado!).*
  ***Debías** habérselo dicho (¡ojalá se lo hubieras dicho!, hubiera sido mejor que se lo dijeras).*

- **En indefinido** notamos la equivalencia con un tiempo que expresa **irrealidad**.
  Ejemplos: ***Debí*** *librarme de ti cuando todavía estaba a tiempo (hubiera debido...).*
  Debimos *hacer otro tipo de contrato (hubiéramos debido...).*

- Las formas de **condicional simple e imperfecto de subjuntivo se neutralizan para** expresar **cortesía** o **deseo atenuado**.
  Ejemplos: ***Deberías / debieras*** *ser más clara con ellos.*
  Deberíamos / debiéramos *tomarnos unas vacaciones.*

- No son equivalentes: ***debías*** *(**deberías**)* ***presentarte*** a las oposiciones (se refiere al futuro),
  y ***debiste presentarte*** a las oposiciones
  (ya pasaron, ya no hay posibilidad).

- Pero si el infinitivo que sigue es compuesto, sí son equivalentes.
  Ejemplo: ***Debías / deberías / debiste haberte presentado*** *a las oposiciones.*

Haber que + infinitivo

Expresa obligación o necesidad con carácter impersonal.
Ejemplo: ***Hay que trabajar*** *para vivir.*

- La usamos también con la intención de obligar a un sujeto concreto, envolviendo la orden en un tono general.
  Ejemplos: ***Hay que hacerlo*** *mejor, Teresa, si no, te despedirán.*
  Hay que darse *prisa o perderemos el tren.*

- En ocasiones expresa *resignación* o *reproche*.
  Ejemplos: *Me han invitado a una fiesta y no me apetece nada, pero* ***habrá que ir****, ¡qué remedio!*
  Para coger entradas ***habrá que madrugar****, no hay otra solución si no quiero quedarme sin ver a esa compañía.*
  Claro, la carta no ha llegado, ***habría que haberla echado*** *antes.*
  ¿Por qué no piensas las cosas? ***Había que haber previsto*** *todo esto.*

Notemos que la **resignación se expresa en futuro y el reproche en condicional / imperfecto de indicativo + infinitivo compuesto.**

Modismos

- **¡Hay que ver!** Tiene valor la interjección que *refuerza lo dicho.*

- ***¡Hay que fastidiarse!*** Expresa *rechazo* y también tiene valor interjectivo. A veces expresa *ironía.*

Ejemplos: *¡Qué famoso se ha hecho.* ***¡Hay que ver!***
*¡**Hay que ver** cómo te pones! Sólo has ganado el cuarto premio.*
Además de trabajar fuera de casa, tengo que ocuparme de todo al llegar. ***¡Hay que fastidiarse!***
¡Hay que fastidiarse! *¿Por qué no nos ayudáis un poco en vez de protestar tanto?*

EJERCICIOS

a) **I. Completa las frases con una perífrasis terminativa u obligativa que les dé sentido.**
II. Explica las distintas posibilidades, cuando las haya.

1. Siempre me toca a mí la peor parte, ________ *(fastidiarse).*
2. Por la hora que es y, teniendo en cuenta que le encanta la comida que hay para hoy, ________ *(estar)* al llegar.
3. Para no tener problemas, ya ________ *(reservar)* una habitación en ese hotel; así no me afectará la afluencia de gente.
4. ________ *(recorrer)* la mitad del camino, cuando se dieron cuenta de que habían olvidado un papel muy importante.
5. El pobre César estará contento porque ________ *(acumular)* mucha mala sangre por culpa de ese tipo que acaban de despedir.
6. Nunca ________ *(apoltronarte)* ni física ni espiritualmente si es que querías conservarla.
7. ¿Por qué ________ *(resultar)* todo tan difícil para algunos cuando a otros les dan las cosas en bandeja?
8. Después de esta conversación, creo que todos los puntos oscuros ________ *(aclarar).*
9. No quisiste pagar un poco más por la lavadora y, fíjate cómo está ahora, me parece que así ________ *(perder).*
10. Trabajamos mucho y nos gustaría ver los resultados, a pesar de las dificultades todavía no ________ *(vencer).*
11. Eres demasiado directa y para hablar con cierto tipo de gente, sobre todo si les vas a pedir algo, ________ *(cuidar)* tus maneras.
12. Me parece un incompetente, ya sé que es pronto para juzgarlo, ________ *(esperar)* unos días más antes de llamarle la atención.
13. ¿Te has fijado? ________ *(manchar)* la falda y se ve mucho.
14. Aunque no os lo he preguntado, ________ *(suponer)* que todos habéis estudiado ese tema.
15. No se preocupe, podemos hablar tranquilamente, ________ *(decir)* que no nos moleste nadie.
16. Cuando el niño se inscribió, ________ *(apuntar)* más de mil personas para participar en el día de la «bici».
17. No sé cómo puedes ser tan ingenuo, ¡qué ________ *(valer)* ese chico tanto como cacarea! ¿No ves que lo que sí sabe hacer bien es presentarse oportunamente a quien conviene?

18. Deja lo que estás haciendo y únete a nosotras, así ________ *(ganar).*

19. Vamos a ________ *(establecer)* de una vez por todas los deberes y derechos de cada uno.

20. Puedes insinuar, gritar, cualquier cosa, en ningún caso ________ *(aludir),* ya sabes lo que dice el refrán: «No hay más sordo que el que no quiere oír».

21. Antes de marcharte, por favor ________ *(escribir)* en un papel y bien claro lo que quieres que haga en tu ausencia.

22. (Yo) ________ *(entrevistar)* unas 25 personas y hasta ahora no encuentro a la que busco.

23. Ahora me doy cuenta de algunos errores importantes que he cometido. En aquel momento ________ *(hacer)* frente a la situación y no asustarme como lo hice.

24. Su familia lo buscó, hizo lo posible por encontrarlo, pero como no aparecía, al final lo ________ *(morir).*

25. ¿Necesitas un cartel que sea atractivo y barato? No te preocupes más, yo me encargo, ________ *(hacer).*

b) **Sustituye la parte en cursiva por una perífrasis que tenga el mismo sentido.**

1. *Hasta ahora he visitado* cinco bancos y en todos tienen la misma política de apoyo a las empresas jóvenes.
2. *No hay ninguna relación entre* tus problemas y el tiempo que hace, no seas bobo.
3. Después de todo lo hablado *dijo inesperadamente* que no quería formar parte de aquella asociación.
4. Cuando él se quejaba de las humillaciones recibidas, ella le decía que podía *considerarse contento* porque lo suyo era peor.
5. *Hubiera sido mejor que no te enfrentaras* con ella, fíjate el daño que te está haciendo ahora.
6. ¿Cuántas cartas *hemos enviado ya*? Tenemos que ponernos de acuerdo para no mandar dos cartas a la misma persona.
7. ¡*Ojalá hubiera aceptado* aquella proposición! Ahora no me vería como me veo.
8. Acabo de darme cuenta de que las ventanas de casa *han quedado abiertas,* con este aire no sé qué habrá pasado cuando llegue.
9. *He consultado* quince o veinte periódicos y en ninguno aparece esa información de la que hablas.
10. Nos hemos reunido durante una semana entera y aunque no hemos llegado a ningún acuerdo, por mi parte *considero terminada* la discusión.

11. Cuando llegues a casa, verás que todo *está recogido*, así que no tienes nada que hacer si no quieres.

12. ¿Hasta cuándo *van a seguir* las cosas así? ¡Estoy harta!

c) **Busca un contexto y haz frases que expresen:**

1. Algo que nos parece muy evidente.
2. Resignación.
3. Considerarse mencionado en una frase general.
4. Reproche.
5. Deseo de haber hecho algo que ya no podemos realizar.
6. Negación de algo.

Compara los resultados con los compañeros.

d) **Repasemos los pasados. Transforma el infinitivo en el tiempo y modo adecuados.** (Ten en cuenta que, a veces, hay otros puntos de vista que el pasado.)

Cuando *(venirse)* ________ del pueblo, yo ya *(decírselo)* ________, que no *(encontrar)* ________ nunca casa. Y ya *(estar)* ________ cargado de mujer e hijos. Pero él *(estar)* ________ desesperado. Y desde la guerra, cuando *(estar)* ________ conmigo, *(quedarle)* ________ la nostalgia. 5
Nada, que le *(tirar)* ________ Madrid.

Madrid *(tirar)* ________ mucho. Hasta a los que no *(ser)* ________ de aquí. Y él *(empeñarse)* ________ en venirse. A pesar de que *(tenérselo)* ________ advertido, que no *(venir)* ________, que la vida *(ser)* ________ muy dura, que si en el 10
pueblo *(ser)* ________ difícil, aquí también *(haber)* ________ que buscársela, que ya *(ser)* ________ muy mayor para entrar en ningún oficio, que sólo *(querer)* ________ mozos nuevos, que sin tener oficio, *(andar)* ________ a la busca todos los días, que nunca *(encontrar)* ________ cosa decente. Todo, todo *(advertírselo)* ________; pe- 15
ro a él *(entrarle)* ________ el ansión porque *(estar)* ________ aquí durante la guerra. Y nada, que *(venirse)* ________ Todo *(caer)* ________ sobre mí. Porque si *(ser,* nosotros) ________ o no *(ser)* ________ primos, que si tu madre y la mía *(estar)* ________ juntas de parto el mismo día, que si las dos *(venir-* 20
se) ________ a Madrid; total que *(encontrarme)* ________ a toda la familia sobre mis hombros, como aquel que dice. Claro que yo no *(apurarme)* ________ y *(cantarle)* ________ las verdades al lucero del alba, que *(ser)* ________ lo que *(hacer)* ________ Porque,

EXPLOTACIÓN DEL TEXTO
(Sugerencias)

6. ¿Qué valor tiene el verbo **tirar?**

Sustituye el verbo *tirar* en las siguientes frases:

1. Aunque no sé *tirar*, siempre saco algún premio en las barracas de feria.
2. Hacer eso que te propones es *tirar* tiempo y dinero.
3. Creo que ahora hay que *tirar* a la derecha, pero no estoy seguro.
4. Su pelo *tira* a rojo.
5. Me has regalado un puro viejísimo, por más que lo intento, no *tira*.
6. Vamos a *tirar* diez mil ejemplares de este libro.

por de pronto *(metérseme,* ellos) ________ en la cocina con 25
un colchón que *(traerse)* ________ del pueblo y allí a dormir,
todos «arrejuntaos». Las niñas *(estar)* ________ así, como mi
dedo, *(tener)* ________ unas piernecitas que *(dar)* ________
grima verlas. Pero yo no *(querer)* ________ dejarme ablan-
dar. Si sabré yo que la vida es dura. No *(saber* yo) ________ 30
qué *(creerse)* ________ , que *(realquilarle)* ________
Pero como *(ir)* ________ a realquilar a un amigo si entonces sí que *(perderse)* ________ las amistades para siempre
y *(acabar,* nosotros) ________ un día a cuchilladas. No por
mí, sino por él. Porque aunque *(apreciarle)* ________ ,*(com-* 35
prender) ________ que *(ser)* ________ muy burro.
(Ser) ________ exactamente un animal. Y siempre con la navaja encima a todas partes. Entonces, para quitármelo de encima, *(ser)* ________ cuando *(buscarle)* ________ lo del laboratorio, porque él *(ser)* ________ un «negao», que 40
nunca *(saber)* ________ buscarse el con qué. *(Ponerle,*
yo) ________ para que *(traer)* ________ , de donde
(ser) ________ , las bestias. Es que no *(saber)* ________ hacer nada, lo que se dice nada. En el pueblo tampoco *(sa-*
ber) ________ trabajar. *(Ser)* ________ muy bruto, un 45
flojo para el trabajo. El que no *(saber)* ________ trabajar, por lo menos *(tener)* ________ que tener salero para
saberlo buscar. Pero él ni eso. Allá no *(saber,* yo) ________ cómo no *(morirse)* ________ de hambre. Claro que *(ir)* ________
espabilando. 50

Aquí *(traer)* ________ las bestias, los sujetos de la experimentación, como *(decir)* ________ el difunto D. Manolo.
(Ir) ________ a la perrera y *(comprar)* ________ los perros
no «reclamaos».

Luis Martín Santos
Tiempo de silencio

- ¿Hasta dónde puede llevarte tu concepto de la amistad?
- ¿Qué cosas no harías ni por tu mejor amigo/a?
- ¿Cómo entiendes esta adaptación popular del refrán: «Donde hay confianza da gusto», **donde hay confianza da asco?**
- «Somos muy buenos amigos porque nunca le pido, ni espero de él nada que no pueda hacer», ¿qué te parece esa frase?
- Los hombres que describe Martín Santos, ¿son amigos?

Explícanos el sentido de las frases en *cursiva:*

1. Hazme caso, si no, *te tirarás de los pelos.*
2. Ten cuidado cuando te enfrentes con él, *tira a matar.*
3. Aunque no estamos en nuestro mejor momento, *vamos tirando.*
4. Estoy harta, voy a *tirar de la manta* de una vez.
5. **No** *me tires de la lengua* porque vas a oír algo que no te gustará.

8. ¿Cuando **empeñas** algo? ¿Por qué **te empeñas** en algo?

12. Buscársela. Recuerda otros verbos en los que el pronombre forme parte del significado del verbo. Por ejemplo: *tomarla con alguien, dársela a alguien,* etc.

16. Le entró **el ansión** = un deseo muy fuerte. ¿Qué más cosas pueden **entrarle** a uno?

18-19. ¿Qué valor tienen los «síes» que aparecen en esa enumeración? ¿Y el de la línea 30: **si sabré...**? ¿Y el de la 33: **si entonces...**?

23. Si **le cantas las verdades al lucero del alba**, quiere decir:
a) que escribes poemas románticos;
b) que dices lo que piensas a cualquiera.
Haz una frase.

28. Si **algo te da grima.**
a) te echas a reír;
b) sientes un escalofrío.
Haz una frase.

40. Si se dice de ti que **eres un «negao»** es que:
a) te niegas a hacer cualquier cosa;
b) no sirves para nada.
Haz una frase.

41. buscarse el con qué ¿es lo mismo que **buscársela** (línea 12)?

UNIDAD 27

El deporte

LAS PERÍFRASIS IV. Perífrasis durativas, frecuentativas, reiterativas, aproximativas

RECUERDA

Andar + gerundio

- Aspecto durativo, a veces indica una acción más prolongada en el tiempo que **estar + gerundio**, y añade valores frecuentativos y reiterativos con la idea de **movimiento sin dirección fija**, es un movimiento irreflexivo, **que se interrumpe de vez en cuando**.
  Ejemplos: ***Ando pensando*** *en aceptar esa proposición que me han hecho.*
  Siempre ***andáis buscando*** *excusas para justificar vuestros errores.*

- A veces añade un matiz de **ironía** o **ansiedad**.
  Ejemplos: ***Andaba dándole*** *vueltas a esa idea hacía tiempo y por fin me decidí a ponerla en práctica.*
  Andas perdiendo *el tiempo con esa chica, no es tu tipo.*

- Podemos encontrar este verbo **seguido** también **de participio**.
  En ese caso expresa **un estado**.
  Tanto seguido de gerundio como de participio, hay que distinguir cuándo conserva su significado y cuándo es sinónimo de estar. En algunos casos podría interpretarse de las dos maneras.
  Ejemplos: ***Anda*** *muy* ***concentrado*** *en sus historias, por eso ni nos ve.*
  Andáis preocupados *y yo creo que no tenéis motivo para ello.*

Llevar + gerundio

- Aspecto durativo. **La acción está comprendida en un desde-hasta**, sin que eso signifique que la acción no pueda continuar.

- **Exige la presencia explícita de complementos temporales.**
- Sólo aparece en los tiempos *imperfectivos* de la conjugación.
- Puede aparecer unida a secuencias como: *desde + cantidad de tiempo* o *hacer + cantidad de tiempo + que.*

  Ejemplos: ***Llevo intentando*** localizarte no sé ***cuánto tiempo*** y nada, ¿dónde te metes?
  Llevaba viviendo con ese hombre ***varios años*** y aún le parecía un desconocido.
  Hace meses que ***llevo enviando*** paquetes y me dicen que no llegan, ¿qué pasa?

- Frases como las siguientes son imposibles:
  * ***Llevé*** *mucho rato* ***llorando****.*
  * ***Ha llevado comprando*** *en la misma tienda desde que vive ahí.*

  Lo correcto es: llevaba y lleva.

- A veces no aparece el gerundio, sin embargo, podemos considerar que está omitido.

  Ejemplos: ***Llevo*** *(viviendo)* ***seis meses*** *en Salamanca.*
  Llevas *(trabajando)* ***con ella*** *dos años / (en este trabajo).*
  Llevo *muchos años* ***(trabajando)*** *de profesora / como profesora.*
  Lleva *(estando)* ***enfermo*** *desde que yo lo conozco.*

- Otras veces nos encontramos detrás de *llevar* un *participio* sin que podamos considerar la construcción como terminativa. Sigue siendo una construcción con valor durativo. Podemos sobreentender el gerundio del verbo *estar.*

  Ejemplos: *¿Cuánto tiempo* ***lleváis*** *(estando)* ***casados****?*
  Este reloj ***lleva*** *(estando)* ***estropeado*** *desde que lo compraste o casi.*

La forma negativa de esta construcción es: *llevar sin + infinitivo.*

Ejemplos: ***Llevo*** *un montón de tiempo* ***sin verte****.*
Llevo sin fumar *dos meses.*

Seguir, continuar + gerundio

- Se consideran semiauxiliares, es decir, que no pierden del todo su significación o, dicho de otra manera, no han experimentado gramaticalización.
- Por otra parte, hay que distinguir las frases semiperifrásticas que vamos a estudiar de las frases en que aparece el verbo **seguir** (= ir detrás de algo o alguien) acompañado de un gerundio.

  Ejemplos: *Nos* ***siguen*** *unos muchachos* ***tirándonos*** *piedras (van detrás de nosotros...).*
  Siguen tirándonos *piedras cuando pasamos, aunque ya les hemos llamado la atención.*

Sólo podemos considerar semiperifrástica la segunda frase.

- Una vez hecha esta aclaración, diremos que el significado de esta construcción es el de **continuidad** de una acción empezada en el pasado que se extiende hacia adelante.

  Ejemplos: *A pesar de mis intentos por hacerle cambiar de opinión,* ***sigue pensando*** *lo mismo.*
  Sigue trabajando *para él, aunque le paga muy mal.*

- **La forma negativa de esta construcción es *seguir / continuar sin + infinitivo.***
  Ejemplo: *¿**Sigues sin querer** hablar con él?*

- A veces aparece **seguida de participio** y, como en el caso anterior, podemos dar por sobreentendido el gerundio del verbo *estar*. De esta manera expresamos **la continuidad no de una acción, sino la de un estado**.
  Ejemplos: *Podéis **seguir** (estando) **sentados** aunque entre el director.*
  *¿Cómo puedes **seguir** (estando) **callado** con las cosas que está diciendo?*

Ir + gerundio

(Repasad la Unidad 24 para recordar su valor incoativo.)

- Su valor fundamental es el de **desarrollo progresivo** de la acción. A veces se aproxima al significado de *andar + gerundio* porque también puede expresar un *movimiento sin dirección fija*.
  Ejemplos: ***Va introduciéndose** en ese ambiente sin que se den cuenta los demás.*
  ***Vas criticándole** por ahí cuando él te trata como a un hijo.*
  ***Van acumulando** información que no sé cómo usarán después.*

- Otras veces lo que destaca es un valor reiterativo o distributivo.
  Ejemplos: *Me **iban concediendo** becas cada vez de más cuantía.*
  *Nos **iban dando** a cada uno una tarjeta identificativa a medida que entrábamos.*

- Se usa mucho con **valor descriptivo**. Estas descripciones, expresadas en presente o imperfecto hacen referencia a la lentitud, a la duración del proceso.
  Ejemplos: *La catedral **iba emergiendo** de las sombras como de un sueño.*
  *El día **va tomando** poco a poco las tonalidades de la felicidad.*

- En contra de lo que pudiera parecer, esta construcción también aparece con *indefinido*.
  Decimos esto porque muchos estudiantes se sorprenden de encontrar esta posibilidad.
  Lo que añade el indefinido, como siempre, es que *la acción*, que pudo ser lenta, larga, etc., *ha llegado a su final.*
  Ejemplos: *La voz de la niña se le **fue metiendo** dentro sin que ella lo quisiera.*
  ***Fueron rodeándose** de buenos amigos, cosa que antes no habían tenido.*

Venir + gerundio

- Expresa **una acción durativa, progresiva en la que el movimiento se desplaza desde el pasado hacia el hablante**, al contrario que con *ir + gerundio* en que la acción va desde el hablante hacia el futuro.

- Como consecuencia de este hecho, no podemos usar con *venir + gerundio* verbos que expresen alejamiento del hablante, solamente los que expresan acercamiento.
  Ejemplos: ***Venía ocurriendo** lo mismo desde que nos conocíamos.*
  ***Viene echándose** encima la fecha de su cumpleaños y todavía no sé qué regalarle.*
  ***Vengo diciéndote** lo mismo hace un montón de tiempo y tú ni me escuchas.*
  ***Viene acercándose** el gran día.*

  Pero sería imposible: * ***Viene alejándose** el gran día.*

- Esta construcción se puede usar en todos los tiempos del indicativo (y los del subjuntivo que correspondan), pero en indefinido no aparece porque, como hemos dicho, expresa un movimiento hacia el hablante, y el indefinido, como ya sabemos, marca un tiempo en el que no está el hablante.

- A veces **venir y llevar + gerundio se neutralizan. Para ello es necesario que aparezcan complementos de tiempo expresados por desde o hace + cantidad de tiempo.**
  Ejemplos: ***Vengo estudiando*** *sin parar* ***desde la semana pasada / Llevo estudiando desde...***
  Hace un rato que ***vengo oyendo*** *ese ruido / ... que* ***llevo oyendo...***
  Lleva lloviendo media hora. *Pero no *viene lloviendo media hora.*

Estar + gerundio

- Se usa para presentar **el presente actual**. El aspecto es durativo.
  Ejemplos: *En este momento te* ***estoy escribiendo*** *desde una terraza de la playa.*
  ¡Calla!, que ***están dando*** *los resultados de la quiniela.*

- Presenta aspectos de transitoriedad y progresión **(durativos, reiterativos y distributivos)**.
  Ejemplos: ***Estoy trabajando*** *en ese proyecto hace meses. ¡Tengo unas ganas de acabar...!*
  Estuvo saliendo *con él ocho años y al final se casaron.*
  Se están llenando *los asientos paulatinamente.*

- También presenta aspectos *progresivos-incoativos.* (Repasad la Unidad 24.)
  Ejemplos: *Oye, para el coche que* ***me estoy mareando****.*
  Me estás cansando *con tantas bobadas, así que ¡déjalo ya!*
  ¡Ya ***te estás quitando*** *ese pantalón!*

PERÍFRASIS APROXIMATIVAS Y REITERATIVAS

Venir a + infinitivo / venir + gerundio

- Expresan una aproximación, una idea no exacta de lo que se habla, pero el hablante tiene alguna información que transmitir, no es una adivinación.
  Ejemplos: *El artículo del periódico* ***viene a decir*** *lo mismo que el informe de la televisión.*
  Una casa de esas características ***viene a costar*** *varios millones.*
  Ha sacado una novela nueva, pero a mí me parece que ***viene siendo*** *igual a la otra.*
  Compensando unos días con otros, ***vengo trabajando*** *unas seis horas diarias.*

Venga a + infinitivo

- En contextos exclamativos expresa la repetición de la acción.
  Ejemplos: *Yo, aquí contándote cosas importantes y tú* ***¡venga a escribir!*** *(= escribes y escribes)...*
  *Era horrible, ella ¡***venga a decir*** *tonterías mientras yo pasaba una vergüenza ajena...!*

Deber de + infinitivo

- Expresa una duda, una conjetura. Si antes el hablante tenía una idea, ahora supone.
  Si tomamos los mismos ejemplos, veremos claramente la diferencia.
  Ejemplos: *El artículo del periódico* ***debe de decir*** *lo mismo...*
  (Aquí el hablante no ha leído el citado artículo; en el ejemplo anterior por lo menos le ha echado un vistazo.)
  Una casa de esas características ***debe de costar...***
  (= imagino, supongo pero nunca me he informado).

Volver a + infinitivo

- Expresa **la repetición de la acción**.
  En algún caso podría resultar ambigua, pues *el verbo volver* (= regresar a un lugar) también puede llevar el sintagma *a + infinitivo.*
  Para salir de la duda basta sustituir la preposición **a** por **para**.
  Ejemplos: ***Has vuelto a engañarme****, esta vez no te perdono.*
  Volveré a enviarte *la carta que no te ha llegado.*
  Volvió a darme *el recado (= me lo dio de nuevo).*
  Volvió para darme el recado *(= regresó para darme el recado).*

EJERCICIOS

a) **Completa usando una perífrasis de las estudiadas que dé sentido a las frases:**

1. Estas irregularidades ________ *(ser)* norma en esta empresa, por lo tanto, me niego a seguir trabajando con ella.

2. Mira, tengo mucho aguante, pero creo que ________ *(pasarse)* con tus bromas de pésimo gusto.

3. Se oyeron voces provenientes del jardín, ________ *(estar)* cerca porque sonaban casi al lado de la ventana donde se encontraba acodada.

4. A pesar de sus intentos por evitarlo, comprobó que ________ *(tener)* a Jaime detrás de ella.

5. La sensación de vértigo ________ *(hacerse)* cada vez mayor y no había forma de evitarlo.

6. Todo el país ________ *(escandalizar)* con la noticia de aquella fusión que parecía dejar indefensos a los más débiles.

7. Las frases que había captado en la reunión ________ *(darle)* vueltas en la cabeza y no podía dejar de sentir la misma sensación que tuve horas antes.

8. Se movía con cuidado, delicadamente a su alrededor, creyendo que __________ *(dormir),* él la miraba con el rabillo del ojo y disfrutaba.

9. __________ *(oír)* las misma explicaciones desde que empezamos esta horrible historia que ojalá se acabe pronto.

10. Aquel encuentro le iluminó el día, __________ mucho tiempo sin tener éxito con nadie, y la alegría de su antiguo compañero de colegio le pareció sincera.

11. La sensación de catástrofe __________ *(apoderarse)* de mi espíritu. Mi cuerpo __________ *(sentirlo)* también porque lo noto mustio, apagado.

12. Aquel monstruoso edificio __________ *(surgir)* de la nada a un ritmo más rápido del que convenía a sus planes.

13. Estoy furiosa porque todo esto __________ *(ser)* un simulacro de lo que podríamos tener si fuera nuestro el negocio.

14. __________ horas *(tratar)* de localizarte, pero tu teléfono comunica todo el tiempo, ¡qué desconsiderado eres!

15. Aquello de adelgazar __________ *(convertirse)* en obsesión y por eso no __________ *(tomar)* pastillas que no producían ningún efecto.

16. No recordaba nada, pero __________ *(decirles)* algo convincente porque nadie insistió después.

17. __________ *(perder)* el tiempo miserablemente y lo vas a lamentar más tarde, ya lo verás.

18. Las preocupaciones, que podía controlar durante el día, la atormentaban por la noche; __________ *(dormir)* varias semanas.

19. __________ *(meter)* dentro de sí mismo a pesar de los esfuerzos que hacía María por intentar hacerle sonreír, por hacerle participar en la realidad.

20. Lo terrible y doloroso eran una cara de la moneda. Pensó que la otra cara __________ *(valer)* la pena a pesar de todo.

21. ¡No __________ *(hacer)* eso, cerdo asqueroso! —. Gritó sin pensar que él mismo había provocado la reacción del muchacho.

22. __________ *(enamorar)* siglos, o eso le parecía a él cuando, obligado por las circunstancias, le confesó su pasión.

23. Yo no sé si ésa será la razón de su estado de ánimo, pero me parece a mí que no __________ *(descaminar).*

24. __________ *(acallarse)* los ecos de la desgracia, dejando sólo un recuerdo amargo que se diluye lentamente.

25. Tú, __________ *(trabajar),* mientras los demás se tocan las narices con tanto descaro.

b) **Sustituye la parte en cursiva por una construcción de las estudiadas que tenga el mismo sentido.**

1. Lo que *últimamente hemos analizado* demuestra cuánta razón había en aquellas advertencias que nos hacían nuestras abuelas.
2. *Hacía muchos años que no dibujaba, que no tenía* una idea válida. ¿Para qué le servía tanta libertad?
3. *Poco a poco se calmó* y se secó las lágrimas que habían inundado su rostro.
4. No sabía si sus esfuerzos por mantener el mismo semblante *eran todavía* fructíferos.
5. *Tuvo de nuevo* a sus ojos el encanto que la había conquistado, la fuerza en la que encontraba la suya.
6. ¡Fíjate qué suerte hemos tenido! Esa casa tan adecuada a nuestras necesidades *está todavía desalquilada.*
7. Eres un inconsciente, *estás buscando* pelea con todo el mundo y al final la vas a encontrar.
8. La situación *mejora* ostensiblemente *día a día.*
9. *Hacía una hora que estaba arreglándose* y todavía no se encontraba de su agrado frente al espejo.
10. *Probablemente le ha tocado* la lotería porque era un don nadie y hay que ver cómo vive ahora.
11. Esto que tú propones *es más o menos* lo mismo que propuse yo hace meses y no te pareció bien.
12. No te llames a engaño, *te he advertido* lo que podía pasar *desde que* te lanzaste a una cosa tan descabellada.

c) **Explica las diferencias entre las siguientes frases:**

1. La película debe haber terminado, ya *está saliendo* la gente del cine.
2. Me duele la encía, creo que *me está saliendo* la muela del juicio.
3. Oye, pon la televisión, en este momento *está saliendo* el reportaje que te hicieron el otro día.
4. *Acabo de leer* un libro en francés y me ha resultado más fácil de lo que creía.
5. *Acabé de leerlo* anoche.
6. *No llego a comprender* tus puntos de vista.
7. *No acabo de comprender* cuáles son tus razones para actuar así.
8. No hay que *dejar de comprender* los motivos de cada uno para actuar en un sentido o en otro.
9. *¿Quién va a llamar* a estas horas si no es él?
10. *¿Quién ha de llamar* a estas horas si no es él?

11. *¡Qué va a saber* informática!
12. *¡Qué ha de saber* informática!
13. *Llegó a robar* para dar de comer a sus hijos.
14. *Llegó a ser* la más importante dentro de su especialidad.
15. *Tengo colocados* mis papeles.
16. *Llevo colocados* algunos de mis papeles.
17. *Van colocados* los papeles más importantes.
18. *Va a llover,* casi casi se huele.
19. *Va a decirnos* todo lo que sabe sobre el tema.
20. *¿Va a dejarse* avasallar de esa manera?
21. *Tuve que matarlo.*
22. *Debí matarlo.*
23. *Debías comprarte* un coche nuevo.
24. *Debiste comprarte* un coche nuevo.
25. *Debías haber comprado* un coche nuevo.
26. *Debiste haber comprado* un coche nuevo.
27. *Llevo enseñando* sin parar desde que terminé la carrera.
28. *Vengo enseñando* sin parar desde que terminé la carrera.
29. Ese perro *lleva ladrando* toda la noche.
30. Ese perro *viene ladrando* toda la noche.

d) **Separa la perífrasis o semiperífrasis de las que no lo son:**

1. Anda moviendo las caderas como si fuera una chica.
2. Anda contándole a todo el mundo sus relaciones con ella.
3. Me lo venía contando por el camino, pero yo no le escuchaba.
4. Me lo venía imaginando hace tiempo.
5. Dice que ha cambiado de estilo, pero viene siendo casi lo mismo.
6. Me voy a hacer la compra.
7. Me voy a comprar ese coche en cuanto pueda.
8. Tienes que comer, si no, te vas a quedar en los huesos.
9. Ahora tienes que comer, te he llenado el frigorífico.
10. Se echó a dormir después de terminar su trabajo.
11. Se echó a reír con todas sus ganas.
12. Volvió a echarme una mano cuando salió de la oficina.
13. Volvió a echarme una mano, aunque había jurado no hacerlo.
14. Nos seguían haciendo el menor ruido posible.
15. Nos seguían mirando con todo el descaro del mundo.
16. Estamos estudiando en Madrid.
17. Estamos estudiando la mejor forma de resolverlo.
18. Lo llevé corriendo porque llegábamos tarde.
19. Llevo corriendo toda la mañana para hacer todo lo que tengo que hacer.
20. Los muchachos iban marcando el paso.

AMPLÍA VOCABULARIO

Sabadell nadó y guardó la ropa

- ¿Sabadell es un nadador?
- ¿Se puede nadar y guardar la ropa?
- ¿A qué se refiere el titular?

«Si intentan atemorizarnos, lo tienen claro»

- ¿Podrán o no podrán atemorizarnos?
- **«Tienen claro** lo que van a hacer»; en esta frase, **tener claro** ¿tiene el mismo sentido?

«Los chicos se han vaciado»

- ¿Qué han hecho?
- La persona que habla, ¿critica o elogia?

«Nos han silbado demasiado»

- ¿Por qué? ¿Porque son guapos o porque lo han hecho mal?

Cajabilbao dio la medida

- ¿Estamos hablando de metros, centímetros...?
- ¿Qué hizo, en realidad, el Cajabilbao?

El Barcelona sale del bache

- ¿Qué le pasaba al Barcelona?
- ¿Dónde suele haber **baches?**

Oximesa respiró mejor que el TDK

- ¿Estamos en el médico?
- ¿Alguien tiene problemas respiratorios?
- Entonces, ¿qué pasa?

- **Ahora que ya sabes lo que significan esos titulares, haz frases usándolos.**
- **Busca en la sección deportiva de tu periódico habitual o en uno especializado titulares parecidos y tráelos a clase para que tus compañeros traten de «adivinar» su significado.**

I. LEE

Los poderes de la voz 

EL LENGUAJE DEL FÚTBOL Y LA ACUMULACIÓN DE RECURSOS EXPRESIVOS

España se preguntaba hace dos decenios —seguramente también antes— si prefería el fútbol o los toros. Era una cuestión teórica que se planteaba repetidamente, y que decayó con la respuesta más lógica: no hay por qué elegir: nunca se celebran los dos espectáculos a la vez en la misma ciudad.

El fútbol ha ganado la batalla por el número de espectadores, paraliza ciudades y desata pasiones, alegrías y decepciones nacionales. Pero no sólo eso: también ha logrado monopolizar la representación épica de la nación, marginando en este terreno a la mismísima fiesta nacional.

Sin embargo, la fiesta taurina constituye un poso cultural mayor, y eso lo demuestra la más genuina expresión de un colectivo: su lenguaje.

La vida cotidiana da ocasión continuamente de utilizar los toros como fuente de expresión y palabras, que se emplean en ámbitos ajenos a aquél para el que fueron concebidas. Y hasta tal punto esto es habitual, que el hablante se expresa sin tener conciencia de utilizar una metáfora. No ocurre así con el fútbol.

Quien se dispone a caer en una trampa está entrando al trapo; quien zahiere con sus palabras reparte puyazos, quien nos maltrata nos hace una faena, quien no se mete en líos ve los toros desde la barrera, el que afronta un problema coge el toro por los cuernos, quien toma decisiones cómodas actúa a toro pasado, el que resuelve como puede ejecuta una faena de aliño, quien cumple el papel de Celestina nos pone a alguien en suerte, el que no entra en el problema da una larga cambiada, quien nos acaba por deprimir nos da la puntilla, y el que rehúye el tema pasa a otro tercio. Los ejemplos son interminables.

En el lenguaje del fútbol, salvo rara excepción, ocurre al revés. Es la vida real la que da expresiones específicas a este espectáculo, no las toma de él. Cuando alguien teme ser burlado no dice «no me hagas un regate»; y si algo estuvo a punto de suceder, a persona alguna se le ocurre decir que pasó rozando el larguero.

El ministro José Barrionuevo ha sido el único en popularizar una expresión futbolística que hasta ese momento sólo circulaba en ámbitos reducidos, especialmente los periodísticos. «Me han metido un gol», dijo sobre la aplicación de la ley antiterrorista a Santiago Corella, *el Nani*. Pero difícilmente se puede escuchar esta nueva expresión en la vieja España rural, donde en cambio se ven todos los partidos de la Eurocopa. Un campesino no dirá que le han metido un gol cuando un concesionario no quiere saber nada después de haberle vendido un tractor estropeado, pero sí le espetará que a ver si deja de torearle porque el aparato que le ha vendido está para el arrastre

El fútbol es un deporte más egoísta: toma sus expresiones de la vida real, sin apenas aportarle nada a cambio. Su acervo se centra en dos tipos de expresiones, extrañamente conjugadas en la misma materia: las expresiones de la milicia y las palabras del juego erótico. Estas últimas suelen referirse siempre al acto del gol: los balones besan la red, lamen el poste, penetran en la portería, el árbitro señala el punto fatídico, los buenos jugadores acarician el cuero, lo tocan, sortean la barrera con suavidad, y el portero lo recoge en sus brazos, a no ser que se lo cuelen por debajo de la faja (como le ocurrió a Iríbar en la final de la Eurocopa de 1964).

Pero son más abundantes los ejemplos bélicos. No podía ocurrir de otra forma. La narración del fútbol es un relato épico. Y he aquí tal vez la principal razón de que el lenguaje del fútbol se agote en sí mismo. La vida cotidiana, afortunadamente, da pocas ocasiones de utilizar estos verbos.

El jugador que se queda solo ante el marco fusila el tanto, el resultado campea en el marcador, el delantero dispara un chupinazo, de su bota sale un verdadero obús, no hay que descuidar la retaguardia, aunque una buena defensa sea un buen ataque, es preciso tener cuidado con el ariete, acometer el repliegue de líneas, situarse en la demarcación no vigilada, intentar el pase de la muerte y evitar que el enemigo desentierre el hacha de guerra como solía hacer el *leñador* Nobby Stiles, aquel que puso cerco a Eusebio en el Mundial de 1966 y consiguió *anularle*.

Los más famosos futbolistas asumen sin rubor apodos bélicos: Torpedo Muller, Cañoncito Pum (Puskas), Saeta Rubia (Di Stéfano), Bala Roja (Gorostiza), el Matador (Kempes). O de horribles seres: Lobo Diarte, *Munster* Haller... Y para los porteros quedan no menos temibles sobrenombres de animales huraños: el Gato de Odessa (García Remón), la Araña Negra (Yasin).

Con esta base, no es de extrañar que locutores y cronistas caigan en relatos auténticamente épicos. El propio marco lingüístico incita a ello. Ahora bien, la

El lenguaje del fútbol se centra en dos tipos de expresiones, extrañamente conjugadas en la misma materia: las expresiones que proceden de la milicia o la guerra y las palabras del juego erótico

épica del fútbol nació con la radio, y los medios audiovisuales no han hecho sino sumarse inconscientemente a un lenguaje que estaba inventado para la ausencia de imagen: la palabra, pues, debía constituirse en la imagen misma (el tropo, la metáfora).

Así, es fácil que la épica del fútbol entronque con el orgullo nacional, que siempre está en juego —«saldremos a muerte», decía Míchel el jueves pasado—: los futbolitas, merced a tal juego de metáforas, ejercen en nuestro subconsciente la representación colectiva de un ejército.

Zarra marcó en Maracaná en 1950 el legendario gol a Inglaterra, y Matías Prats gritaba: «Gol, gol de España». Pero aquella clarísima ocasión ante Brasil en 1978 solamente la falló Cardeñosa. Él solito.

Y si a veces algún aventurado reconoce que ha perdido España, echará la culpa al árbitro; es decir, lo mismo que pensábamos tras el desastre de la Armada Invencible. La memoria colectiva está muy bien amaestrada.

El problema de España

No faltan nunca, en el lenguaje del fútbol, calificativos para definir a los equipos como si fuesen la esencia de sus países. La alegría del juego brasileño, el orden alemán, la dureza inglesa, el diseño italiano, la estructura soviética, la mecánica holandesa, el preciosismo argentino.

He aquí el problema de España: como servidumbre de la narración épica, le ha correspondido en suerte la furia, y es ésta una virtud que resulta ya muy poco futbolística, siempre muestra que escasean cualidades más importantes. Así, se produce una cierta indefinición entre el carácter patrio y el juego del equipo nacional, puesto que cuando aparecen correosos atletas —Calderé, Grosso, Del Sol, Lora, Guzmán— se echa en falta la técnica; y cuando afloran los jugadores técnicos —Gallego, Míchel, Carrasco, Marcial, Martín Vázquez— el equipo no acierta a jugar con furia.

Esto despista a la gente y desazona a los actuales comentaristas.

Queda entonces simplemente, para cubrir tal necesidad de narración épica, la fuerza de la voz. Los locutores de las emisoras ponen el énfasis en las palabras que denotan agresividad, violencia fonética, las sílabas explosivas, las fricativas sonoras. Las expresiones típicamente futbolísticas están llenas de erres: regate, rapidez, recorte, rechace, atrapa, irrumpe, aferra, penetra, se incrusta, barrera, travesaño, destruye, rompedor. Todas ellas tienen más poder que cualquier sinónimo sin erres. Es más comunicativo de fuerza épica hablar de «rápida carrera» que de «incursión veloz»; describir que un delantero «rompe la retaguardia» antes que explicar que se ha personado en el área. Recientemente, un locutor comprendía inconscientemente la diferencia. Cuatro sinónimos dijo hasta encontrar el que realmente le *sonaba* adecuado: «Es Míchel el que ha comenzado, ha empezado, ha iniciado... ha emprendido esa jugada». Necesitaba la fuerza de la sílaba. No en vano Míchel había robado el balón tras un rebote.

Curiosamente, los locutores de nuestras emisoras ofrecen nombres que no desmerecen de este clima sonoro: «Adelante José Ramón de la Morena», «adelante Roberto Gómez», «adelante Pedro Pablo Parrado», «¿opinas lo mismo, compañero Relaño?», «¿me escuchas, Brotons?», «¡informa Gaspar Rosetti!».

¿Cómo podrían competir en esto los locutores sin erre?

Difícilmente. Como difícilmente pueden competir los acartonados nombres de Juanma, Joaquín o Luismi (el Spórting da muy poca imagen en esto) con los de Zarra o Pirri, o incluso Rincón, auténticos guerreros del estadio.

El fútbol necesita ser así para instalarse como referencia actual de un amplio colectivo de ciudadanos. Nada en tiempo de paz puede competir con su resonancia militar y fonética. Nada podrían hacer los toros. Nunca han de competir toros y fútbol. Para éste ha sido destinada por la historia la fuerza de la épica.

Para la fiesta hemos preferido reservar en cambio la fuerza de la lírica.

Alex Grijelmo
El País, 23-6-88

EXPLOTACIÓN DEL TEXTO
(Sugerencias)

1. Lee atentamente el texto y sepáralo en párrafos. Haz un breve resumen de cada uno y compáralo con el de tus compañeros.
2. Entresaca las expresiones hechas que da el autor y trata de usarlas en el contexto apropiado.
3. ¿Cuáles son los recursos expresivos de los que se vale el fútbol?
3. Si tienes ocasión de oír una retransmisión, comprueba por ti mismo/a si es verdad.
4. ¿Cuáles son los puntos de vista del autor con respecto al fútbol?
4. ¿Se da el mismo fenómeno en otros países?
4. ¿Qué opináis del fútbol?
5. Os proponemos ahora un trabajo algo especial: elegid algunas expresiones de los comentaristas de fútbol y tratad de buscar el equivalente en vuestro idioma. ¿Se mantiene el estilo o es muy diferente?

BREVE NOTICIA DEPORTIVA LOCAL

B

Seis equipos se disputarán el VI Trofeo Internacional Juvenil Ciudad de Salamanca

El VI Torneo Internacional Juvenil Ciudad de Salamanca se inicia hoy con la participación del Real Valladolid, Figueira da Foz (Portugal), U.D. Salamanca, Zamora Club de Fútbol, Cultural de León y Selección de Salamanca.

La organización de este evento corre a cargo de la Delegación Comarcal de Fútbol de Salamanca con el patrocinio de la Caja de Ahorros de Salamanca. Los partidos se jugarán en los campos de la Federación, con excepción de la final que tendrá como escenario el estadio Helmántico.

Los encuentros se iniciarán a una hora un tanto intempestiva como es la de las tres y media de la tarde, especialmente por el calor sofocante que vive Salamanca estos días. A esa hora entrarán en liza los equipos del Salamanca y Figueira da Foz. Posteriormente, a partir de las cinco y cuarto, se enfrentarán el Real Valladolid con el Zamora C.F., y a las siete la Selección de Salamanca, que dirige Ricardo en esta ocasión, contra la Cultural de León.

El jueves, a partir de las once de la mañana, se disputarán el quinto y sexto puestos. A las cuatro y media, en las instalaciones del Helmántico se dilucidará el tercero y cuarto puestos, y a partir de las seis y media en el Helmántico se jugará la final y tendrá lugar la entrega de trofeos. A este encuentro, la entrada será gratuita para todos los aficionados.

En cuanto a la organización, ha decidido que después de cada encuentro se lance una tanda de penaltis para dilucidar la clasificación en caso de empate. En el caso de que el mismo continuase, se ha decidido clasificar al equipo más joven.

Por otra parte, señalar que existen trofeos para los seis conjuntos, así como para el equipo más deportivo, mejor equipo, equipo máximo goleador, equipo menos goleado, jugador más deportivo, mejor jugador del torneo, jugador más joven, máximo goleador, portero menos goleado, mejor jugador de la U.D.S. y mejor jugador de la Selección de Salamanca que serán otorgados de acuerdo con las votaciones emitidas por los medios de comunicación local.

J.A.Z.
El Adelanto, Junio 1988

EXPLOTACIÓN DEL TEXTO
(Sugerencias)

2. **Corre a cargo de**, tiene el cargo de, tiene el encargo de, se encarga de, se carga de. ¿Cuál es la diferencia entre ellos?

6. ¿Es lo mismo **partido** que partida?

12. Normalmente, ¿qué se entiende por **hora intempestiva**?

17. ¿Es exclusivo de los equipos de fútbol **entrar en liza**? ¿En qué otros casos lo usarías?

21. ¿Es lo mismo **enfrentarse** que **afrontar**, **hacer frente a** y **confrontar**?

32 y 42. ¿Qué otras cosas podemos **dilucidar** además de los puestos y la clasificación?

34. **Jugar la final.** ¿También podemos jugar el final?

42. **Una tanda de penaltis.** Y también de...

51. ¿Es lo mismo **el más deportivo** que el más deportista?

- Balón, pelota, globo, bola. ¿Son equivalentes?
- Imaginad que sois corresponsales deportivos. Elegid el deporte que prefiráis y haced una breve crónica para vuestro periódico.

Ⓒ Adolfo Aldana

«CUANDO SEA TITULAR, GANAREMOS LA COPA DE EUROPA»

Es un reserva de lujo en un club de cinco estrellas. Una joven figura que calienta banquillo para que jueguen los consagrados. *La Gazetta dello Sport* le ha designado el cuarto mejor media punta de Europa. En el Madrid es el duodécimo jugador del plantel. De la Balompédica Linense le echaron —hace ya muchas primaveras— por «torpón», según rumian con sorna andaluza los contrabandistas del Peñón. Cosas del mundo del balompié, que no lo entienden ni quienes lo dirigen. Tampoco esperaba Aldana, cuando era niño, saltar desde San Roque al Real Madrid. Pero lo ha hecho. Y es que este mocetón de 1,87 metros, 83 kilos de peso y muchos menos kilos de ganancias, tenía predestinado este blanco futuro: nació un 5 de enero, víspera de Reyes. Y ese 5 de enero de 1966 pidió ya a los Magos, desde su inocencia, un regalo a largo plazo: ser jugador del Real Madrid. Lo fue veinte años después. Su petición, sin embargo, tuvo ya un buen presagio ese mismo 1966: cinco meses después de su nacimiento, el Madrid consiguió su sexta y última —hasta el momento, según dice Mendoza— Copa de Europa. Aldana, es obvio, no fue gafe. Todo lo contrario.

La verdad es que Adolfo acudió a sus dieciocho años a Madrid «con el objetivo de estudiar en el INEF. Quedé impresionado al observar el estadio Santiago Bernabéu. Había jugado al fútbol en la Balompédica y llegué a la capital de España con otra meta, continuar jugando, pero al entrar en el Madrid nunca pensé que yo podría actuar en el Bernabéu». Lo consiguió.

Tomás González
Blanco y Negro. 19-2-89

— ¿Te gustaría ser jugador de fútbol? ¿Por qué?

II. Y TÚ ¿QUÉ OPINAS?

Boxeo

«SUS PADRES, TENIENDO EN CUENTA CÓMO ANDA LA JUVENTUD POR ESTOS BARRIOS, SON LOS PRIMEROS EN ANIMARLOS PARA QUE SIGAN»

«¿Por qué fascina el boxeo?», se preguntaba la revista *Time* en su portada dedicada al análisis de ese fenómeno mundial que constituye hoy la figura de Mike Tyson. «Porque un día sin champán es un día perdido», hubiera respondido un hombre genial, como Al Brown. La explicación más próxima a la de un sociólogo es debida, en cambio, al propio Tyson, que ha dicho: «Puede que los norteamericanos no sean un pueblo civilizado, pero lo que me gusta de este país es la libertad de expresión y las oportunidades de triunfo que aguardan detrás de tu puerta». Ésta es, tal vez, la causa de la impopularidad con que en España ha sido acogida esa cruzada abolicionista emprendida por algunos personajes políticos al amparo de una sensibilidad que, al parecer, no resiste la violencia del boxeo, cuya estética incomparable, sin embargo, conquista cada día entre nosotros el ánimo de más gentes dispuestas a proyectar en los nuevos campeones sus más íntimos deseos de vencer.

Algunas expresiones que proceden de este deporte:

- Tirar la toalla.
- Tener a alguien contra las cuerdas.
- Bajar la guardia.
- Dejar K.O.

¿Puedes explicar su significado y usarlas en frases?

- **¿Que opinas de las afirmaciones recogidas por la revista *Blanco y Negro?***
- **¿Animarías a tus hijos a boxear?**
- **¿Hay una estética en el boxeo o es pura violencia?**
- **¿Lo abolirías?**

LO IMPORTANTE ES GANAR

«En competición es donde se ve la talla de un deportista»

«El deporte es una celebración de la vida»

NO HAY EDAD PARA PRACTICAR ESTE DEPORTE, NI SE NECESITAN TAMPOCO UNOS CONDICIONAMIENTOS FÍSICOS ESPECIALES

- ¿Qué opinas de estas afirmaciones?
- ¿Qué es para ti el deporte? ¿Un lujo? ¿Algo imprescindible? ¿Un pasatiempo?

- **¿De qué deporte se trata?**
- **Justificad vuestras respuestas.**

- Gimnasia
- Atletismo
- Salto de altura
  - de longitud
  - con pértiga
- Lanzamiento de disco
  - de peso
  - de jabalina
- Natación
- Equitación
- Baloncesto
  - mano
  - volea
- Fútbol
- Rugby
- Waterpolo
- Patinaje
- Esquí
- Boxeo
- Esgrima
- Judo
- Halterofilia

- Elegid un deporte y tratad de convencer a los demás de que lo practiquen.

UNIDAD 28

El heroísmo

LAS PREPOSICIONES

RECUERDA

Sistematizar las preposiciones es tarea ardua en casi todas las lenguas (o así lo creemos nosotros). No obstante, vamos a «atacarlas» para ver si después nos resultan menos incoherentes.

a, ante, bajo, con, contra, de, desde, en, entre, hacia, hasta, para, por, según, sin, so, sobre, tras.

So: Se usa sólo en expresiones fijas: *so pena, so pretexto.*

OTRAS PREPOSICIONES

También pueden funcionar como preposiciones:

- **Cuando:** ***Cuando niño**, tenía miedo del agua / de niño...*
- **Donde:** *Ve **donde tu tía** y quédate a dormir allí / a casa de tu tía...*
- **Excepto:**
- **Salvo:**

  (Excepto / Salvo +) Pronombres personales sujeto.
  \+ Sustantivos
  Que + frase subordinada.
  ***Salvo / excepto nosotros**, todo el mundo lo sabía.*
  ***Salvo / excepto** algunas personas, todos se conocían.*
  ***Salvo / excepto que te moleste** hacerlo, encárgate tú de esos detalles.*

- **Durante**
- **Mediante**

  (Durante / Mediante) + elementos nominales

***Durante ese tiempo**, nadie trabajó.*
***Mediante un gran esfuerzo**, lo conseguiremos.*

TÉRMINOS DE LA PREPOSICIÓN

Detrás de las preposiciones pueden ir:

- **Sustantivos.**
  Ejemplo: *Su nombre está* ***en la calle****. El yogur es un derivado* ***de la leche****, etc.*

- **Infinitivos.**
  Ejemplo: *Tenemos que ser los primeros* ***en llegar****. Llevo una semana* ***sin salir****, etc.*

- **Adjetivos, participios.**
  Sólo llevan **de** y **por** y su valor es:

  a) **Predicativo.** Se sienten como atributos de un verbo elidido.
  Ejemplos: *Lo hizo* ***por bueno*** *(= porque era bueno).*
  Se fue de allí ***de aburrido*** *(= porque estaba aburrido).*

  b) **Denominativo.**
  Ejemplo: *En aquella película hacía* (el papel) ***de bueno****.*

- **Gerundios.**
  Sólo admiten la preposición **en**. Hoy día se siente anticuado su uso.
  Ejemplo: ***En llegando*** *a casa te daré esa información.*

- **Que:**
  Introduce frases subordinadas.
  Ejemplo: *Lo he hecho antes* ***de que tú llegaras****.*

ARTICULACIÓN DE LA PREPOSICIÓN

Más arriba hemos visto lo que las preposiciones admiten detrás de ellas. Ahora vamos a ver a qué elementos de la oración se unen.

- **Sustantivos:** ***cesta de*** *la compra,* ***caja de*** *pinturas.*

- **Adjetivos:** ***duro de*** *pelar,* ***suave al*** *tacto.*

- **Participios:** ***cansado de*** *vivir,* ***aburrido de*** *leer.*

- **Adverbios:** ***delante de*** *la ventana,* ***encima del*** *tapete.*

- **Interjección:** *¡****Ay de*** *los débiles!*

- **Verbos:** Las preposiciones se unen a los verbos por dos razones:

  a) **Semántica.** El significado del verbo puede exigir un determinado tipo de complemento introducido por la preposición adecuada. Así, el verbo *estar* suele llevar complementos de lugar y modo. Por eso las preposiciones serán: en, de, a, etc.

  Ejemplos: ***Estoy en*** *el Colegio, si me llaman.*
  Estamos de *tu lado.*

b) **Gramatical.** Ésta es más difícil de clasificar.
Así el verbo **empeñarse** lleva un complemento que debe ir encabezado por la preposición en. Todos (o casi todos) sus sinónimos llevan la misma preposición: obstinarse en, insistir en, etc.

La gran dificultad la presentan las preposiciones «vacías», es decir, las que por sí solas no significan nada o no significan demasiado.
Vamos a concentrarnos en éstas para ver si las captamos algo mejor.

a

1. Se une a una serie de verbos en los que predominan:
   a) **Dirección.**
   b) **Objetivo** (es una especie de movimiento hacia adelante real o figurado).

   Dirigirse, acercarse, acceder, subir, bajar, trepar, ascender, ir, arrojarse... ***a*** *un lugar.*
   Animar, contribuir, aspirar, incitar, inducir, obligar, ayudar, atreverse... ***a*** *algo / hacer algo.*

2. Se unen a verbos que expresan el **principio de la acción**.

   Comenzar, empezar, echar(se), ir, ponerse... ***a*** *hacer algo.*

3. En algunos casos la preposición aparece unida al verbo, sin que se pueda explicar —o intentarlo— su valor.

   Acostumbrarse
   Comprometerse
   Desafiar
   Limitarse } ***a*** *hacer algo*
   Negarse
   Oponerse
   Renunciar

   Someterse
   Unirse } ***a*** *alguien*

Hay que recordar que los verbos de la lista *que son reflexivos,* al aparecer sin pronombre, pierden la preposición y cambian de significado.

Compara: ***Limitar*** *el poder de alguien. /* ***Limitarse a*** *cumplir órdenes.*
Negar *unas acusaciones. /* ***Negarse a*** *declarar.*

4. Algunos adjetivos que también se complementan con esta preposición:

   Análogo, común, parecido, semejante... ***a*** *su abuelo.*
   Anterior, inferior, inmediato, posterior, superior, igual... ***a*** *los demás.*
   Cercano, contiguo, próximo... ***a*** *su casa.*
   Dócil, desleal, fiel, leal, insensible, sensible... ***a*** *sus principios.*
   Agradable, áspero, suave, blando, duro... ***al*** *tacto.*

Obviamente esta lista no pretende ser exhaustiva, pero puede ayudarnos **a** reconocer y **a** memorizar (¿por qué no?) los casos más usuales.

con

1. Se une a verbos que necesitan un complemento de **compañía**.
O bien que necesitan **dos o más sujetos**, **dos o más objetos que están relacionados o comparados**.

Acabar, romper, terminar, aliarse, convivir, coincidir, conciliar, casarse, competir, codearse, comparar(se), congeniar, consultar, confundir(se), emparentar, encontrarse, enemistarse, entrevistarse, intimar, relacionarse negociar, pactar, rivalizar, conformarse, soñar, apechugar, atreverse, aguantar(se), compaginar.	***con** alguien / algo*

Observad que el verbo *enamorarse* lleva la preposición **de** y no **con**.
Atreverse lleva **a** + infinitivo y **con** + sustantivo.
Que algunos reflexivos, al perder el pronombre pierden la preposición: *encontrar, entrevistar, aguantar.*

2. Se une a verbos para expresar **medio e instrumento**.

Colaborar, ayudar, cubrir, tapar, atar, enganchar, especular, indemnizar, bastar, escribir, quemarse, sobrevivir, convencer.	***con** algo*

3. También expresa **causa**.

Aburrirse, entusiasmarse, disfrutar, enfermar, cansarse, preocuparse, molestar, sorprenderse, reírse, asustar(se), obcecarse, encapricharse, enfadarse, gozar, disfrutar.	***con** algo*

Observad que muchos de estos verbos alternan la preposición **de** y la preposición **con**: *gozar **de** la vida / **con** la música. Reírse **de** su propia sombra / **con** chistes malos,* etc.

4. Los adjetivos mantienen, en general, los mismos principios que los verbos.

Amable, desagradable, bueno, malo, antipático, cruel, áspero, suave, generoso,	***con** alguien*
feliz, enfadado, furioso, loco, encantado, obsesionado,	***con** algo / alguien*
consecuente / inconsecuente, compatible / incompatible.	***con** algo / alguien*

de

Es la más frecuente de las preposiciones y la más difícil de clasificar. Vamos a intentarlo no obstante.

1. Se une a una serie de verbos para expresar **causa**.

Abusar, aprovecharse, cansar(se), fatigar(se), hartar(se), sorprender(se), maravillar(se), asombrar(se), admirar(se), extrañar(se), protestar, quejarse, lamentarse,	***de** hacer algo / **de** algo*

preciarse, presumir, jactarse, vanagloriarse, enorgullecerse,
reírse, alegrar(se),
avergonzarse, arrepentirse, disculpar(se), preocupar(se), } **de** *algo*
advertir, avisar,
culpar, inculpar, acusar.

Algunos de estos verbos, al perder el pronombre, se convierten en transitivos y, por tanto, pierden la preposición (repasad la Unidad 22).

Me sorprendí de *su presencia. /* ***Sorprendí*** *a María copiando.*
Nos admiramos de *tu fuerza de voluntad. /* ***Admiramos*** *tu fuerza de voluntad.*
Se aprovecharon de *su ignorancia. /* ***Aprovecharon*** *el tiempo al máximo.*

2. El segundo gran grupo de verbos no se deja clasificar bajo uno solo, por lo tanto, hemos optado por daros una lista sin más. Eso sí, hemos intentado agruparlos por significados.

Abstenerse, prescindir, privarse, librar(se), zafarse, despedir(se),
dispensar, excluir, separar(se), apartar(se), alejar(se),
burlar(se), reír(se), compadecer(se), apiadarse,
adueñarse, apropiarse, apoderarse, } **de** *hacer algo /* **de** *algo*
enterarse, darse cuenta, percatarse,
dotar,
encargar(se), ocupar(se),
carecer,
cambiar, variar.

Observad que algunos verbos aparecen en varios apartados:
disfrutar **con / de** *algo*
reírse **de / con** *algo / alguien*
asustarse **de / con** *algo / alguien*
nada

3. Adjetivos que toman esta preposición:

Ágil, torpe, corto, agudo, fuerte, débil,... **de** *carácter,* **de** *movimientos...*
Alto, bajo, gordo, delgado, ancho, estrecho,... **de** *estatura,* **de** *cara,* **de** *espaldas...*
Moreno, pálido, blanco, negro, rojo,... **de** *piel...*
Amable, áspero, agradable, desagradable, cruel, generoso, brusco,... **de** *carácter...*
Amante, cómplice, compañero, coetáneo, contemporáneo,... **de** *alguien...*
Amante, apasionado, entusiasta, forofo,... **de** *la música clásica...*
Grande, pequeño, inferior, superior, largo, corto,... **de** *tamaño...*
Capaz, incapaz,... **de** *hacerlo,* **de** *grandes cosas...*
Seguro, inseguro, orgulloso,... **de** *sus actos...*
Atravesado, lleno,... **de** *agujas...*
Extraño, raro, molesto, odioso, fácil, difícil,... **de** *hacer,* **de** *aspecto...*
Falto, escaso, amplio,... **de** *espacio...*
Apurado, necesitado,... **de** *dinero...*
Codicioso, deseoso,... **de** *riquezas...*

en

1. Se une a verbos que expresan: **interiorización**, **penetración**, **participación**.

Entrar, penetrar, infiltrar(se), insertar,
internar(se), intervenir, colaborar,
integrar(se), englobar, meter(se), hundir(se), } **en** *algo /* **en** *alguna parte*
concentrar(se), enfrascarse, colarse, recluir(se)
encerrar(se), confinar.

2. Complementa a verbos con la idea de **sobre**.

Apoyarse, afianzarse, afirmarse, recostar(se), acodarse, colocar(se). } ***en** algo*

3. Expresa **resultado final**.

Convertir(se), transformar(se), trocar(se), acabar, terminar, cristalizar, romper, escindir(se), partir(se), descomponer(se), quedar. } ***en** algo / **en** hacer algo*

4. Complementa a verbos con la idea de **en lo relativo a**.

Coincidir, insistir, empeñar(se), perseverar, reincidir, esmerarse, obcecarse, ratificar(se), moderar(se), controlar(se), vacilar, titubear, secundar, rivalizar, crecer, consistir. } ***en** algo*

Observad que algunos verbos aparecen en varios apartados:
*colaborar **en** algo / **con** alguien / algo*
*meterse **en** algo / **con** alguien*
*acabar **en** algo / **con** algo / alguien*
*coincidir **en** algo / **con** alguien*
*obcecarse **en / con** alguien, etc.*

5. Y en cuanto a los adjetivos:

*Afable, amable, agudo, áspero, desagradable,... **en** el trato...*
*Bueno, malo, ducho, experto, hábil, erudito, versado,... **en** esa materia...*
*Constante, diligente, firme, incansable,... **en** el trabajo...*
*Rico, pródigo, pobre, parco,... **en** algo...*
*Superior, inferior, primero, último,... **en** algo...*

Algunos verbos que cambian de significado en función de la preposición:

*Yo te **cuento** siempre mis problemas.* = narrar
*Hemos **contado con** su ayuda inestimable.* = confiar en
*No **cuento con** ese dinero para las obras.* = tener

*Voy a **acabar con** esa relación.* = romper, terminar
*Le dijeron que **acabarían con** él.* = destruir, matar
***Acabó de** camarero en un bar de la costa.* = llegar a un empleo u ocupación

*Me **tratas** mal, ¿por qué lo haces?* = comportarse
*Yo no (me) **trato con** ese tipo de gente.* = relacionarse
*Este libro **trata de** política.* = su tema es
***Trata de** entenderme, por favor.* = intentar

***Se ha metido en** un asunto muy feo.*
***Se ha metido con** gente indeseable.* } = colaborar
*No **te metas con** ellos, son peligrosos.* = atacar, pinchar

EJERCICIOS

a) **I. Completa los textos añadiendo la(s) preposición(es) que les den sentido.**
II. Si hay varias posibilidades, explica las diferencias.

Ya es tiempo de que partas a la ciudad —le dijeron. Nada ganaba ________ suplicar. Tampoco la autorizaron ________ cargar ________ el mono o el loro, dos compañeros imprescindibles ________ la nueva vida que la esperaba. Se la llevaron junto ________ cinco muchachas indígenas, todas amarradas ________ los tobillos ________ impedirles saltar ________ la piragua y desaparecer ________ el río.

El portugués se despidió ________ Consuelo ________ tocarla ________ una larga mirada, dejándole ________ recuerdo un trozo de oro ________ forma de muela, atravesado ________ una cuerda. Ella lo usaría colgado ________ el cuello, durante casi toda su vida, hasta que encontró a quien dárselo ________ prenda de amor. Él la vio por última vez vestida ________ su delantal de percal desteñido y un sombrero de paja metido ________ las orejas, descalza y triste, diciéndole adiós ________ la mano.

Isabel Allende
Eva Luna

b)

Se asombró ________ su propio vivir, enfrentado ________ todo lo envolvente, ________ tanto tiempo ________ negarse a sí mismo, huyendo; y al ser consciente ________ su asombro, ya no dudó un momento de que aquella sombra imantada le atraía ________ la fuerza ________ el destino. Ella no se había vuelto ni una sola vez ________ mirarlo, no había vuelto ________ pronunciar una palabra, pero ¿qué importaba? Siempre es misterioso, ________ los mitos, el mensajero ________ los dioses.

José Luis Sampedro
El río que nos lleva

c)

Le despertó el frío y entreabrió los ojos. Los abrió del todo, incrédulo: un hombre andaba ________ el río. Sí, tranquilamente, ________ las aguas, avanzando ________ los jirones de niebla. Shannon se incorporó estupefacto, creyendo que aún soñaba y lo comprendió al punto. El hombre pisaba ________ los troncos flotantes. Shannon apartó la manta, ________ la que la escarcha blanqueaba todavía, y se puso ________ pie.

Todo el río estaba como entarimado ________ los largos maderos. El hombre cruzaba ágilmente ________ una orilla ________ otra, apoyándose, de cuando en cuando, ________ una vara terminada ________ gancho. Un enorme árbol atravesado retenía a los demás y dejaba ________ él un enorme espacio verdoso ________ agua turbulenta.
(...)

d)

________ las manos ________ la falda, la espalda ________ un pino, el cuerpo graciosamente ladeado y la mirada ________ Shannon, pasaba ________ ser mujer, dejándose contemplar, casi asequible, ______ un simultáneo queriendo y ______ querer, muy femenino. ______ la tela de araña tendida ______ unas matas próximas la niebla había dejado unas exquisitas perlas. Quizá ______ todo eso se le escaparon a Shannon palabras ______ otro ambiente, absurdas ______ aquel barranco.

— ¿Sólo se queda aquí ______ cuidarme?

De todos modos, ella pudo haber contestado ______ menos despego.

José Luis Sampedro
El río que nos lleva

e)

______ la relativa calma ______ los frentes, no faltaban, sin embargo, incidentes curiosos. Una tarde se acercó ______ las líneas cristianas, ______ caballo y ______ bandera blanca levantada, un caballero moro ______ gran arrogancia. Explicó que tres hermanos suyos habían muerto ______ la lucha ______ el conde de Tendilla, ______ lo que deseaba pelear ______ él, ______ combate singular, ______ vengarles. Aceptó el conde el reto, lo autorizó el rey y se celebró ______ campo abierto, ______ la natural expectación ______ nobles y soldados.

Fernando Vizcaíno Casas
Isabel camisa vieja

f)

El mundo que más allá del zaguán se abría ______ las dos, no parecía enemigo, ni siquiera ______ los temidos soportales ______ la eterna amenaza ______ las sobrinas de Sonsoles o la mirada alerta de la dueña ______ la farmacia siguiendo atentamente la vida ______ el mostrador. Las dos cruzaron ______ tranquilidad, enfilando las calles ______ la catedral ______ casas cerradas y patios mezquinos convertidos ______ huertas. Los modestos palacios ______ sus cerradas galerías ______ madera, ______ un solo cristal, los pasadizos ______ su leve luz, los campanarios rotos, devolvían el eco ______ sus pasos, nombres que la muchacha murmuraba ______ aquel laberinto ______ ruina y despojo.

Jesús Fernández Santos
Jaque a la dama

g)

Pasamos una última noche ______ los lingüistas. Fue una sesión ______ trabajo, ______ la que éstos interrogaron ______ Matos Mar y Juan Comas ______ sus impresiones ______ el viaje. Al terminar la reunión, pregunté a Edwin Schneil si no le importaba que conversáramos un rato. Me llevó ______ su casa. Su esposa nos preparó una taza de té. Vivían ______ una de las últimas cabañas, donde el Instituto terminaba y comenzaba la selva. El chirrido regular, armonioso, simétrico ______ los insectos del exterior, sirvió ______ música ______ fondo ______ nuestra charla, que duró mucho rato y en la que, ______ momentos, participó también la señora Schneil. Fue ella la que me habló ________ la cosmogonía fluvial del machiguenga*, donde la Vía Láctea era el río Meshiareni ________ el que bajaban los innumerables dioses y diosecillos de su panteón ________ la tierra y ________ el que subían al paraíso las almas de sus muertos. Les pregunté si tenían fotografías de las familias ________ las que habían vivido. Me dijeron que no. Pero me mostraron muchos objetos machiguengas. Tamboriles y bombos de piel de mono, flautas de caña y una especie ________ pífano, compuesto de tubitos de bejuco, sujetados en gradiente ________ fibras vegetales, que, apoyándolo ________ el labio inferior y soplando, daba una rica escala de sonidos ________ un agudo extremo ________ un grave profundo. Cribas de hojas de caña cortadas ________ tiritas y tejidas ________ trenza, como canastillas, ________ colar las yucas ________ que hacían masato. Collares y sonajas de semillas, dientes y huesos. Tobilleras, pulseras y sonajas de plumas de loro, huacamayo, tucán y paujil, engarzadas ________ aros de madera. Arcos, puntas de flechas labradas ________ piedra y unos cuernos donde guardaban el curare ________ envenenar sus flechas y las tinturas del tatuaje. Los Schneil habían hecho unos dibujos, ________ cartulinas, ________ las figuras que los machiguengas se pintaban en caras y cuerpos.

Mario Vargas Llosa
El hablador

---

* Los machiguengas: tribu del Amazonas

AMPLÍA VOCABULARIO

I. Busca entre la lista de palabras dadas las que puedas conectar con tu concepto del heroísmo y explica por qué.

- enmascarar
- toparse
- tentar
- decaer
- consumar
- consumir
- erigir(se)
- honrar
- descollar
- cercenar
- enarbolar
- hostil
- engorroso
- rastrero/a
- perseverante
- leal
- arrojo
- porte
- remate
- aliciente
- paciencia
- tolerancia
- aguante
- resignación
- conformidad

II. Sustituye el verbo *cortar* por otro más específico.

Ej 1. La mangosta **corta** / **cercena** el cuello de la cobra.

2. En el bosque se **cortan** / ... los árboles.

3. El médico **corta** / ... una pierna al enfermo.

4. En primavera u otoño se **cortan** / ... las ramas de los árboles.

5. Yendo por ese atajo **cortamos** / ... camino.

6. No te **cortes** / ... , sigue hablando.

7. Como empezaba a decir tonterías le **corté** / ...

III. ¿Qué diferencias hay entre *cortar* y *recortar*? ¿Y entre *consumar* y *consumir*? ¿Y entre *consumo* y *consumición*?

IV. Todos estos verbos son sinónimos de *subir*. ¿Puedes decirnos cuál es el matiz que aporta cada uno?

Haz frases usándolos:

- trepar
- ascender
- remontar(se)
- izar
- escalar.

V. ¿Cuál es la diferencia entre:

- proeza
- hazaña
- empresa
- tarea
- faena?

AMPLÍA VOCABULARIO

VI.

1. ¿Qué se puede **erigir**?
2. ¿Con qué / quién te puedes **topar**?
3. ¿Qué o a quién puedes **tentar**?
4. ¿Qué puedes **enarbolar**?
5. ¿Qué podemos **rematar**?
6. ¿Qué puede resultarte **engorroso**?
7. ¿Por qué puede resultarte **rastrero/a** una persona?
8. ¿Cuándo **corroboras** algo?
9. ¿Por qué **te azoras**?
10. ¿Cuándo has estado **con el alma en vilo**?

I. LEE

El heroísmo

Te presentamos a continuación una serie de textos que tratan de distintas formas / expresiones del heroísmo, como base para la reflexión y el comentario.

I. HEROÍSMO: fanático, terrorista, mártir

El día que mataron a dos policías cerca de la fábrica donde yo trabajaba, confirmé mis sospechas de que el secreto de Huberto estaba relacionado con la guerrilla. Les dispararon con una ametralladora desde un automóvil en marcha. De inmediato se llenó la calle de gente, patrullas, ambulancias, allanaron todo el vecindario. Dentro de la fábrica pararon las máquinas, alinearon a los operarios en los patios, revisaron el local de arriba abajo y por fin nos soltaron con orden de irnos a casa porque la ciudad estaba alborotada. Caminé hasta la parada del autobús y allí encontré a Huberto Naranjo esperándome. Llevaba casi dos meses sin verlo y me costó un poco de trabajo reconocerlo, porque parecía envejecido de súbito.

(...)

—Perdóname, no estoy bien. Hoy ha sido un día atroz. Mataron a dos policías, yo los conocía, siempre estaban ahí de guardia y me saludaban. Uno se llamaba Sócrates, imagínate qué nombre para un policía, era un buen hombre. Los asesinaron a balazos.

—Los ejecutaron —replicó Huberto Naranjo—. Los ejecutó el pueblo. Eso no es un asesinato, debes hablar con propiedad. Los asesinos son los policías.

—¿Qué te pasa? No me digas que eres partidario del terrorismo.

Me apartó con firmeza y mirándome a los ojos me explicó que la violencia la ejercía el Gobierno ¿no eran formas de violencia el desempleo, la pobreza, la corrupción, la injusticia social? El Estado practicaba muchas formas de abuso y represión, esos policías eran esbirros del régimen, defendían los intereses de sus enemigos de clase y su ejecución era un acto legítimo; el pueblo estaba luchando por su liberación. Durante largo rato no contesté.

Huberto Naranjo no había muerto ni había desertado, pero ya nadie le llamaba por ese nombre. Ahora era el Comandante Rogelio. Había pasado años de guerra, con las botas puestas, el arma en las manos y los ojos bien abiertos para ver más allá de las sombras. Su vida era una sucesión de violencias, pero también había momentos de euforia, momentos sublimes.

(...)

Las provisiones se consideraban sagradas, pero en ocasiones alguien no resistía la urgencia y se robaba una lata de sardinas. Los castigos eran duros, porque no sólo había que racionar la comida, sino, ante todo, enseñar el valor de la solidaridad. A veces alguno se quebraba, se echaba a llorar encogido en el suelo, llamando a su madre, entonces el Comandante se acercaba, le ayudaba a levantarse y se iba caminando con él donde nadie pudiera verlos, para darle discreto consuelo. Si comprobaba una traición ese mismo hombre era capaz de ejecutar a uno de los suyos.

I. Allende
Eva Luna

La guerrilla colombiana libera a una rehén

El País, 8-5-88

El espectáculo de la fe sólida, inconmovible, que lleva a un hombre a dedicarle su vida y a aceptar por ella cualquier sacrificio, siempre me ha conmovido y asustado, pues de esa actitud resultan por igual el heroísmo y el fanatismo, hechos altruistas y crímenes.

M. Vargas Llosa
El hablador

DESPUÉS DE LA MATANZA

Cuando un grupo político o con pretensión de tal recurre a la matanza —de niños o adultos: de seres humanos— para demostrar que está vivo, que existe todavía a despecho de las esperanzas de la mayoría, ese grupo y la ideología que lo sustenta están condenados a muerte. Reducidos sus objetivos a afirmar desesperadamente su existencia, ese grupo no tiene otro designio que el de los «gangsters» comunes y los mafiosos de turno: morir matando. Sembrar el máximo dolor con el mínimo riesgo es ya su única estrategia. Para ello no hace falta ni un gran aparato logístico ni un valor desmesurado. Basta con carecer de sentimientos. Pero, en esto, los que manipulan los coches bomba no se encuentran solos.

Si su agonía se está prolongando más allá de todo cálculo razonable, sembrando el dolor por doquier, se debe, en gran parte, al hecho de que permanentemente se les proporcionan esperanzas de estar cumpliendo una ineludible misión: la de poner de relieve con su desmesura y su crueldad que el marco de convivencia definido, no satisface las aspiraciones de autogobierno. Cuando de manera sistemática se desacredita y se pone en cuestión ese marco, por parte de quienes más obligados estarían a defenderlo, nadie habría de extrañarse de que, unos adolescentes que eran niños cuando murió Franco, tomen por consigna de acción los discursos que hablan de «degeneración de la autonomía», de «sentimiento de frustración por falta de desarrollo del estatuto», de la necesidad de cambiar de carril para emprender otro camino diferente al legitimado democráticamente por los ciudadanos. Cuando lo único cierto es que el terrorismo se ha convertido ya en medio de vida difícil de abandonar no sólo por los que empuñan las armas, sino también por los que les animan a hacerlo con discursos de orates y arengas del más rancio sabor militarista. No cabe duda de que quienes han puesto la bomba tratan de presionar por métodos siniestros, en la negociación. Ahora se ve que el deseo de encontrar respaldo parlamentario a la política antiterrorista no era una filigrana ni un gesto innecesario, como la derecha reaccionaria se empeñó en airear, sino una condición racional para sentirse apoyado en la toma de decisiones controvertidas y difíciles que hechos tan canallescos y repugnantes vuelven casi imposibles.

El País, 12-12-87

¿Héroes, ídolos, oportunistas?

- **Fíjate en el uso de las preposiciones.**
- **Señala las palabras o frases que definen la postura del autor o los personajes. ¿Con cuál te identificas?**

II. HEROÍSMO: el triunfador, el vulgar

A falta de un ser excepcional como el que invocaba la reina de Egipto, Octavio poseía un don inapreciable: la paciencia. Ignoraba si era un regalo de los dioses, como asegura el vulgo, pero en cualquier caso no aparentaba demasiado interés en averiguarlo. Sus relaciones con los dioses eran directas y sin ambages, ¿qué otras podrían ser, si él mismo había ordenado la divinización de Julio César?; ¿de qué otro modo podían resultar si también él aspiraba a formar parte, algún día, del panteón romano? Octavio no se mentía a este respecto: no tenía necesidad de alcanzar la otra vida para encontrarse cara a cara con los dioses. Eso quedaba para los egipcios y otros supersticiosos e ignorantes.

(...)

Su único dios era la paciencia, quienquiera que la hubiese creado, y sin importarle quién la otorgase y desde dónde. Aunque detestaba a los animales (¿acaso porque son algo vivo?), tenía suficientes conocimientos de zoología como para saber que la cobra es un animal infinitamente más peligroso que la mangosta, pero que ésta es la que vence tarde o temprano. Y a veces lo hace mucho antes de que la cobra pueda suponer, porque ésta vive tan segura de su superioridad que ejecuta un movimiento imprudente que la mangosta aprovecha para echársele encima y cercenarle el cuello. Cuestión de paciencia. La cobra es bella, misteriosa, imperial, pero está demasiado segura de serlo. La mangosta es mediocre, sencilla, rastrera, pero quiere dejar de ser todas esas cosas y crecer en importancia mediante la victoria.

T. Moix
No digas que fue un sueño

El protagonista de esta historieta, cuyos primeros cuadernillos empezaron a publicarse en Valencia en 1944, había nacido en un harén moro antes de la conquista de Granada. Siempre con el rostro enmascarado, sus hazañas las lleva a cabo en un medio hostil, cuyos obstáculos vence gracias a su arrojo, a su agilidad y a la ayuda de la providencia. Es guapo, valiente, cortés con las mujeres, de noble cuna y de porte atlético. Pero sobre todo no llora nunca. En cuanto a su aprendizaje del amor (...), está claramente enmarcado en la disociación amor-sexo, que había de ser una constante en la mentalidad varonil de la postguerra. A lo largo de sus aventuras, se topa con una serie de mujeres insinuantes de tipo «vampiresa», (...) que le tientan entre risotadas, gasas flotantes y velos transparentes. Pero los pensamientos del héroe son para la condesa Ana María, que simboliza a la «buena» de las novelas rosa, y que espera siempre entre suspiros el remate de sus múltiples proezas, alargadas a propósito para que el «suspense» de la publicación no decaiga.

Trasladado este esquema al plano de un noviazgo largo, podría sacarse en consecuencia que el pacto social que llevaba a la consumación del amor tenía que ser aplazado hasta que el protagonista llevase a cabo una misión que nunca parecía terminar. Tal podía ser, por ejemplo —y era el caso más frecuente— la preparación de unas oposiciones. Las diferencias más engorrosas entre la realidad y la ficción estaban sólo en el menor grado de resistencia a las tentaciones del amor «impuro» por parte del lector de tebeos, sino en la falta de alicientes y de sobresaltos que aquella empresa tenía para las condesas Anas Marías de carne y hueso. A ellas también sus propias lecturas juveniles les habían hecho soñar con héroes arriesgados de los que la tienen a una con el alma en vilo y que, a decir verdad, poca semejanza guardaban con los anémicos empollones de Derecho Civil.

C. Martín Gaite
Los usos amorosos de la posguerra española

EL GUERRERO DEL ANTIFAZ

Implacable luchador contra la invasión musulmana, este caballero, que cubre su rostro para no ser reconocido por moros ni por cristianos, comenzó sus andanzas en octubre de 1944. Sus aventuras, creadas por Manuel Gago, nos trasladan a la España de los Reyes Católicos, época de la llamada Reconquista.

Pequeño País, 9-4-89

III. HEROÍSMO: la vida cotidiana

HEROÍNA DESDE MI COCINA

Trabajar porque la gente
sobreviva a la desilusión
es un acto heroico
y en ello colaboro.

Gloria Fuertes
Historia de Gloria

TINTÍN

Hace 60 años nació, de la mano de Hergé, un dibujante genial, uno de los grandes personajes de nuestro tiempo: Tintín. Un dibujo de carne y hueso que a lo largo de su vida se ha convertido en un auténtico héroe de papel. Un mito del que hoy *El País Semanal* comienza a publicar una de sus más logradas aventuras: *El templo del Sol.*

HÉROE DE CARNE Y LÁPIZ

25-12-87

—¿Quién era Poli, el Patatero?

—¡Ah, Poli! —dijo papá León esbozando una sonrisa de siete lustros de nostalgia entre sus ralas barbas amarillentas—: Era un patatero de la calle de la Caravaca que una noche perdió la cabeza y se encerró en su cubil con un cuchillo de cocina en una mano y un revólver en la otra y todo se le volvía decir: «A mí los valientes. Al que entre, le rebano el gañote». Yo era alcalde entonces y recuerdo que los loqueros, atemorizados, no se resolvían a ponerle la camisa de fuerza, y, en éstas, fue Gerardo y, sin que nadie se lo ordenara, saltó por la ventana, se le echó encima y le redujo. Fue un gesto de valor el suyo y el día de la Patrona, con la guardia formada en el Ayuntamiento, le impusimos una medalla —se le ablandaban las pupilas a papá León.

Gervasio volvió la cabeza perezosamente hacia él:

—¿Es un héroe el «Cigüeña»?

—Ah, conque llamáis «Cigüeña» a Gerardo, ¿eh? Pues claro que es un héroe, ¿qué te creías?; ¿que no podía ser un héroe un guardia de la porra?

M. Delibes
377 A, madera de héroe

No hay nada más difícil, más estéril y empobrecedor que la logística de la casa. Creo que muy pocos hombres serían capaces de mantener el orden de la casa con tanta naturalidad y eficacia, y yo no lo haría por ninguna razón ni dinero de este mundo. En esa logística doméstica está el lado oculto de la historia que no suelen ver los historiadores. Para no ir muy lejos he creído siempre que las guerras civiles de Colombia en el siglo pasado no hubieran sido posibles sin la disponibilidad de las mujeres para quedarse sosteniendo el mundo de la casa. Los hombres se echaban la escopeta al hombro, y se iban a la aventura. Cómo estas mujeres sacaron adelante a sus familias sin ayuda, es algo que no figura en los libros de historia escritos por los hombres. En realidad en toda la polvorienta y mojigata Academia de la Historia de Colombia sólo ha habido una mujer, y tengo motivos para creer que vive intimidada por la gazmoñería de sus compañeros de gloria.

La explicación de que las mujeres terminen por suicidarse a las seis no es tan misteriosa como podría parecer. Ellas que en otros tiempos fueron bellas, se habían casado muy jóvenes con hombres emprendedores que apenas empezaban su carrera. Eran laboriosas, tenaces, leales y empeñaron lo mejor de ellas mismas en sacar adelante al marido con una mano, mientras que con la otra criaban a los hijos con una devoción que ni ellas mismas apreciaron. «Llevaban todo el peso de la casa encima.» Sin embargo, aquel heroísmo, por agotador e ingrato que fuera, era una justificación de sus vidas. (...)

G. García Márquez
«Las esposas felices se suicidan a las seis»
El País, 1982

IV. HEROÍSMO: el militar

El duque regresaba a Bomarzo entre los suyos. Maerbale estaba con ellos, trayendo su bandera mustia. Regresaba Gian Corrado Orsini, acostado, destrozado, muerto, tan desfigurado que era imposible reconocer su cara. Lo transportaban dos mulas cubiertas con gualdrapas fúnebres. Pier Luigi Farnesse me abrazó cuando me entregó los despojos y me dijo que mi padre había terminado como un héroe delante de la asediada Florencia. Me contó que hasta el último instante la soldadesca se había asombrado del vigor del anciano que trepaba a las trincheras con la agilidad de un adolescente y bramaba de coraje. Esgrimía una maza como un Hércules y sus órdenes restallaban en medio de los estandartes de los osos y la rosa ancestral.

(...)

Mi padre se había cubierto de gloria pero su causa no había sido la buena. Eso no importa porque la gloria no tiene que ver con la bondad de las causas; depende, en realidad, de los puntos de vista y, por descontado, de un dinamismo empeñoso.

Manuel Mújica Lainez
Bomarzo

Gervasio se preguntaba si Lucinio sería un héroe, y tío Felipe Neri, a la espera de esta coyuntura propicia, corroboró que «un héroe auténtico, puesto que los verdaderos héroes eran los anónimos, los que ofrendaban su sangre por una causa, sin alardear de ello ni buscar una recompensa». Y, como aún creyese ver en las pupilas de su sobrino una sombra de duda, agregó, conceptuosamente, aludiendo a los asesinatos de retaguardia:

—Las conductas cobardes de los rufianes no menoscaban las acciones excelsas. Su amigo Peter, aunque temperamentalmente más alejado de Lucinio, refrendó el veredicto de tío Felipe Neri: «Lucinio era un héroe porque había ofrecido su vida sin esperar nada a cambio». Gervasio no acertaba a relacionar el gesto pasivo de su amigo con los de Guzmán, el Bueno, y el Tambor del Bruch, arquetipos heroicos y así se lo dijo a Peter, pero Peter, cuyos lúcidos juicios maravillaron siempre a Gervasio, guiñó sus pequeños ojos para aclarar que esos eran otra cosa, que antes que héroes, eran símbolos, porque la Historia, si no se cimentaba en símbolos, se derrumbaría como un cuerpo sin esqueletos.

(...)

¿Cómo conciliar el heroísmo con la concentración anónima de un regimiento o con la disciplinada dotación de un acorazado? Peter argüía gue, en eso precisamente, estribaba el heroísmo, en la subordinación, en el anonimato, en la renuncia a destacar, pero Gervasio no compartía su punto de vista; una cosa era la sumisión y otra distinta el heroísmo. Así, las docenas de muertos que, a diario, bajaban del frente eran seres abnegados, héroes tal vez, pero de ninguna manera el héroe proverbial de cantar de gesta, que él ambicionaba ser. Hoy para descollar, para sobresalir de la masa resultaba inexcusada la compañía de una máquina (un tanque, una ametralladora, un avión, una lancha torpedera, algo). Sin ella nunca se podría ser otra cosa que una oveja del rebaño, una pieza ínfima de los vastos despliegues militares.

Según Napoleón, cada soldado portaba en el macuto el bastón de mariscal, pero, en opinión de Gervasio, si se aspiraba a ser alguien en combate había que enarbolar ese bastón y hacer uso de él. El héroe de leyenda exigía, incluso, el refrendo de un testigo que pudiera transmitir al mundo los pormenores de la hazaña, y de esta forma incitar a la ejemplaridad. Peter, desconocedor aún de las incipientes relaciones de su amigo con Manena Abad sonreía:

—Es decir que cada soldado debe ir acompañado por un trovador para que pueda cantar más tarde sus proezas. ¿No es eso lo que quieres decir?

A Gervasio le parecían risibles sus pretensiones escuchadas en boca de su amigo; se azoraba:

—¡Oh, no es eso! No quieres entenderme. Te estás burlando.

Peter acababa riendo de las peregrinas conclusiones de Gervasio.

—Sospecho que a lo que tú aspiras no es a ser un héroe, sino un exhibicionista.

Miguel Delibes
377 A, madera héroe

- **Fíjate en el uso de las preposiciones.**
- **Señala las palabras relacionadas con el mundo militar, tanto en sentido real como en sentido figurado.**
- **¿Qué opinas de los militares? ¿Son un tipo de gente especial? ¿Son necesarios?**

II. Y TÚ ¿QUÉ OPINAS?

- «¿Es la causa la que hace al héroe o es el héroe quien dignifica la causa»?
- «¿Puedo ser héroe sin morirme?». *377 A, madera de héroe.* Miguel Delibes.
- ¿Se puede tener madera de héroe?
- ¿Existen «ingredientes» / circunstancias para ser un héroe? Por ejemplo: vida personal insatisfactoria, ambición y poca instrucción.
- ¿Cuál es la diferencia entre un héroe y un mártir?
- ¿En qué consiste el heroísmo de la vida cotidiana? ¿Existe tal heroísmo? ¿Conoces algún caso? ¿Cómo son?
- Los héroes en el fondo son fanáticos o exhibicionistas. ¿Estás de acuerdo?
- Durante las guerras y/o las dictaduras nacen los héroes de la resistencia. ¿Dónde se acaba la resistencia y empieza el terrorismo? Piensa en casos concretos y las posturas de los héroes.
- Un héroe es un triunfador. ¿Es un arribista?
- «Dan pena los que triunfan en todo menos en la vida.» Gloria Fuertes.
- ¿Cómo lo entiendes?

¿Qué opinión te merecen estos «héroes oficiales»?
¿Lo son para ti?

- Che Guevara
- Francis Drake
- Martin L. King
- Ghandi
- Golda Meir
- Julio César
- Salvador Allende
- Rosa Luxemburgo
- La madre Teresa de Calcuta
- Víctor Jara
- El Ayatolah Jomeini
- Cleopatra
- El Cid Campeador
- Emiliano Zapata
- Juana de Arco
- Evita de Perón

UNIDAD 29

Cultura general

POR Y PARA

RECUERDA

Por

1. **Causa, motivo, razón.**
   Ejemplos: *Lo ha hecho así* ***por*** *razones que no entiendo.*
   Eso te pasa ***por*** *decir tonterías.*
   No vas a llorar ***por*** *una tontería así, ¿verdad?*

2. **Tiempo.**
   Durante.
   Ejemplos: ***Por*** *unos segundos se quedó sin poder reaccionar.*
   Por *la tarde no hay nadie por las calles.*

   Aproximación.
   Ejemplos: *Recuerdo que* ***por*** *esas fechas yo estaba en el Sur.*
   Eso ocurrió ***por*** *los años treinta ¿no?*

   Periodicidad.
   Ejemplos: *Voy a Zamora dos veces* ***por*** *semana.*
   Puede llegar a 200 kilómetros ***por*** *hora.*

Para

1. **Finalidad, destino, meta, uso, aptitud.**
   Ejemplos: *He venido* ***para*** *quedarme.*
   Tiene mucha mano ***para*** *las plantas.*
   Es un nuevo producto ***para*** *el pelo.*

2. **Tiempo.**
   Final, límite de un plazo.
   Ejemplos: *Esa redacción es* ***para*** *mañana.*
   Lo quiero ***para*** *finales de mes.*

   Antes, en la fecha dada.
   Ejemplos: *Tendré terminado el jersey* ***para*** *su cumpleaños.*
   Para *cuando tú llegues no quedará nada.*

   Hasta.
   Ejemplos: *Dejémoslo* ***para*** *otro momento.*
   Lo han postpuesto ***para*** *una ocasión más apropiada.*

   Ir para + tiempo = hace casi + tiempo.
   Ejemplo: *Va* ***para*** *dos años que lo terminé.*

3. **Localización.**
A través de.
Ejemplos: *Baja* ***por*** *las escaleras, no* ***por*** *la barandilla.*
La moneda se cayó ***por*** *la alcantarilla.*

A lo largo de.
Ejemplos: *Los troncos bajaban* ***por*** *el río.*
No hay un alma ***por*** *la calle.*

Lugar no determinado.
Ejemplos: *He dejado mis gafas* ***por*** *aquí, creo.*
Esa calle cae ***por*** *mi zona.*

4. **En nombre de, en representación, en lugar de.**
Ejemplos: *Firma* ***por*** *mí, tienes mi autorización.*
Se levantó y habló ***por*** *todos.*

5. **A cambio de, precio, distribución, equivalencia = como.**
Ejemplos: *Yo no pagaría ni un duro* ***por*** *ese chisme.*
Sólo tocamos a doscientas pesetas ***por*** *persona.*
No quería tenerlo ***por*** *vecino.*

6. **Complemento agente.**
Ejemplos: *Será aclamado* ***por*** *el mundo entero.*
El pacto fue firmado ***por*** *las grandes potencias.*

7. **En busca de.**
Ejemplos: *¡Ten cuidado! Van* ***por*** *ti para matarte.*
Voy ***por*** *más café.*

8. **Sin.**
Ejemplos: *Te quedan muchas cosas* ***por*** *aprender.*
Hay algunos ejercicios ***por*** *corregir.*

3. **Movimiento.**
En dirección a.
Ejemplos: *¿Vas* ***para*** *casa?*
Ven ***para*** *acá en cuanto te llame.*

En sentido figurado.
Ejemplo: *Va* ***para*** *director o algo así, ¡cómo le gusta mandar!*

4. **Punto de vista, opinión.**
Ejemplos: ***Para*** *mí es un gran tipo.*
Para *muchos de vosotros esto no tiene importancia.*

5. **Contraposición, aunque.**
Ejemplos: *Es un niño muy responsable* ***para*** *su edad.*
¿No vas muy abrigada ***para*** *el calor que hace?*
Para *el papel que hacemos aquí, mejor no haber venido.*

6. **Si.**
Para + Sustantivo + Adjetivo + frase principal.
Ejemplos: ***Para*** *montañas bonitas las de mi tierra.*
Para *coches resistentes los suecos.*

(=Si buscas montañas bonitas ...)
(= Si quieres coches resistentes ...)

9. **Modo, medio.**
Ejemplos: *Lo enviaremos **por** barco.*
*No lo conseguirás **por** las malas.*

10. **Sentimientos, en beneficio de, en defensa de, en honor de.**
Ejemplos: *Siento una profunda admiración **por** su trabajo.*
*Si lo haces **por** nosotros, no te molestes, no necesitamos tu ayuda.*

10. **Dedicado, destinado a.**
Ejemplos: *Ese puesto no es **para** ti, no vales para eso.*
*«**Para** mi amiga», decía la dedicatoria de la foto.*

EJERCICIOS

a) **Completa las frases usando las preposiciones *por* o *para* según convenga al sentido.**

1. Aquellas responsabilidades estaban magnificadas ________ la opinión de los demás, ________ ello habían terminado ________ adquirir la dimensión de una pesadilla.

2. No encontraba una razón válida ________ levantarse, ________ escapar de la protección de las sábanas.

3. El sol se filtraba ________ las rendijas ________ las mañanas muy temprano ________ llevarle su mensaje.

4. Sacó la cabeza ________ la ventanilla quizá ________ ver la estación que se acercaba, quizá ________ fastidiar a su compañero con el frío del exterior.

5. Estaba furioso, mascullaba maldiciones mitad ________ sí mismo, mitad ________ los que le rodeaban; en realidad no sabía si hablaba ________ ser oído o no.

6. ________ entonces ya había aprendido cuál era su papel y lo desempeñaba a la perfección, paseándose ________ todas partes con el aire apropiado.

7. Dijo ________ el interfono: «¡Que nadie me moleste, no estoy ________ nadie!».

8. Hace tiempo que no bebo pero ________ ahí debe de quedar una botella de coñac. La guardo ________ ocasiones como ésta.

9. Estaba obligada a no interesarse más que ________ el porvenir de su novio, a preocuparse ________ sus preocupaciones, a reaccionar sólo ________ sus palabras, a no moverse más que ________ su voluntad.

10. Sentía una gran impaciencia ________ saber qué cara pondrían al verla llegar, estaba ansiosa ________ decirles todo lo que se había guardado ________ ella tanto tiempo.

11. Se iniciaba ________ ellos una nueva etapa. Lo anterior había sido una inversión ________ el futuro. Nunca olvidaría que el éxito actual había estado precedido ________ el sufrimiento, ________ la lucha.

12. Le habían prohibido salir ________ criterios de prudencia ________ evitarle vivir situaciones desagradables.

13. ________ el papel que estamos haciendo aquí, más valía que nos hubieran dejado marchar.

14. ________ todo eso que tú quieres hace falta algo más que buena voluntad y trabajo.

15. ________ todo lo cual, nos disponemos a realizar esta asociación que, estamos seguros, será beneficiosa ________ todos.

16. ________ líos gordos, los que tuvimos el año pasado ________ lo de las obras.

17. No estoy de acuerdo con las trabas que se les ponen ________ salir adelante y, además no encuentro motivos ________ ello.

18. ¡Qué tonterías dices! ¡ ________ ti van a dejar de hacer lo que quieran! ¡Estás tú fresca!

19. Y al final le dijo: « ________ mí como si te operan, desde este momento has muerto ________ mí».

20. Mi abuela siempre rezaba ________ todo el mundo, pero ________ ella nunca pedía nada.

21. Ahora ya no escribe ________ la imprenta, sólo lo hace ________ mí.

22. Me quedaré contigo ________ siempre, ________ ti sería capaz de cualquier cosa, aunque no lo creas.

23. No estaba capacitada ________ una decisión semejante, sin embargo la tomó ________ todos, porque nadie se atrevía.

24. Cuando me da ________ pensar en esas cosas ni siquiera consigo dormir.

25. Te lo doy, sí, ________ quedar en paz contigo de una vez ________ todas.

26. Sé que puedes ayudarme, pero quiero hacerlo ________ mí mismo y también ________ ti, ________ que veas que no soy un inútil.

27. ________ una vez que me has ganado, ¡hay que ver cómo te pones!

28. Le prohibieron ir al cine ________ una semana, ________ desobediente.

29. Oigo los pasos de mamá, está ________ apagar las luces ________ irse a dormir.

30. Debería presentarme allí cuando estén ________ la mitad de la cena, así tendrían que invitarme.

31. ________ ojos bonitos, los de mi novio.

32. Mira, esto está ________ tirar, no sirve ni ________ trapos.

33. No te des ________ aludida, no lo he dicho ________ ti, ¿está claro? Luego nos pasamos horas discutiendo ________ bobadas.

34. Ha sido una alucinación producida ________ sus miedos, esos miedos que, ________ muy felices que seamos, a menudo tomamos ________ realidades.

35. ________ aquel tiempo no me habría imaginado una cosa así.

36. Si ya has pasado ________ ello una vez, no creo que puedas negarte ahora, ni siquiera ________ un motivo tan válido.

37. Pero bueno, tú ¿ ________ quién me tomas? ¡Hasta ahí podríamos llegar!

38. Oye, lee ________ ti, es que si te oigo me distraigo.

39. Voy ________ el libro, creo que lo tengo ________ aquí, así podré enseñarte lo que quiero.

40. ¿Tú vas ________ médico o qué? Lo digo ________ lo que te gusta ver curar las heridas.

41. Ya va ________ tres años que vivimos juntos.

42. Si te vas ________ ahí, llegarás antes y ________ cuando él llegue, tú estarás en casa.

43. ________ mí deja abierto, no tengo frío, pero claro, luego dirás que has cogido un catarro ________ mi culpa.

44. ________ mí que las cosas no van a cambiar ________ sí solas, si nosotros no hacemos que cambien.

45. Toma, ________ ti, ________ que luego digas que nunca te doy nada.

b) **Completa usando la preposición adecuada. Si hay varias posibilidades, explica las diferencias.**

1. Agosto fue un mes monótono y pacífico. Gregorio y Angelina iban ________ el cine y paseaban ________ el barrio, como ________ la época ________ novios, y no olvidaban nunca llevarle ________ la madre alguna golosina, que ella devoraba ________ su habitación, quejándose ________ la boca llena ________ la mala condición ________ los tiempos. Al anochecer, Gregorio retrasaba seis horas el reloj, abría el atlas y viajaba ________ América del Norte y ayudándose ________ un lápiz rojo y avanzando cada día distancias verosímiles. ________ embajadas y agencias ________ viajes se había provisto ________ folletos que informaban ________ horarios y medios ________ transporte, y se atenía ________ ellos ________ rigor.

Luis Landero
Juegos de la edad tardía

2. Llegó __________ la ciudad cuando el sol teñía __________ rosa la cumbre del Carmelo, ______ momento __________ que la Lola, __________ su casa __________ la calle Muhlberg, saltaba __________ la cama __________ ir al trabajo, destemplada, deprimida, seriamente enojada __________ ella misma __________ enésima vez. Se cruzó __________ el Pijoaparte al bajar __________ la plaza Sanllehy, __________ una de las revueltas __________ la carretera del Carmelo: distenso, abstraído, remoto, los negros cabellos revoloteando al viento como los alones __________ un pajarraco, aguileño, __________ la imperiosa reflexión y __________ la misma velocidad endiablada que llevó durante todo el viaje, el perfil del murciano se abría como un mascarón __________ proa __________ medio __________ la cruda luz __________ la mañana.

Juan Marsé
Últimas tardes con Teresa

3. Había vuelto __________ instalarse definitivamente __________ Europa: tenía grandes planes __________ los que estaba incluido Biraldo. Le preguntó __________ su vida __________ los últimos tiempos; hacía más __________ dos años que no sabía nada __________ él. Cuando Biraldo le dijo que ya casi nunca tocaba, que ahora era profesor de música __________ un colegio de monjas, Billy Swan se indignó: __________ una botella de whisky, firmes los codos __________ la barra del Lady Bird, renegó __________ él __________ esa ira sagrada que exalta a veces __________ los viejos alcohólicos. Le hizo acordarse __________ cuando tocaba __________ unos bocadillos y unas cervezas.

Antonio Muñoz Molina
El invierno en Lisboa

4. Los tipos aquellos salieron __________ Toledo __________ coche. Se marcharon __________ Mocejón __________ tomar luego la carretera __________ Andalucía __________ Madrid __________ considerar ese camino más seguro. Y mira por donde, se toparon __________ un control __________ la Guardia Civil __________ la altura del pueblo __________ Barciles Bajo. Había habido robos nocturnos __________ algunas __________ las casas __________ esa zona y los __________ el tricornio tenían montada vigilancia.

Fernando Martínez Lainez
Bala perdida

I. LEE

A

LA EXPOSICIÓN UNIVERSAL, motor del despegue de la Sevilla del siglo XXI

«LA EXPOSICIÓN UNIVERSAL DE SEVILLA ES UN ACELERADOR MUY OPORTUNO PARA NUESTRA HISTORIA»

EL TOTAL DE PABELLONES SUPERARÁ EL CENTENAR Y OCUPARÁN UNA SUPERFICIE EDIFICADA DE CIENTO SETENTA Y TRES MIL METROS CUADRADOS

LA OFERTA CULTURAL DE LA EXPOSICIÓN UNIVERSAL ESTARÁ DIVIDIDA EN TRES GRANDES PERÍODOS HISTÓRICOS ENTRE 1492 Y 1992: EL PRIMERO CORRESPONDE A LA ÉPOCA DEL DESCUBRIMIENTO, EL SEGUNDO AL DESARROLLO DE LA CIVILIZACIÓN MODERNA Y EL TERCERO AL FUTURO TRAS EL 92

DURANTE LOS SEIS MESES DE LA MUESTRA SE CELEBRARÁN FESTIVALES DE MÚSICA, DANZA Y TEATRO, CON FUNCIONES DIARIAS EN LAS QUE PARTICIPARÁN LOS MEJORES ARTISTAS DEL MUNDO

LA OFERTA DE LA EXPOSICIÓN UNIVERSAL INCLUYE EXPOSICIONES, ESPECTÁCULOS Y UNA AMPLIA GAMA DE PRODUCTOS DE LA EXPO, COMO CATÁLOGOS, VÍDEOS Y REPRODUCCIONES

LA EXPO SERÁ TAMBIÉN UN FORO EN EL QUE SE DIFUNDIRÁN LOS NUEVOS CONOCIMIENTOS CIENTÍFICOS Y APLICACIONES TECNOLÓGICAS. HABRÁ SEMINARIOS Y CONGRESOS ORGANIZADOS POR ENTIDADES PÚBLICAS Y PRIVADAS

Blanco y Negro, 30-10-88

B

HABLA, GARCÍA MÁRQUEZ

EL FUTURO DEL ESPAÑOL. «El español tendrá el destino del latín: ser madre de idiomas. Yo conozco muy bien América Latina y dirijo en Cuba un taller de cine donde hay siempre un alumno de cada país hispánico de este continente. Pues bien, uno de ellos me dijo hace poco que yo hablo un esperanto latinoamericano. Tenía razón: como conozco todos los acentos, tengo el cuidado de hablar de manera que todos mis alumnos me entiendan.»

LOS MEDIOS DE COMUNICACIÓN Y LA UNIDAD DEL LENGUAJE. «Los medios de comunicación no tienden a unificar la lengua; todo lo contrario: individualizan y diferencian la de cada país. Hubo una época en que el cine mexicano fue muy popular en América Latina y entonces el lenguaje y las costumbres de México se extendieron. En Colombia, por ejemplo, surgieron los pistoleros y el machismo, porque los colombianos pensaron que así era México. Pero estaban equivocados, porque en treinta años que llevo aquí aún no he escuchado el primer tiro. Lo cierto es que el acento mexicano fue muy popular en esa época, lo cual desvirtúa aquello de que los medios de comunicación van a imponer un acento neutro. Es al revés: las identidades nacionales se fortalecerán cada vez más.»

LOS PAÍSES QUE HABLAN MEJOR ESPAÑOL. «No puede decirse en qué lugar se habla un mejor español, porque no hay un castellano, sino muchos. Lo que sí sé es que el peor español se habla en Madrid. A mi juicio, el español más expresivo es el de México, que es, al mismo tiempo, el más impuro. Los mexicanos hicieron una mezcla del español y del nahuatle precolombino, con el resultado de que no aprendieron del todo el español ni se les olvidó del todo el nahuatle. Así nació el mexicano, que es un idioma más expresivo que los demás, porque en ciertos casos encierra dos lenguajes. Me explico: como los mexicanos son muy púdicos, han creado un lenguaje que protege al otro. Es el lenguaje del pudor, en que ciertas expresiones inofensivas guardan la clave de otras más vivas y más directas. Por ejemplo, para indicar la impotencia masculina se emplea la frase «no paraguas», que me parece maliciosa y divertidísima.»

EL CASTELLANO DE SU PAÍS. «Los colombianos decimos que hablamos el mejor castellano del mundo, pero eso es una tontería. La lengua que conservan las academias es una lengua de clase. Hay ciertas casas elegantes de Bogotá que tratan de conservar el castellano más puro del Siglo de Oro y resulta que esto es maravilloso para sus visitas, pero no les sirve para comprar nada en la tienda.»

EL ESPAÑOL DE ESPAÑA. «España nunca había estado tan lejos de América Latina como lo está con su español actual. Y con el paso del tiempo la diferencia será mayor, porque después de la OTAN y la Comunidad Económica Europea el castellano español tendrá que abrirse aún más a las influencias de otras lenguas europeas. A pesar de que se repite que España será vocera de América Latina en Europa, veo que en materia de idioma el español se germanizará, se anglicanizará y se afrancesará. Por otra parte, en América Latina hay un orgullo por el castellano que en España noto cada vez menos. Tal vez esté apareciendo el orgullo de las lenguas de las autonomías, pero no es el caso del castellano, que es el dialecto de Madrid.»

EL FUTURO DEL ESPAÑOL. «Dentro de cien años la América Latina será la América Latina de Bolívar: una unidad regional afirmada sobre los valores de cada país. Hasta el Brasil se habrá integrado del todo a esa América Latina y su portugués será una de las lenguas hermanas de la región. A pesar de las diferencias existirá un castellano con el que nos entenderemos todos. Y, en cuanto a España, no hay razones para alarmarse, porque con ella nos hemos entendido siempre, incluso en español, y acabaremos entendiéndonos también dentro de cien años.»

D. S. P.

Cambio 16, 16-5-88

El cine español está de moda gracias a... C

PEDRO ALMODÓVAR

Pedro Almodóvar vive las vísperas de la entrega de los Oscars al borde de un auténtico ataque de nervios. La película que le está haciendo famoso en todo el mundo nunca amenaza con comérsele vivo y crudo. Pese a la quejas que detalla sin cesar, confiesa que «si dependiera de mí, me daría el Oscar».

Soledad Alameda

EL TRIUNFADOR INSACIABLE

La nominación para el «Oscar» a la mejor película extranjera a «Mujeres al borde de un ataque de nervios» es, de momento, el colofón de la definitiva consagración internacional de Pedro Almodóvar. Estados Unidos, si no Hollywood, se ha puesto a los pies de este director manchego que un día decidió dejar su empleo en la Telefónica para plasmar en películas su personalísima visión del mundo. «Blanco y Negro» le ha seguido hasta Los Ángeles para dar fe de su particular conquista de América.

«AHORA SE ME CONOCE POR MI CINE, GENUINAMENTE ESPAÑOL, AUNQUE A VECES MI HUMOR SE COMPRENDA MEJOR EN EL EXTRANJERO. NO PRETENDO SER ESCANDALOSO, SÓLO HONESTO»

Blanco y Negro 13-11-88

Creo que hay que pensar en la necesidad de defenderse del éxito. Al principio tener éxito era un juego, pero todo eso se gasta y ahora estoy saturado»

El País Semanal, 13-XI-88

¿La conocias?

D

ARANCHA SÁNCHEZ VICARIO

En el trance de definirla viene como anillo al dedo la canción antañona de Serrat: «Es menuda como un soplo y tiene el pelo marrón, y un aire entre tierno y triste como un gorrión». Arancha Sánchez Vicario, la menor de una estirpe mordida por el virus del tenis, ha protagonizado una gesta épica al ganar el torneo de Roland Garros, venciendo en la final a la temida y temible Steffi Graf. Ha entrado por la puerta grande en la historia del tenis: es la más joven ganadora del campeonato francés. Arancha, a sus diecisiete años (cumplirá los dieciocho en diciembre), ha llegado donde ninguna otra tenista española.

Arancha Sánchez Vicario

Nació en Barcelona el 18 de diciembre de 1971. Estatura: 1,67. Peso: 49. Juega con la derecha, y revés a dos manos. Campeona de España varias veces. En la red de Arancha han caído figuras como Steffi Graf, Gabriela Sabatini, Chris Evert y otras, y tanto Roland Garros, donde se proclamó campeona en 1989, como Flushing Meadows, pista en la que fue cuartofinalista tres meses más tarde, saben de su tesón y talento. Este mismo año ha sido finalista en la Copa Federación. Ya en la cumbre junto a las mejores del tenis femenino mundial, camino del número 1, en Arancha el tenis español ha encontrado una figura extraordinaria.

Gente Menuda, 18-11-89

Cantando de otra manera

E

Mecano, la rutina del éxito

En Madrid, un reputado y exigente crítico al que sólo le interesa la música experimental no oculta su respeto por la trayectoria y su admiración por la personalidad de Mecano. «Son tres chavales, pero tienen lo que hay que tener. En este país —afirma— estamos demasiado acostumbrados a llorar cuando las cosas no salen bien. Para Mecano eso nunca ha sido de recibo: en la época en que arreciaron las críticas contra ellos y se les daba por acabados supieron aguantar el tipo y seguir en lo suyo. Nunca fueron cabezas locas, sabían qué querían, cómo conseguirlo y por qué. Para empezar los hermanos Cano y Ana Torroja no se organizan como un conjunto más: son una empresa: Mecano, S. A., y como tal se gestionan. Le pondré un ejemplo revelador, su segundo larga duración, *¿Dónde está el país de las hadas?,* vendió una burrada de copias. Al siguiente, *Ya viene el sol,* las ventas, aunque también fueron cuantiosas, bajaron casi a la mitad, y la compañía para la que grababan prácticamente los desahució. Pues bien, Mecano, S. A., en lugar de lamerse las heridas organizó una gira monstruo por Sudamérica a sus expensas y fue un gran éxito.

Blanco y Negro, 16-VIII-1989

mecano

«Aidalai» es el título del disco más esperado de la historia del pop español: el nuevo elepé del grupo Mecano. Después de un letargo de casi dos años, el trío formado por Ana Torroja y los hermanos José María y Nacho Cano se sumerge de nuevo en la vorágine del mercado musical. Atrás queda su anterior disco, «Descanso dominical», del que lograron vender dos millones de discos en todo el mundo, y un largo período de trabajo, viajes y aventuras. Ésta es la historia de dos años de silencio.

La imagen de marca

No es fácil trabajar con un supergrupo. Las cabezas de ese monstruo tricéfalo llamado Mecano tienen ideas propias, opiniones independientes que no tienen por qué coincidir. Escoger las fotos para la portada de un disco o un semanario se puede convertir en un proceso tan lento y delicado como para hacer peligrar un plan de lanzamiento o una tirada. La portada para *Aidalai,* elepé que se edita el próximo día 24, con una cifra inicial de 200.000 ejemplares, no estaba decidida tres semanas antes.

El pasado 10 de enero, todo el equipo de Mecano se trasladó a las islas Canarias para realizar las fotografías que debían ilustrar esa carátula. Pedro Usabiaga, fotógrafo especializado en moda y en retrato masculino, coordina una sesión de dos días de duración. Madrugones, frío, nuevos peinados y unas imágenes que se utilizarán finalmente para la campaña de promoción. Dos meses después se produce una nueva intentona, esta vez en Nueva York. Chris Callis realizó en la Gran Manzana las fotografías que, salvo cambios de última de hora, han sido elegidas para aparecer en la portada de su nuevo disco. Todo el material es examinado individualmente por cada miembro del grupo, y no es raro que sus preferencias no coincidan una sola vez.

Amplía...

EL SEÑOR DE SIPÁN

F

¿Quién era?

La civilización Moche no conoció la escritura, de ahí que haya sido imposible averiguar su historia. Ni siquiera ha llegado hasta nosotros su tradición oral, rodeados como estaban de pueblos de distinta lengua que despreciaban a sus vecinos. ¿Quién fue el señor de Sipán? Sin duda un gran señor local o un jefe guerrero. La arqueología ha demostrado que esta singular cultura nunca llegó a formar una unidad política. Sus ciudades y fortalezas se encontraban diseminadas en valles fértiles separados entre sí por anchas fajas de terreno desértico. Escasas carreteras hacían prácticamente insignificante la comunicación. Los valles eran, sin embargo, autosuficientes. Cada ciudad tenía sus propios sistemas de regadío, con acueductos que traían el agua desde las montañas, y balsas que aprovechaban las escasas, pero copiosas lluvias.

El señor de Sipán fue, pues, uno de estos señores, entroncados con la realeza Mochica o, tal vez, un guerrero importante. Su cadáver estaba recubierto de oro, de plata y de cobre y, en la tumba, se encontraron trece planchas de adornos con insignias de oro y cobre y conchas que cubrían la estancia. Tenía unos treinta y cinco años y su estatura y complexión repite el tipo clásico de los mochicos. Debió de morir de alguna enfermedad rápida, ya que no se han encontrado huellas de golpes, mutilaciones o intervenciones médicas.

El Señor no podía hacer su gran viaje solo. En un rito funerario que se repite a lo largo de centenares de culturas y siglos, desde América a Oceanía, el Señor fue enterrado con dos mujeres —sus cadáveres han aparecido intactos— que bien podrían ser sus propias esposas o sirvientas que le atendieron durante el viaje. Había otros cuerpos, los de los centinelas, a los que amputaban las piernas a la altura de las rodillas para que no pudieran escapar, y los de varios hombres, probablemente antiguos secretarios. También fue enterrado con él su perro preferido y el cuerpo sin cabeza de una llama, simbólico animal de carga en toda la cordillera andina.

Sin duda, por la cantidad de oro y plata, metales menos abundantes en aquella época que en las posteriores, hallados en su tumba, se trataba de un hombre muy rico.

Los dirigentes mochicas también eran los intermediarios espirituales entre su pueblo y los dioses. Tal vez por ello, el señor de Sipán fue enterrado en toda la longitud de su cuerpo, y no en posición fetal como era costumbre para el resto.

Representaciones del Sol y de la Luna, las dos divinidades principales de su cultura, adornaban cuerpos y objetos de culto. La luna era especialmente apreciada, tal vez por su influencia en las mareas; pero, también, adoraban la constelación de Orión, el mar y las aguas de los ríos, imágenes que aparecen en todas las tumbas.

Vasijas con alimentos y cubiertos, platos y bandejas que contuvieron comida, incluso, armas enjoyadas, formaban la impedimenta del viaje.

Blanco y Negro, 9-12-90

G

MARGARITA SALAS

Con disciplina, paciencia y pasión por su trabajo, han conseguido imponerse en el campo de la investigación, eminentemente machista

No están todas las que son, pero las aquí seleccionadas se encuentran entre las mejores cabezas pensantes de la ciencia española y su prestigio es reconocido internacionalmente, aunque su trabajo no sea aclamado por el gran público. A muchas de ellas les ha sido difícil llegar a donde están en un país en el que los inteligentes siempre han sido ellos. Mujeres que, en la mayoría de los casos, han sabido compaginar de forma admirable la investigación científica con la dedicación a su marido y a sus hijos.

Margarita Salas es una de las científicas españolas de mayor renombre internacional. Trabajó tres años bajo la dirección del premio Nobel Severo Ochoa, en la Universidad de Nueva York, y es la primera y única mujer elegida como miembro de la Real Academia Española de Ciencias Exactas, Físicas y Naturales.

Nacida hace cincuenta años en la localidad asturiana de Canedo, se licenció en 1960 en Ciencias Químicas, iniciando poco después su carrera en el laboratorio del afamado doctor Alberto Sols. Allí fue donde conoció a su marido, Eladio Viñuelas, uno de los mejores expertos del país en peste porcina africana. Juntos viajaron después a Nueva York.

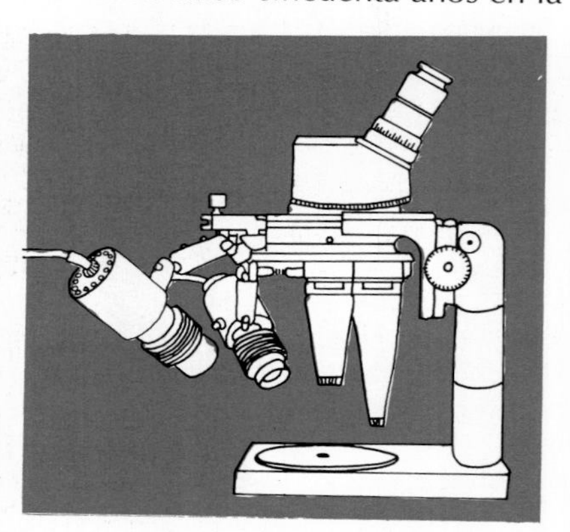

«Durante la fase de la tesis doctoral me sentí bastante discriminada, porque en aquella época que una mujer se dedicara a la investigación era bastante raro y había mucha dosis de machismo —considera la doctora Salas—. Yo he luchado mucho en mi vida para que se me tratara como ser humano, no como mujer. La ida a Nueva York supuso una liberación para mí porque, hasta entonces, el importante era mi marido. Allí, Ochoa decidió que cada uno tuviera su tema de trabajo y yo pude demostrar que podía valer. Cuando regresamos a España volví a ser la mujer de mi marido durante un tiempo, hasta que, un poco con la idea de favorecerme, él empezó a investigar sobre otro asunto: el de la peste porcina africana. Así me abrió camino para que yo pudiera realizarme y demostrar que era capaz de llevar a cabo una investigación independiente.»

Hace más de veinte años que la doctora Salas dirige un equipo de investigadores en la Universidad Autónoma de Madrid. Sus esfuerzos comienzan a dar frutos, ya que, estudiando el virus FI 29, hallaron una proteína que ha resultado clave en la biotecnología y que el equipo va a patentar.

Silvia Castillo
Diario 16, 27-8-89

PROS Y CONTRAS

No es de extrañar que las familias de estas mujeres hablen de ellas con orgullo como reconocimiento al esfuerzo que supone su trabajo, ya que en la investigación se avanza granito a granito, dejando muchas horas y muchos años a las espaldas, grandes logros, pero también muchas frustraciones.

María Cascales, cincuenta y cuatro años, la primera mujer y también la única que ocupa un sillón de la Real Academia de Farmacia desde 1987, continúa dedicando, tal y como hizo siempre, una media de once horas diarias a su trabajo de investigación.

Directora del Instituto de Bioquímica —dependiente del Consejo Superior de Investigaciones Científicas— desde 1984, la doctora Cascales se ha preocupado principalmente por conocer el funcionamiento del hígado y los efectos de diversos agentes tóxicos como el alcohol, fármacos o elementos polucionantes en los hígados de distintos animales.

«Cuando estoy en el laboratorio me pongo muy contenta y es algo que me nota todo el mundo. Sin embargo, tampoco soy la típica que sólo sabe hablar de sus enzimas, porque si así fuera la gente me huiría. Sucede que lo que más se conoce es lo que más se ama.»

MADRE INTELECTUAL

Si bien es cierto que para algunas de estas mujeres no ha sido excesivamente complicado armonizar sus deberes de madre con los de investigadora, hay otros casos en los que se alternan las luces con las sombras.

Carmen Ascaso, casada también con un investigador, a sus treinta y nueve años es una de las mejores especialistas del país en todo lo referente a los líquenes. «Los líquenes son importantes en muchos sentidos. Por ejemplo, son indicadores de la contaminación de la atmósfera. Ahora intento averiguar si su acción sobre el deterioro del monasterio de Silos ha sido determinante.»

Como madre de dos hijos se muestra preocupada por lo que ella denomina «síndrome de madre intelectual». «Los niños quieren una madre en casa y les da igual que sea investigadora o no, necesitan que les escuches y les apoyes.»

Liles Navarrete, experta en biología celular y colaboradora de Consuelo de la Torre, señala que, como madre de tres hijas e investigadora, «muchas veces me he deprimido y llorado pensando que descuidaba a mis hijos, pero al final compensa, porque ellos nunca me han echado en cara nada y además se sienten orgullosos de mí».

H

INÉS SASTRE

«Me sucede todo tan aprisa que siento vértigo»

Por primera vez en la historia de la estética mundial, una española ha ganado el certamen Look of the Year, concedido a la persona con mejor imagen dentro del mundo de la moda. Inés Sastre, quince años hasta que el próximo noviembre cambie de edad, se ha convertido, gracias a este galardón, en una de las modelos más codiciadas por los creadores internacionales. Hace unas semanas, el público que asistía en París al concurso que cada año organiza la agencia Elite, se puso en pie entusiasmado cuando se dio a conocer el nombre de la ganadora.

—Buena parte de los presentes, entre ellos Anthony Delon y Paul Belmondo, no pararon de animarla. ¿Les oía usted?

—Sí, aunque estaba muy nerviosa y emocionada. Ellos me han dicho el piropo más bonito de mi vida. ¿Y sabe cuál es?... pues, sencillamente, mi nombre, los gritos de: ¡Inés, Inés, Inés...! me pusieron la carne de gallina.

—¿Qué fue lo primero que pensó cuando le dijeron que había ganado?

—La verdad es que estaba demasiado cansada como para pensar algo. Llevábamos cuatro días realizando ensayos, vídeos y sesiones de fotos... Estábamos lo que se dice agotadas. Creo que me enteré mejor de lo que había sucedido a la mañana siguiente, cuando empezaron a llamarme de mil sitios.

Un contrato de dos años para trabajar con una de las mejores agencias de modelos, y un título que sirve para abrir las puertas más difíciles en el camino de la fama son los premios que Inés ha recibido gracias a su físico envidiable.

—Un título como el suyo exige muchísimas responsabilidades. ¿No cree que es demasiado joven para poder soportarlas?

—Bueno, espero que no. Mi intención es seguir estudiando en el colegio (este año Inés Sastre empieza tercero de BUP) y cumplir casi todas las obligaciones que me pida la agencia. De todas formas, el contrato no comienza hasta junio del noventa. Este curso viajaré bastante, pero intentaré que el trabajo no le robe demasiado tiempo a mis estudios.

—Hace un año confesaba en estas mismas páginas que quería ser modelo internacional, ¿pensaba que lo iba a conseguir tan pronto?

—No, y tengo que reconocer que las cosas me suceden tan aprisa que, a veces, siento vértigo. Soy una persona afortunada; mi vida ha cambiado muchísimo desde hace dos o tres años. El trabajar en el cine me ha ayudado a abrirme camino en otros campos, aunque jamás imaginé que iba a llegar todo a esta velocidad.

—Pero la profesión de modelo no dura toda la vida, ¿lo ha pensado?

—Sí. Cuando me ilusionaba la idea de ser modelo, tenía una visión mucho más idealista de esta profesión. Ahora ya he bajado de las nubes, porque conozco su dureza y, aunque me encanta, sé que esto no es para siempre. Cuando vea que se acaba, quiero empezar a estudiar una carrera, quizá la de Económicas. De todas maneras no tengo prisa.

—¿Cree que su carrera cinematográfica, que comenzó de la mano de Carlos Saura con «El Dorado», se va a resentir por su dedicación a la pasarela?

—El cine me sigue gustando mucho, pero de momento lo tengo que dejar a un lado. Este invierno no voy a rodar nada. En verano he hecho el papel protagonista en una coproducción entre Italia, Francia, Alemania y España, con un argumento de ciencia ficción que ha dirigido Ettore Pascull. Creo que por ahora he cerrado el cupo; mi deseo es hacer una sola película por año y, si no me tientan demasiado, espero que ese deseo se cumpla.

B. C.
Blanco y Negro, 24-9-89

¿Qué opinas?

I

CJC
más
el Nobel

El quinto premio Nobel español de literatura, tras los concedidos a José Echegaray y Jacinto Benavente, Juan Ramón Jiménez y Vicente Aleixandre, mantiene la calma tras la explosión que desde hace unos siete años comenzó a sentir como posible. Abierto y condescendiente con todo aquel que le llama y le escribe, Camilo José Cela vive «gozosamente agobiado» el temblor de tierra que se le ha venido encima tras la concesión de un premio que ya estuvo a punto de ganar en alguna ocasión anterior, como cuando se lo dieron al disidente ruso Joseph Brodsky, y que él ansió desde que a los 25 años se sentó a escribir la novela sobre la que pesa la leyenda de ser la más traducida del idioma castellano después de *El Quijote: La familia de Pascual Duarte.* Desde entonces ha escrito unos 100 títulos utilizando la herramienta mayor de la disciplina y la constancia.

La tenacidad

Cela, que iba para médico y después para abogado, cree que la literatura no se aprende en ninguna parte, aunque él, con esa tenacidad y disciplina que caracteriza su vida de escritor, leyera los 70 tomos de una enciclopedia de su padre, página por página. «Hay dos cosas que desprecio, y son la inspiración y la improvisación. Aunque no se me ocurra nada, no me levanto. El padrecito Dostoievski decía que el genio era una larga paciencia».

Español con familia inglesa, italiana y belga, Cela cree que él ve a España como un hispanista, «y por eso», dice, «me gusta la España que después cuando lo pienso no me gusta, que es de las moscas, los curas, los toreros, las plazas de pueblo».

«¿Y ahora qué?» «Seguir escribiendo, que es lo que hay que hacer y lo que me importa» «¿No teme que el Nobel sea una losa, como se dice?» «Bueno... ¡Bendita losa!» «¿Qué pasa con *Madera de Boj?* ¿Por qué le está costando tanto?» «Me cuesta tanto porque no trabajo» (Una señora que acaba de llegar anuncia que va a ir a darle un beso. «¡No! ¡No!», se defiende. «¡Ya me lo daréis después todos!») «¿Tiene miedo a la muerte?» «No, ninguno; es una vulgaridad. Lo único que ha hecho el ser humano desde los orígenes ha sido morirse. Es una vulgaridad. Uno no desea la muerte, si la desease me habría pegado un tiro». «¿Y no tiene miedo a la soledad?» «No». «¿A la vejez?» «No». «¿A la enfermedad?» «No, no. Sí, claro, a un enfermedad dolorosa, a eso sí. Oye, Marina —llama—: ¿querrías darme un whisky?»

La opción

No es fácil entrevistar a quien es célebre desde que en 1942, hace 47 años, publicase *La familia de Pascual Duarte* y se convirtiese en un fenómeno editorial, y no es fácil porque desde entonces le han hecho miles de entrevistas y, aunque no quiera, tiende a tener una idea y su correspondiente frase para casi cualquier pregunta. Cela podría corresponder también en parte al tópico sobre el gallego, y cuando quiere es hermético como una joven ostra. Se escuda en el taco, el ingenio, la cita, la anécdota, y no hay forma de que se moje en según qué temas. En otros, en cambio, se pasea sin paraguas bajo el chaparrón.

Estos días, además, Cela es el campo de batalla de una peculiar guerra que para él es *gozosa.* Guerra entre el acoso de la súbita gloria del Nobel —gloria que había empezado a intuir hace unos siete años, según dijo—, y el cumplimiento de una serie de pequeños deberes que en España se le excusarían a cualquier ganador de una quiniela, pero que él se empeña en cumplir como un personaje de Kipling: atiende amablemente a todas y cada una de las llamadas, a todos y cada uno de los periodistas, a cada uno de sus amigos y a cada uno de los pelmazos que atrae la fama como a los osos la miel, muchos, y no se permite impaciencias. Él dice que en su familia inglesa se profesa la religión victoriana del *self-control,* según la cual exhibir sentimientos es una vulgaridad, pero quién sabe si no sea ése el único instrumento a su disposición para aguantar.

Al final, cuando hizo falta marcharse para dejar espacio a quienes llegaban, Joaquín Vidal le pidió que firmase una foto. Habíamos vuelto a lo de la honradez del escritor y su ambición. Cela firmó la foto escrupulosamente con su mano grande y su letra pequeña, le puso fecha del día anterior, fiesta en adelante en Padrón, su pueblo, se quedó pensando y murmuró: «Sí, hay que escribir con honradez. Si no, para qué». Luego firmó.

P. S.
El País, 22-10-89

Una «bailaora de Sevilla»...

CRISTINA HOYOS

El nombre de esta «bailaora» nacida en Sevilla sonaba hace muchos años en los cenáculos del baile flamenco, pero para los demás era sólo una apostilla de otro nombre más famoso: el de Antonio Gades. Juntos han sido una pareja aplaudida en todos los escenarios del mundo. Hasta el día de hoy, cuando Cristina Hoyos, afectada por todas esas cosas que hacen tan complejas las relaciones de las personas, ha tomado una decisión importante. Y al crear su propia compañía ha dejado de ser la apostilla de nadie.

LOS BRAZOS COMO PALOMAS

Cristina Hoyos no puede dejar las manos quietas. Acostumbrada a utilizarlas como herramienta de trabajo, ha sido inevitable la deformación profesional. Cuando arquea los brazos, gira la cabeza y sube la barbilla, parece que va a dejar el sofá y comenzar a zapatear. Luego relaja los músculos y sonríe para convertirse en una mujer diferente. Dice: «Es que soy María Clarilla», refiriéndose a que siempre ha ido con la verdad por delante, y entonces, cuando sonríe, sus ojos, que un momento antes parecían puñales curvos, se vuelven almendras.

> «Cuando bailo, lo que intento es enamorar. Soy una mujer que va a enamorar a un hombre, ese hombre que está ahí, bailando conmigo.»

Unida profesionalmente a Antonio Gades durante 20 años, de cuyo *ballet* ha sido siempre la primera bailarina, confiesa haberse sentido asfixiada de representar durante seis años seguidos *Carmen*. Por eso, entre otras razones, ha decidido echar a volar sus brazos en solitario y ha montado su propio espectáculo. Flamenco puro, con tres guitarras, que se ha estrenado con éxito en varias capitales europeas, y dentro de unos meses debutará en la Ópera de París. Ella, que junto a su compañero, Juan Antonio, ha trabajado duro, empieza a los 42 una nueva etapa. Un viaje que siempre pasa por Sevilla.

Lucero Tena

Soledad Alameda

El País Semanal, 29-10-89

K El Cervantes premia en Augusto Roa Bastos una obra breve y exigente

El novelista paraguayo Augusto Roa Bastos, de 72 años, autor de una obra breve y exigente y exiliado durante más de 40 años de la dictadura de Alfredo Stroessner, y entre la que destaca la novela *Yo, el supremo,* fue elegido ayer premio Cervantes de literatura de 1989, galardón que pretende premiar la labor de toda una vida, y que está dotado con 10 millones de pesetas; esta cantidad será ampliada en el futuro. Según explicó el ministro de Cultura, Jorge Semprún, que denunció una «inadmisible presión sobre el jurado», Roa fue elegido en la segunda votación «por amplia mayoría». Quedaron finalistas dos españoles y un latinoamericano, aunque sus nombres no trascendieron.

Una difícil relación

El exilio como fuente de creación literaria

Augusto Roa Bastos, nacido en Asunción (Paraguay) en 1917, tuvo que abandonar su país y exiliarse en Buenos Aires en el año 1947, como consecuencia de la guerra civil que asolaba Paraguay. En 1970, regresó a su país y se dedicó a la enseñanza de literatura latinoamericana. En 1976, Augusto Roa Bastos se trasladó a Francia para ejercer como profesor de literatura de la Universidad de Toulouse II.

Roa Bastos, que se define a sí mismo como *uruguayo militante,* mantuvo siempre una posición crítica hacia el régimen autocrático del general Alfredo Stroessner cuyo mayor triunfo fue, según el escritor, «haber instalado el miedo (...) y el lento pero letal trabajo en sordina de corrupción».

La elite cultural paraguaya reaccionó con las lógicas fórmulas de satisfacción ante la noticia del galardón obtenido por el escritor. Estas expresiones contrastan con las del público masivo, el cual, si bien considera un honor el reconocimiento a la obra de Roa Bastos, sólo tiene un conocimiento superficial de la misma, ya que las ediciones de *Yo, el supremo, Hijo de hombre* o *El trueno entre las hojas* nunca estuvieron cercanas a cifras que pudieran darles el rótulo de *éxitos de librería.*

En varias ocasiones ha tenido dificultades para regresar a su país, tal y como ocurrió a comienzos de la presente década cuando volvió con el propósito de reintegrarse y de inscribir como paraguayo a su hijo Francisco. Tras unos días en la capital, donde dictó conferencias y celebró coloquios con estudiantes, el *operativo* policial del régimen desplegó a sus «gorilas, pistola en mano, para ejecutar mi expulsión, junto con mi mujer y mi hijo pequeño», según palabras del propio Roa Bastos.

A los 72 años de edad, y 42 de exilio, regresó a su país en marzo pasado para realizar una visita de un mes que le permitiera conocer el Paraguay actual y con la intención de quedarse para siempre «como un mueble viejo». En octubre de 1983, el Consejo de Ministros le concedió la nacionalidad española, lo que le permitía conservar la de origen, al existir entre Paraguay y España convenio de doble nacionalidad: «No renuncio a mi condición de paraguayo. Esto más bien es una nacionalidad honoraria».

Augusto Roa Bastos
El País, 17-11-89

Nuestros escritores y nuestros premios

UNIDAD 30
Sugerencias

REPASO GENERAL

1. **Transforma el infinitivo en el tiempo y modo adecuados:**
Punto de vista: pasado.

Severo del Valle *(ser)* __________ ateo y masón, pero *(tener)* __________ ambiciones políticas y no *(poder)* __________ darse el lujo de faltar a la misa más concurrida, para que todos *(poder)* __________ verlo. Su esposa Nívea *(preferir)* __________ entenderse directamente con Dios, *(tener)* __________ profunda desconfianza de las sotanas y *(aburrirse)* __________ con las descripciones del cielo, del infierno y del purgatorio, pero *(acompañar)* __________ a su marido en la esperanza de que, si él *(ocupar)* __________ un puesto en el Congreso, ella *(poder)* __________ obtener el voto femenino, por el cual *(luchar)* __________ desde *(hacer)* __________ diez años, sin que sus numerosos embarazos *(lograr)* __________ desanimarla. Ese Jueves Santo, el padre Restrepo *(llevar)* __________ a los oyentes al límite de su resistencia con sus visiones apocalípticas y Nívea *(empezar)* __________ a sentir mareos. *(Preguntarse)* __________ si no *(estar)* __________ nuevamente encinta. *(Tranquilizarse)* __________ y *(procurar)* __________ atribuir su malestar al sermón del padre Restrepo cuando la *(apuntar)* __________ para referirse a los fariseos que *(pretender)* __________ desarticular la familia, la patria y la Iglesia, dando a las mujeres la misma posición que a los hombres, en abierto desafío a la ley de Dios, que en ese aspecto *(ser)* __________ muy precisa. Cuando el discurso del padre *(extenderse)* __________ demasiado en los pecados de la carne, Nívea *(apretar)* __________ la mano de su hija Clara porque *(saber)* __________ que eso *(inducir)* __________ a la niña a visualizar aberraciones que *(ir)* __________ más allá de la realidad, como *(ser)* __________ evidente por las preguntas que *(hacer)* __________ y que nadie *(saber)* __________ contestar. Clara *(ser)* __________ muy precoz y *(tener)* __________ una desbordante imaginación. La temperatura de la iglesia *(subir)* __________ y el olor de los cirios y de la multitud apiñada *(contribuir)* __________ a la fatiga de Nívea. *(Desear)* __________ que la ceremonia *(acabar)* __________ Una barba del corsé de Nívea *(quebrarse)* __________ y la punta *(clavársele)* __________ entre las costillas. *(Encontrarse)* __________ en una de esas pausas largas del sermón que el cura, conocedor del efecto de un silencio incómodo, *(emplear)* __________ con frecuencia. Sus ojos ardientes *(aprovechar)* __________ esos momentos para recorrer a sus feligreses uno por uno. El silencio *(hacer-*

se) ________ denso, el tiempo *(parecer)* ________ detenido en la iglesia, pero nadie *(atreverse)* ________ a toser o a acomodar su postura, para no atraer la atención del padre Restrepo. Sus últimas frases todavía *(vibrar)* ________ entre las columnas.

Y en ese momento, en medio de la ansiedad y el silencio, *(escuchar)* ________ con toda nitidez la voz de la pequeña Clara.

—¡Pst! ¡Padre Restrepo! Si el cuento del infierno *(ser)* ________ mentira, *(chingarnos)* ________ todos...

El dedo índice del jesuita, que ya *(estar)* ________ en el aire para señalar nuevos suplicios, *(quedar)* ________ suspendido como un pararrayos sobre su cabeza.

La gente *(dejar)* ________ de respirar y los que *(estar)* ________ cabeceando, *(reanimarse)* ________ Los esposos del Valle *(ser)* ________ los primeros en reaccionar al sentir que los *(invadir)* ________ el pánico. Severo *(comprender)* ________ que *(deber)* ________ actuar antes de que *(estallar)* ________ la risa colectiva o *(desencadenarse)* ________ un cataclismo. *(Tomar)* ________ a su mujer del brazo y a Clara por el cuello y *(salir)* ________ antes de que el sacerdote *(poder)* ________ invocar un rayo que los *(convertir)* ________ en estatuas de sal, pero desde la puerta *(escuchar)* ________ su terrible voz de arcángel ofendido.

—¡Endemoniada! ¡Soberbia, endemoniada!

Esas palabras *(permanecer)* ________ en la memoria de la familia con la gravedad de un diagnóstico y, en lo sucesivo, *(tener)* ________ ocasión de recordarlas a menudo.

Isabel Allende
La casa de los espíritus

- **Sugerencias de debate:**

¿Tiene la Iglesia derecho / obligación a meterse en la vida civil de la gente?

2. **Pon los verbos entre paréntesis en el tiempo y modo adecuados. Añade pronombres donde sea necesario.**

A veces, para ver hasta dónde *(poder)* ________ llevar «el tema», yo *(provocar)* ________ ¿Qué proponía a fin de cuentas? ¿Que, para no alterar los modos de vida y las creencias de unas tribus, muchas de ellas en la Edad de Piedra, *(abstener)* ________ el resto del Perú de explotar la Amazonia? ¿*(Deber)* ________ dieciséis millones de peruanos renunciar a los recursos naturales de tres cuartas partes de su territorio para que los sesenta u ochenta mil indígenas amazónicos *(seguir)* ________ flechando tranquilamente entre ellos, reduciendo cabezas y adorando al boa constrictor? *(Deber)* ________ ignorar las posibilidades agrícolas, ganaderas y comerciales de la región para que los etnólogos del mundo *(deleitar)* ________ contemplando en vivo el potlach, las relaciones de parentesco, los ritos de la pubertad, del matrimonio, de la muerte, que aquellas curiosidades humanas *(venir)* ________ practicando, casi sin evolución, desde *(hacer)* ________ cientos de años? No, Mascarita, el país *(tener)* ________ que desarrollarse. ¿No *(haber)* ________ dicho Marx que el progreso *(venir)* ________ chorreando sangre? Por triste que *(ser)* ________ , *(haber)* ________ que aceptarlo. No *(tener)* ________ alternativa. Si el precio del desarrollo y la industrialización, para los dieciséis millones de peruanos *(ser)* ________ que esos pocos millares de calatos[1] *(tener)* ________ que cortar el pelo; lavarse los tatuajes y volverse mestizos —o, para usar la palabra más odiada del etnólogo: aculturarse— pues, ¡qué remedio! (...)

—¿Nos *(dar)* ________ derecho nuestros autos, cañones, aviones y coca-colas a liquidarlos por ellos no *(tener)* ________ nada de eso? ¿O tú *(creer)* ________ en lo de «civilizar a los chunchos»[2], compadre? ¿Cómo? ¿Metiéndolos de soldados? ¿Poniéndolos a trabajar en las chacras, de esclavos de criollos del tipo de Fidel Pereira? ¿Obligándolos a cambiar de lengua, de religión, de costumbres, como *(querer)* ________ los misioneros? ¿Qué *(ganar)* ________ con eso? Que *(poder)* ________ explotar mejor, nada más. Que *(convertir)* ________ en zombies, en las caricaturas de hombres que *(ser)* ________ los indígenas semiaculturados de las calles de Lima.

El serranito que *(echar)* ________ baldazos de aserrín en el café, *(tener)* ________ esos zapatos —una suela y dos tiras de jebe de llanta que *(fabricar)* ________ los ambulantes y *(sujetar)* ________ el pantalón con un pedazo de cordel. *(Ser)* ________ un niño con cara de viejo, de pelos tiesos, uñas negras y una costra rojiza en la nariz. ¿Un zombie? ¿Una caricatura? ¿*(Ser)* ________ mejor para él permanecer en su aldea de los Andes, vistiendo chullo, ojotas y poncho y no aprender nunca el español? Yo no *(saber)* ________ , yo *(dudar)* ________ aún. Pero Mascarita sí *(saber)* ________ *(Hablar)* ________ sin vehemencia, sin cólera, con una firmeza tranquila. Durante mucho rato *(explicar)* ________ el otro lado de aquellas crueldades que *(ser)* ________ , *(decir)* ________ , el precio que *(pagar)* ________ por la supervivencia. Lo que *(parecer)* ________ admirable en esas culturas, *(ser)* ________ algo que, por más diferencias que *(haber)* ________ entre ellas, *(tener)* ________ todas en común: la buena inteligencia con el mundo en el que *(vivir)* ________ inmersas, esa sabiduría nacida de una práctica antiquísima que *(permitir)* ________ , a través de un elaborado sistema de ritos, prohibiciones, temores, rutinas, repetidos y transmitidos, de padres a hijos, preservar aquella naturaleza, aparentemente tan exuberante, y, en realidad, tan frágil y perecedera, de la que *(depender)* ________ para subsistir. *(Sobrevivir)* ________ porque sus usos y costumbres *(plegar)* ________ dócilmente a los ritmos y exigencias del mundo natural, sin violentarlo ni trastocarlo profundamente, apenas lo indispensable para no ser destruidos por él. (...)

El viaje *(permitir)* ________ entender mejor el deslumbramiento de Mascarita con esas tierras y esas gentes, adivinar la fuerza del impacto que *(cambiar)* ________ el rumbo de su vida. Pero además *(dar)* ________ experiencias concretas para justificar muchas de las discrepancias que, más por intuición que por conocimiento real del asunto, *(tener)* ________ con Saúl sobre las culturas amazónicas. ¿Qué ilusión *(ser)* ________ aquélla de querer preservar a estas tribus tal como *(ser)* ________ , tal como *(vivir)* ________ ? En primer lugar, no *(ser)* ________ posible. Unas más lentamente, otras más deprisa, todas *(contaminar)* ________ de influencias occidentales y mestizas. Y, además ¿*(ser)* ________ deseable aquella quimérica preservación? ¿De qué *(servir)* ________ a las tribus seguir viviendo como *(hacer)* ________ y como los antropólogos puristas tipo Saúl *(querer)* ________ que *(seguir)* ________ viviendo? Su primitivismo *(hacer)* ________ víctimas, más bien, de los peores despojos y crueldades.

Mario Vargas Llosa
El hablador

[1] desnudos.
[2] Indios salvajes.

- **Sugerencias de debate:**

«Civilizar» a los indios o dejarlos en su «ignorancia.»

3. Completa con la preposición adecuada.

No había sido fácil hacerse un lugar al sol, o a lo equivalente del sol, ________ París. Desembarcó ________ la estación ________ Austerlitz una mañana ________ otoño, ________ las manos ________ los bolsillos y su carrera ________ letras recién terminada, ________ falta únicamente ________ una nebulosa tesina. Llevaba una agenda llena ________ direcciones. Alguien que estaba ausente le prestó ________ unos meses una chambre de bonne ________ los tejados ________ la Muette, ________ el distrito 16, ________ cuyas rendijas empezaba ________ colarse toda la helada humedad ________ noviembre y donde compartía el pasillo y la soledad ________ un matrimonio portugués y ________ una familia argelina. Todos le llamaban «el español», y la portera no se olvidó ________ hacer hincapié ________ que su escalera era la ________ servicio y que bajo ninguna excusa se le ocurriera utilizar el ascensor ________ la principal. Andrés siempre había oído decir que subir escaleras era muy sano, pero algo se le removía ________ las tripas cuando veía subir los siete pisos ________ la argelina, embarazada ________ su quinto hijo y ________ el cuarto ________ brazos. Más ________ una vez se lo subió él en los suyos cuando coincidían, ________ que acabó comprendiendo, ________ las ruborizadas negativas ________ la mujer, que ________ su Mohamed legítimo dueño, no le gustaban aquellas familiaridades. Terminó ________ aceptar el sistema, como terminó aceptando tantos otros sistemas.

Dolores Soler-Espiauba
Hermana Ana, ¿qué ves?

- **Sugerencias de debate:**

¿Por qué o en qué condiciones cambiarías de país?
¿Se ve todavía mucha xenofobia en tu país? ¿En qué lo notas?

4. Añade las preposiciones que den sentido al texto.

Diego, mi hermano, tenía una escopeta de caza ________ disparar ________ los alcatraces cuando el mar estaba ________ calma. Al principio, cuando empezó a trabajar, era el capitán más joven de la compañía y un déspota ________ los marineros. Siempre fue intrépido y temerario. Incapaz ________ percibir el peligro, trazaba rumbos demasiado arriesgados ________ el viejo mercante que pilotaba. Le atraían las tempestades y la noche. No obstante, después de unos cuantos años ________ travesías obligadas y rutinarias, los días y las noches terminaron ________ confundirse ________ la misma monotonía. El tiempo se dilataba ________ el mar, era monocorde y vacío, sólo una sosegada espera ________ arribar ________ un puerto. Y nada más poner el pie ________ tierra, se sentía un intruso, ajeno y extraño ________ la ciudad ________ la que nació y ________ la que ya no pertenecía. El hondo silencio del mar le había penetrado ________ convertirle ________ un hombre hosco, parco ________ palabras y ________ ademanes, pero atento siempre ________ cuanto le rodeaba. Su mirada denotaba una intensa concentración y observaba ________ avidez cualquier rostro humano. ________ el paso del tiempo fue perdiendo ________ todos los amigos ________ su juventud. Sólo conservó a Pablo, quien llegó a ser su único contacto ________ tierra así como el puente ________ hacer nuevas amistades.

Pablo era delicado, generoso y afable. ________ su telegrama ________ la mano me preguntaba cómo había podido comunicarme tan trágica noticia de aquella manera, ________ tanto desapego y frialdad. ¿Acaso no debería haberme telefoneado y haber acompañado su mensaje ________ algunas palabras de consolación?

Adelaida García Morales
La lógica del vampiro

- **Sugerencias de debate:**

  ¿Es romántica la profesión de marinero?

5. **Transforma el infinitivo en el tiempo y modo adecuados.**

1. La niña siempre *(escuchar)* __________ las conversaciones de su madre con sus amigas, *(reparar)* __________ o no *(reparar)* __________ en ella.

2. Por mucho que lo *(mirar)* __________ , nunca *(llegar)* __________ a adivinar lo que *(estar)* __________ pensando.

3. Siempre que *(hablarse)* __________ de él los abuelos se callaban, porque no *(saberse)* __________ lo que *(poder)* __________ pasar con él.

4. Le gustaba rememorar sus tiempos de estudiante, en Zaragoza. Lo *(llevar)* __________ allí porque *(pensar)* __________ que *(ser)* __________ más fácil aprobar los cursos de medicina, pero no creo que *(terminar)* __________ la carrera: todo el tiempo que *(deber)* __________ dedicar a los estudios lo *(emplear)* __________ en beber.

   Adelaida García Morales. *El silencio de las sirenas*

5. No escuchaba las respuestas. Más de una vez *(notar)* __________ que *(dar)* __________ por válida una, si uno la *(decir)* __________ en tono decidido.

6. Ahora *(saber, yo)* __________ algo más: que Chico *(tener)* __________ una compleja relación con las mujeres.
   (Preguntarme) __________ en qué oscuras actividades *(andar, él)* __________ metido. No *(ser)* __________ fácil ayudarlo; el mismo Chico *(aconsejármelo)* __________ : si *(querer)* __________ ayudarlo, *(ser)* __________ mejor que no *(meterme)* __________ en eso, lo mismo que él.

7. Ese tipo, quienquiera que *(ser)* __________ , no me *(dar)* __________ ninguna información que *(servirme)* __________ lo más mínimo.

8. Pese a que yo *(ofrecerle)* __________ mi ayuda, no me llamó. Tal vez *(pensárselo)* __________ mejor. No *(dejar)* __________ de ser extraño de todos modos, las prisas, la urgencia de verme, el hecho de que *(acudir)* __________ a mí para algo que *(poder)* __________ procurarse perfectamente por su cuenta.

   Soledad Puértolas. *Todos mienten*

9. ¿Qué tenía de malo Baquedano? Como si lo *(tener)* __________ , algo malo, intrínsecamente malo, mamá *(rechazarlo)* __________ Es curioso cómo una persona *(instituirse)* __________ en juez de otra, pudiendo condenarla.
   ¡No *(ir)* __________ a seguir con estas reflexiones!
   Pero no está bien que Baquedano *(estar)* __________ hundido (en el caso de que lo *(estar)* __________) por una palabra de mamá. ¡Imagínate cómo *(deber)* __________ estar nosotros!

   Soledad Puértolas. *Todos mienten*

10. Mientras, Biralbo *(estar)* __________ en la casa, era allí donde lo *(citar)* __________ Lucrecia, tal vez *(ser)* __________ ella misma quien le *(sugerir)* __________ a Malcolm dos días antes que su encuentro conmigo *(tener)* __________ lugar en el «Lady Bird». Si él la *(vigilar)* __________ siem-

pre, ¿de qué otro modo *(poder)* ________ Lucrecia dejarle aquella nota a Biralbo? Me di cuenta de que *(razonar)* ________ en el vacío: si Malcolm *(desconfiar)* ________ tanto, si *(percibir)* ________ la más leve variación en la mirada de Lucrecia y si *(estar)* ________ seguro de que, en cuanto su vigilancia *(cesar)* ________, ella *(ir)* ________ a reunirse con Biralbo, ¿por qué no la *(llevar)* ________ consigo cuando *(irse)* ________ a París?

Antonio Muñoz Molina. *El invierno en Lisboa*

11. Desde entonces adquirió la maniática costumbre de revisar los grifos de la casa varias veces antes de irse a la cama; e incluso *(haber)* ________ ocasiones en que, tras llevar un buen rato acostado, la inquietud le *(traicionar)* ________ y *(volver)* ________ a levantarse para comprobar una vez más que todo *(estar)* ________ en orden. Además, *(bastar)* ________ con que Clara *(darse)* ________ media vuelta en sueños para que César *(despertar)* ________ de un brinco, temiendo que ella *(poder)* ________ levantarse para ir al baño y olvidarse de cerrar convenientemente las espitas.

Rosa Montero. *Amado Amo*

12. Y por si todo eso *(ser)* ________ poco, el mercado de valores que *(ser)* ________ un espacio desde el que también *(estimularse)* ________ el consumo, *(aparecer)* ________ deprimido. (...) El empresario *(acudir)* ________ al banco y *(ser)* ________ ahí donde *(encontrarse)* ________ ya el primer síntoma de una posible recesión. (...) Así que el director financiero de la empresa *(comenzar)* ________ a convertirse en la piedra angular de la sociedad.

El País, 23-9-90

6. **Sustituye la parte en cursiva por construcciones equivalentes, haciendo las transformaciones oportunas.**

1. *Aunque te levantes temprano,* no conseguirás llegar.
2. Creo que te lo he explicado bastante pero *si no lo entiendes,* te lo volveré a explicar.
3. Te lo hemos contado todo, *menos que* ligamos con unos chicos estupendos.
4. *A no ser que la situación mejore,* no podré participar.
5. Sólo lo hace *porque la gente no le critique.*
6. *En cuanto se fue,* todos empezaron a hablar mal de ella.
7. Ya está claro, *por lo tanto, cállate.*
8. *Si no te portas bien,* me enfadaré.
9. Hazlo *siempre que puedas.*
10. Lo haremos, *siempre que todos estén* de acuerdo.
11. Es una persona muy puntual, así que *si se retrasa,* espérala.
12. *Cuando no se ha presentado,* algo le habrá surgido.
13. *Aunque estudia mucho,* no saca buenas notas.
14. *Si buscas playas limpias,* vete al Norte.
15. *Te he dicho muchas veces* que me molesta el humo.
16. Su español es mejor que el tuyo, *sin punto de comparación.*
17. *Inesperadamente empezó a correr,* y lo perdimos de vista.
18. «La mujer *que* yo quiero no necesita bañarse cada noche en agua bendita.» J. M. Serrat.
19. Vivía muy tranquilamente. Iba a mis clases, paseaba y *si había una buena película,* iba al cine.
20. *Va para diez años* que nos conocemos.

7. **Completa con una perífrasis que dé sentido a las frases:**

1. En vísperas de viaje ________ *(dormir, yo)*. Antes de apagar la luz ________ *(leer)* la carta de Jesús. Está dolido porque no le he preguntado su opinión. ________ *(reconocer)* que le he presentado lo del viaje como cosa decidida. En cambio él me ________ *(acostumbrar)* a no hacer nada sin consultarme.

2. — Sabes, chica, he resuelto terminar con él. Mi noviazgo eterno ________ *(serlo)*. Punto y aparte.
   — Pero, ¿así como así?
   — Bueno, yo ya ________ *(arrastrar)* esto hace tiempo, tú lo sabes.
   — No, lo que yo sabía es que estabas loca por él y por eso te aguantabas.
   — Lo que pasa es que ________ *(cansarme)* poco a poco. Una ________ *(cansarse)* incluso estando enamorada si no se progresa conjuntamente.

3. Ellos ya ________ *(elegir)* los platos. Ya los ________ *(saborear)*. Se notaba en sus ojos y, sobre todo, en el gesto de su boca. Eran gente sencilla pero yo ________ *(envidiarlos)* y ________ *(sentirme)* sola como nunca antes me había sentido.

4. Me acusó de engañarla, pero ¿cómo ________ *(engañarla)* yo si cuando digo una mentira, por pequeña que sea, ________ *(temblar)* como un imbécil? Lo que había pasado era que no me había atrevido a contarle lo de María. Yo mismo ________ *(buscar)* una explicación válida para esa especie de... locura.

5. Su reacción me pareció exagerada. Primero ________ *(discutir)* después ________ *(gritar)* y Pepe ________ *(darle)* un puñetazo a Juan. Yo, que lo estaba viendo todo desde el balcón, no ________ *(creérmelo). Después de eso* ________ *(hablar)* pero ya no pude oír más: ________ *(gritar)*.

6. — ¿Sabes si Luis ________ *(pincharse)?*
   — Creo que ________ *(enganchar)*.

7. — ¿Has terminado el libro?
   — No, es que es muy largo, hasta ahora ________ *(leer)* doscientas páginas.

8. — ¡Ten cuidado! ________ *(abrir)* el bolso.
   — ¡Otra vez! ¡Soy una calamidad! Un día ________ *(robarme)*.

9. — No puedo ________ *(pensar)* en esos idiotas.
   — Mira, como ________ *(hablarme)* de ellos, ________ *(correr)* y no ________ *(verme)* el pelo.

10. — ¿Ángel?, soy Teresa, te llamo para decirte que ya te ________ *(grabar)* las cintas que me pediste.
    — Muchas gracias, ¿te parece que pase a buscarlas ahora mismo?

11. — Si no ________ *(preparar)* ahora mismo tu conferencia, llegará el día y lo ________ *(hacer)* deprisa y corriendo, como siempre.
    — Esta vez te has pasado de lista, ya la ________ *(preparar)*.

12. — Mira, déjalo, no ________ *(arreglar)* el mundo.
    — Si yo no ________ *(arreglar)*, nada, sólo quiero ________ *(mejorar)* poco a poco lo que se pueda.

8. a) **Completa con una forma correcta de ser o estar.**
   b) **Habla con tu compañero.**

1. — ¿Qué te pasa hoy? ________ inaguantable.
— ________ que he tenido un día terrible; cuando la jefa ________ desagradable, no hay manera de entrar en razón con ella.
— Y esta vez ¿qué ________ ?
— Lo de casi siempre: que si ________ o no ________ capacitada para tomar decisiones en su ausencia, que si ________ o no ________ responsabilidad mía atender a los clientes..., bueno ya te digo ________ una energúmena, aunque la palabra no exista en femenino.

- ¿Podéis elaborar las características de un energúmeno?
- Describe en qué consiste un día terrible.

2. Los primeros síntomas de dificultades económicas ________ contestados con contundencia por el Gobierno español: « ________ necesario un ajuste duro si no queremos caer en una profunda recesión». El mensaje ________ claro y tajante.

El Sol, 16-6-90

- Definid un estado de crisis cualquiera.
- Proponed a vuestros compañeros objetos, situaciones, etc., para que los definan.

3. — Oye, ése que ________ junto al presidente ¿ ________ el vicepresidente?
— ¡No, qué va!, el vicepresidente ________ el que ________ tres puestos más a la derecha,
¿ ________ que todavía no lo conoces?
— La verdad, me ________ muy difícil distinguirlos, yo creo que se parecen.
— ¡Qué dices! ¿ ________ ciego o qué? ________ como el día y la noche, al menos físicamente.

- ¿Qué pueden tener en común el presidente y el vicepresidente?
- Describe los rasgos (físicos) de dos personas que se parecen. Demuéstralo.

4. La misión del funcionario debería ________ facilitar los trámites del ciudadano. Sin embargo, parece especialmente empeñado en complicárselos. (...) Esta labor obstruccionista ¡la única que cumple a la perfección! Diríase que ________ su mayor orgullo.
(...)

Salvada la primera reacción funcionarial del «No, aquí no __________ » y encarrilarnos hacia cualquier otra ventanilla que no __________ la suya, su obsesión __________ paralizar, interrumpir, detener a toda costa, el lento y penoso proceso que ha de seguirse para __________ .

F. Gavilán. *Guía de malas costumbres españolas*

- Completa el texto con los distintos trámites que puedes realizar en las ventanillas de los lugares oficiales.
- Cuéntanos una experiencia en un Ministerio, por ejemplo.

5. Muchos empresarios __________ con el agua al cuello porque las mercancías __________ servidas pero no cobradas, o bien, otra posibilidad __________ que las mercancías que ya __________ embarcadas __________ forzosamente descargadas en los puertos por falta de acuerdos con los trabajadores.
Varios miles de puestos de trabajo __________ en peligro porque las pequeñas y medianas empresas __________ obligadas a recortar plantilla e, incluso, a cerrar.
Hay muchos sectores que __________ afectados por esta situación y los tiempos no __________ para hacerse ilusiones.

- Éste parece un artículo bastante pesimista. Escribe otro en un tono más esperanzado.
- Comenta el refrán: «A mal tiempo buena cara».

9. Se trata de dar consejos.

Ajuste económico: lo que va a subir

- Ahorre todo lo que pueda. Ésta es la mejor receta para superar la crisis económica que se veía venir desde hace meses. No hay recetas mágicas, pero sí fórmulas que ayudan a salir airoso. No se compre un coche, ni especule en Bolsa, ni adquiera un piso si para esas operaciones ha de endeudarse. En suma, apriétese ya el cinturón. Y esté atento a las subidas de precios que vienen. Pueden dar muchos sustos.

Los consejos para sobrevivir

VIVIENDA
- No compre ahora un piso, dentro de unos meses serán más baratos, además los tipos de interés están muy altos.
- No es buen momento para especular, el mercado está sobrevalorado.

CONSUMO
- Espere un poco para adquirir un coche, los stocks provocarán interesantes ofertas.
- Ahorre gastos superfluos.

INVERSIÓN
- Olvídese de la Bolsa.
- Compre deuda pública o renta fija.

FISCAL
- Estudie bien todas la desgravaciones fiscales.
- Pida una retención ajustada en su nómina.

EMPLEO
- Cuidado con la movilidad laboral.
- Haga lo posible por convertir en fijo su contrato temporal.

El Sol, 16-9-90

a)

1. ¿Puedes añadir otros consejos prácticos?
2. ¿Qué opinas de los presentados por el periódico?
3. ¿Qué actividad te parece más apropiada / menos arriesgada en época de crisis?

b)

1. Ya ha pasado la crisis. ¿Qué consejos darías ahora?
2. ¿Qué actitud no hay que tener ni siquiera en momentos de expansión económica?

c)

Cambiemos de «crisis».

- Elabora consejos prácticos para alguien que:
  1. va a buscar su primer empleo;
  2. va a montar su propio negocio;
  3. va a cambiar de casa.

Las empresas buscan profesionales de las ventas que coloquen sus productos. El arte de vender consiste en saber presentar un producto mejor que la competencia. Para esto se necesitan unas dosis de psicología, marketing, conocimientos comerciales...

CAZADORES DE CLIENTES

Algunas ideas

Los profesionales de las ventas en el momento actual

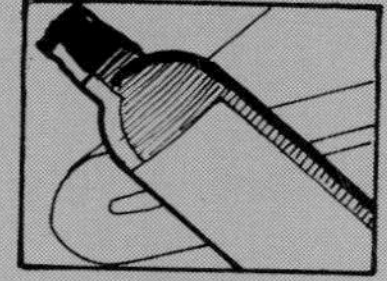

Sectores más demandados:

- Alimentación, bebida y confección
- Seguros
- Electrónica e informática

Conocimientos necesarios

- Psicología, sociología
- *Marketing*
- El sector en el que se va a trabajar

Carácter requerido

- Resistencia a la frustración
- Entusiasmo en el trabajo a desempeñar
- Facilidad de relación

Pruebas de acceso

- Entrevista y test de personalidad
- Demostración de ser una persona organizada
- Conocimientos sobre el sector

Dónde prepararse

- ESIC (Escuela Superior de Ingenieros Comerciales) 3 y 5 años
- Colegios Agentes Comerciales de España
- Academias privadas

El Sol, 16-9-90

10.

- **¿Estás de acuerdo con la definición del arte de vender?**
- **¿Eres un buen vendedor? ¿Por qué?**
- **Elige un sector y prepárate para «vender» algo.**
- **En grupos, haced una campaña de promoción de un producto y que lo presenten**
  - **en una feria,**
  - **a una empresa,**

  etc.

Índice

Unidad 10: LOS MÉDICOS

Unidad 11: EL JUEGO

Unidad 12: EL DINERO

Unidad 13: EL HUMOR

Unidad 14: EL AMOR, LA PAREJA

Pág.

Unidad 24: LOS NIÑOS. LA FAMILIA

Unidad 25: LOS ANIMALES

Unidad 26: LA AMISTAD

Unidad 27: EL DEPORTE

Unidad 28: EL HEROÍSMO

Pág.

Unidad 29: CULTURA GENERAL

Unidad 30: REPASO GENERAL